权威·前沿·原创

皮书系列为
“十二五”“十三五”国家重点图书出版规划项目

新三板蓝皮书
BLUE BOOK OF
NEW THIRD BOARD

中国新三板市场发展报告（2017）

ANNUAL REPORT ON CHINA'S NEW THIRD BOARD MARKET (2017)

挂牌公司质量评价视角

中国社会科学院金融研究所
中国博士后特华科研工作站
主　编／王　力
副主编／刘　坤　王子松

社会科学文献出版社
SOCIAL SCIENCES ACADEMIC PRESS (CHINA)

图书在版编目(CIP)数据

中国新三板市场发展报告：挂牌公司质量评价视角.
2017 / 王力主编. --北京：社会科学文献出版社，
2018.1
（新三板蓝皮书）
ISBN 978-7-5201-2112-5

Ⅰ.①中… Ⅱ.①王… Ⅲ.①上市公司-经济发展-
研究报告-中国-2017 Ⅳ.①F279.246

中国版本图书馆CIP数据核字（2017）第324888号

新三板蓝皮书
中国新三板市场发展报告（2017）
——挂牌公司质量评价视角

主　　编 / 王　力
副 主 编 / 刘　坤　王子松

出 版 人 / 谢寿光
项目统筹 / 恽　薇　颜林柯
责任编辑 / 颜林柯

出　　版 / 社会科学文献出版社·经济与管理分社（010）59367226
地址：北京市北三环中路甲29号院华龙大厦　邮编：100029
网址：www.ssap.com.cn
发　　行 / 市场营销中心（010）59367081　59367018
印　　装 / 北京季蜂印刷有限公司

规　　格 / 开　本：787mm×1092mm　1/16
印　张：17.5　字　数：261千字
版　　次 / 2018年1月第1版　2018年1月第1次印刷
书　　号 / ISBN 978-7-5201-2112-5
定　　价 / 89.00元

皮书序列号 / PSN B-2016-533-1/1

新三板蓝皮书编委会

摘要

作为我国多层次资本市场的重要组成部分，新三板市场对于新常态下推动我国经济转型升级、促进创新驱动发展战略实施、解决创新型和成长型中小企业融资发展问题具有重要的战略意义。截至目前，新三板挂牌公司数量已超过1.1万家，实现了跨越式发展。然而，在上万家挂牌公司中，各家公司的质量参差不齐。一个能够有效揭示挂牌公司质量（或者说投资价值）的资本市场，才可能是成功的资本市场。

对于新三板市场而言，挂牌公司的数量及其整体上规模小、稳定性差、技术和市场风险大的特征决定了，无论是在监管层面还是投资研究层面，都需要开展基于大数据的研究、评价和分析。本报告的研究立足于新三板挂牌公司的群体特征以及新三板市场的发展定位，试图构建一个评价新三板挂牌公司质量的指标体系，并对挂牌公司做出评价，以期为各方市场参与者提供有参考价值的信息。本报告的研究分为3个部分：总报告、分报告和榜单。

总报告在对上市公司质量评价的相关研究进行述评的基础上，回顾了新三板市场的发展现状和问题，并进一步根据新三板挂牌公司的群体特征，构建了一个包括持续经营能力、信息披露质量、成长性和创新性4个维度的质量评价模型。根据这一评价模型，评价了新三板挂牌公司质量的整体情况。

分报告对全部14个行业大类的挂牌公司质量进行评价。首先，分别从持续经营能力、信息披露质量、成长性和创新性4个维度进行述评；其次，对细分行业内质量评价得分居前的挂牌公司予以重点说明；最后，从地域维度讨论了挂牌公司质量评价结果。

榜单部分对不同行业、不同规模的挂牌公司质量进行了排名。

关键词： 新三板　挂牌公司　质量评价

Abstract

New third board market is an important part of China's multi-level capital market. Successful new third board market will be helpful to upgrading China's economy, promoting innovation-driven development strategy and financing SMEs. By recent days, the listed companies in new third board market are over 11000. It is big step. However, the qualities of all these 11000 listed companies are uneven. Capital market cannot word if it cannot efficiently reveal the quality signals, or investment value, of listed companies.

In new third board market, quantity of listed companies is huge and the listed companies show features of small size, poor stability, high technical risk and high market risk. Hence, research, evaluation and analysis of listed companies should be based on big data for both regulators and investment research. Based on features of NEEQ listed companies and development orientation of new third board market, our study try to construct a system of indicators to evaluate the quality of listed companies in new third board market. Then, we can evaluate listed companies and provide useful information to participants of new third board market. This report consists of two parts, general report and sub report.

Firstly, we briefly review the related studies on quality evaluation of listed companies. Secondly, we review new third board market development status and problems. Thirdly, based on the features of NEEQ listed companies, we construct a model of quality evaluation which is composed by the four dimensions including sustainable operating capacity, quality of information disclosure, growth and innovation. And, we specify a multi-level indicator system for evaluation. Fourthly, we describe the evaluation method of Quality Evaluation Model of listed companies in NEEQ, including weight setting method and indicators scoring rules. Then, we discussed the general result of quality evaluation of listing companies in NEEQ.

Discussion of quality evaluation result of sampling listing companies in all 14 industries is given in sub report. Firstly, we review these quality evaluation results in 4 dimensions, including sustainable operating capacity, quality of information disclosure, growth and innovation. Secondly, we show the tops listing companies of quality evaluation in sub-sectors. And we also discussed the evaluation result in provincial perspective.

Keywords: NEEQ; Listed Companies; Quality Evaluation

多层次资本市场效率依赖于投资信号揭示（序）

党的十九大报告指出，当前我国经济已由高速增长阶段转向高质量发展阶段，正处在转变发展方式、优化经济结构、转换增长动力的攻关期，建设现代化经济体系是跨越关口的迫切要求和我国发展的战略目标。而建设现代化经济体系，必须把发展经济的着力点放在实体经济上，坚持实施以“去产能、去库存、去杠杆、降成本、补短板”为主要内容的供给侧结构性改革，坚持落实创新驱动发展战略，不断增强金融服务实体经济能力，提高直接融资比重，促进多层次资本市场健康发展。国家“十三五”规划也明确提出，要积极培育公开透明、健康发展的资本市场，提高直接融资比重，降低杠杆率，创造条件实施股票发行注册制，发展多层次股权融资市场。

不管是从今后的改革方向着眼，还是从当下的改革现实着手，多层次资本市场的发展都肩负着重要的历史使命，是增强金融服务实体经济能力、提高直接融资比重、降低杠杆率、防范系统性区域性金融风险，进而促进发展方式转变、经济结构优化、增长动力转变的有力抓手。早在 2003 年，中央就提出建立多层次资本市场体系。在主板市场的基础上，国家先后推出了中小板市场、创业板市场，3 个市场板块共同构成交易所市场层次。经过 20 余年的发展，目前已有 3400 余家上市公司。尽管这一数据已相当可观，但相对于数量庞大且融资需求迫切的中小企业群体而言，多层次资本市场中交易所市场的服务能力是有限的。2006 年，作为场外交易市场的新三板市场应运而生，起初定位于为科技园区内科技型创业企业提供股权转让服务和融资支持，经过试点后，于 2013 年末扩容至全国范围，所服务的企业包括符合条件的创新型、创业型、成长型中小微企业。此后 4 年，新三板挂牌企业数量从扩容初期的数百家，快速增加至1.1万余家。与此同时，各省还成立了满足辖区内中小微企业资本市场服务需求的区域股权转让中心。可以说，我国已经初步形成了包括主板市场、中小板市场、创业板市场、新三板市场、区域股权交易中心在内的多层次资本市场体系，不同行业、不同发展阶段、不同地域的企业都可以在多层次资本市场体系中找到适合的融资服务。

建立多层次资本市场仅是发展多层次资本市场体系的第一步，这使得不同层次资本市场服务的供给成为可能。未来，多层次资本市场发展的重要内容是打通各市场层次之间的联系，使目前处于孤立状态的市场层次之间建立"互联互通"机制，进而使得优秀的公司在成长之后能够顺畅地对接更高层级的资本市场服务，而经营不善的公司则只能退市或转板至较低的市场层次。也就是说，多层次资本市场的一项重要功能是实现优胜劣汰，揭示投资质量，以更好地发挥资本市场有效配置资源的功能，提高资本市场服务实体经济的能力。

新三板市场是我国规模最大的基础性证券市场，所服务的企业数量最多，对提升直接融资比重、降低杠杆率具有特别重要的意义。目前，新三板挂牌公司已覆盖了我国31个省份，以及主板和创业板上市公司中所没有的新兴行业，成为上市公司群体的生力军和并购池。新三板挂牌公司的典型特征是规模小、业务稳定性差、技术和市场风险大，其中有的公司能够持续快速增长，有的公司则可能会在某一时刻陷入经营困境，质量参差不齐。在当前新三板市场投资者退出通道狭窄的情况下，挂牌公司投资质量信息不对称的直接后果是二级市场交投清淡。在做市指数设立2年后，新三板做市指数甚至已跌至起点（1000点）以下。与此同时，数量规模庞大的挂牌公司使得券商成熟的投研框架难以适用。因此，无论是在监管层面还是在投资层面，揭示挂牌公司的投资质量信息都尤为重要，迫切需要开展基于大数据的研究、评价和分析。

《中国新三板市场发展报告（2017）》是对揭示新三板挂牌公司投资价值的一次有益尝试。本书基于新三板挂牌公司的群体特征，构建了一个包括持续经营能力、信息披露质量、成长性和创新性4个维度的质量评价模型，由 32 个基础性指标进行测度。以 2016 年新三板挂牌公司年度报告披露的数据为依据，对 3157 家样本公司进行全面的投资质量评价。通过对基础指标数据打分、加权汇总，最终量化新三板挂牌公司的投资价值。本书只是对新三板挂牌公司质量评价工作的开始，后续我们将不断完善质量评价模型，提高评价结果对投资质量信息的揭示程度，为新三板市场的各方参与者提供参考，也为促进我国多层次资本市场的发展贡献一分力量。

王　力

2017 年 11 月

目 录

Ⅰ 总报告

Ⅱ 分报告

Ⅲ 榜 单

皮书数据库阅读**使用指南**

CONTENTS

I General Report

II Branch Reports

Ⅲ Ranking Lists

总 报 告

General Report

B.1

新三板挂牌公司质量评价

王力 刘坤 王子松*

摘　要：目前，我国已经初步构建了包括主板市场、中小板市场、创业板市场、新三板市场以及区域股权交易中心在内的多层次资本市场，其中，新三板市场定位于为创新、创业、成长型中小微企业服务。经过扩容以来4年时间的快速发展，挂牌公司数量超过1.1万家，成长为我国规模最大的基础性证券市场，同时也发展成为股权资本投资和退出的重要渠道。新三板挂牌公司的质量或者说投资价值引起包括潜在投资者、股东等相关从业人员的广泛关注，他们特别希望能够将有投

* 王力，经济学博士，特华博士后科研工作站执行站长，中国社会科学院研究生院博士生导师，主要研究领域为区域金融、创业投资、资本市场；刘坤，经济学博士，特华博士后科研工作站博士后，主要研究领域为新三板市场、公司金融、产业经济；王子松，中国社会科学院经济学博士，研究领域为资本市场。

资价值的公司从上万家挂牌公司中筛选出来。然而，此前适用于上市公司的投研体系并不适用于新三板挂牌公司。本报告从挂牌公司的群体特征出发，提出了一个包括持续经营能力、信息披露质量、成长性和创新性4个维度的评价体系，包括32个具体评价指标，对3157家样本公司（约占2016年末全部挂牌公司的30%）进行了综合评价。评价的结果在一定程度上反映了挂牌公司的投资价值，可供相关从业人员参考。

关键词：新三板　挂牌公司　质量评价

一　引言

党的十八届三中全会通过的《中共中央关于全面深化改革若干重大问题的决定》中提出，“健全多层次资本市场体系”是完善现代市场体系的重要内容，也是促进我国经济转型升级的一项战略任务。资本市场健康发展已上升到国家战略层面，将成为推动经济转型升级的强大引擎。早在2003年，中央就提出建立多层次资本市场体系。由此，我国开始探索建立多层次资本市场，先后于2004年推出中小板市场，于2009年推出创业板市场。经过多年的发展，我国多层次资本市场体系中的交易所市场已成为全球第二大市场，上市公司数量3200余家。然而，相对于我国数量庞大的中小微企业的融资需求而言，交易所市场的作用是有限的。

随着我国经济发展步入新常态以及新发展阶段下创新驱动发展战略的实施，“加快发展多层次资本市场”的应有之义就是要着力解决中小微企业融资难题。2013年底，国务院决定将新三板的试点范围扩展至全国，鼓励创新、创业、成长型中小微企业融资发展，企业的挂牌准入条件也随之放宽，新三板挂牌企业的数量随之爆发式增长，截至2016年末，新三板挂牌企业数量超过1万家（截至目前，新三板挂牌公司数量已超过1.1万家），在数量意义上远超沪深A股上市公司总和。经过多年的扩容发展，新三板市场由默默无闻到广为人知，引起了市场参与者的极大关注，被称为“真正的创业板”“中国的纳斯达克”“中国最大的基础性证券市场”。新三板市场扩容以来的建设和发展，不仅仅体现在数量迅猛增长方面，还体现在制度创新方面，被认为是建设思路最“市场化”的资本市场。

然而，新三板市场繁荣景象的背后也有隐忧。一方面，是火热的一级市场，3年挂牌数量超过1万家企业；另一方面，二级市场的流动性几近枯竭，全市场一天的总成交量还不如一只稍微活跃点的A股股票，做市商也未能起到预期的作用。

当前，新三板挂牌公司数量已超过1.1万家，未来两三年内新三板挂牌公司的数量可能会超过2万家，市场上将有足够多的投资标的供投资者选择。值得注意的是，超大容量的新三板市场使得基于A股市场的行业研究模式很难再适用。对于新三板市场而言，巨大的挂牌公司数量及其整体上规模小、稳定性差、技术和市场风险大的特征决定了，无论是在监管层面还是在投资研究层面，都需要开展基于大数据的研究、评价和分析。

本报告立足于新三板挂牌公司的群体特征以及新三板市场的发展定位，试图构建一个评价新三板挂牌公司质量的指标体系，并对挂牌公司做出评价，以期为各方市场参与者提供有参考价值的信息。

二　新三板市场发展现状

新三板市场发轫于2001年6月设立的“代办股份转让系统”（俗称“老三板”）。2006年1月，“股份报价转让系统”推出，为中关村科技园区非上市股份有限公司提供股份转让和融资服务，“代办股份转让系统”的功能得到扩展。2012年8月，国务院批准新三板试点区域扩容至4个科技园区，包括北京中关村科技园区、上海张江高科技园区、武汉东湖新技术开发区和天津滨海科技园区。标志着新三板市场进入加快发展的新阶段，进入从试点向全国统一的场外市场过渡的阶段。

2013 年 12 月 13 日，国务院发布《关于全国中小企业股份转让系统有关问题的决定》（国发〔2013〕49 号），明确了全国股份转让系统的性质、功能和定位，标志着新三板市场正式扩容至全国，也标志着全国统一场外市场的正式建立。新三板市场由此突破试点高新区限制，也不再局限于科技型企业，扩容至所有符合新三板条件的企业。与此同时，新三板市场制度建设配套跟进，大大简化了符合条件的企业挂牌新三板的程序，新三板市场迎来了快速发展时期。

全国股转系统公布的数据显示，截至 2016 年末，新三板市场共有挂牌公司 10163 家（见图 1），总股本 5851.55 亿股，总市值 4.06 万亿元，涵盖了软件与信息技术、生物制药、新材料、文化传媒等众多新兴行业，覆盖了我国 31 个省份。2015 年，共有 1887 家挂牌公司完成 2565 次股票发行，发行 230.79 亿股，募集金额 1216.17 亿元，融资总额接近 2014 年的 10 倍，首次超过创业板的融资额。2016 年，共完成 2940 次股票发行，发行 294.61 亿股，募集金额 1390.87 亿元。①

在我国经济结构转型的关键时期，新三板肩负着拓宽中小企业融资渠道、培育和孵化战略性新兴产业以及激发社会创新潜能的重大使命。自 2013 年底新三板扩容至全国以来，新三板市场迅速成长，3 年时间新增挂牌公司 1 万余家，在为中小微企业提供融资平台、完善公司治理结构、提升公司经营能力、提高企业知名度等方面都发挥了积极作用，另外也为构建和完善多层次场外交易市场奠定了良好的基础。但是，新三板市场的发展也面临诸多挑战和困境。

（一）二级市场流动性不足

新三板市场经过快速扩容，挂牌公司数量大幅增加，目前已成为我国最

① 2016 年，创业板市场首发融资 347.04 亿元，增发融资 1463.63 亿元，总计募集资金为 1810.67 亿元。

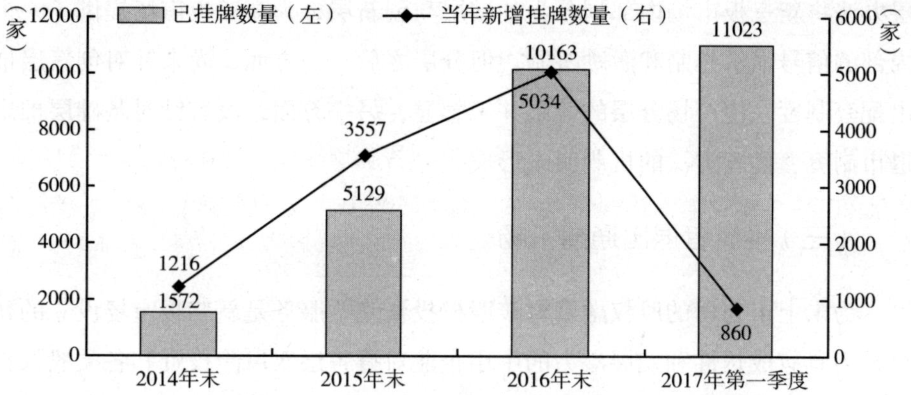

图1　2014 年末至 2017 年第一季度新三板市场挂牌公司数量增长情况

资料来源：全国中小企业股份转让系统历年统计报告。

大的基础性证券市场。然而，与挂牌公司数量与日俱增、一级市场参与者热情高涨形成鲜明对比的是，新三板二级市场依然面临流动性严重不足的尴尬局面。新三板挂牌公司数量虽远超沪深股市，但在挂牌的企业里，只有约30%曾发生过交易。每日交易额超过 100 万元的挂牌公司数量约占全部挂牌公司的 3%，每日无交易的挂牌公司数量接近 90%。其中，2016 年累计换手率不足 5% 的企业高达 72%。2016 年，新三板市场日均交易额为 7.84 亿元，不足创业板日均交易额的 1%。

（二）挂牌公司质量参差不齐

当前，新三板挂牌公司数量已突破 1.1 万家，未来新三板挂牌公司的规模甚至可能会超过 2 万家，市场上将有足够多的投资标的供投资者选择。在 1.1 万余家挂牌公司中，有增长预期稳定的“白马”公司，也有高成长的“黑马”企业，还有一些可能很快会破产的公司，新三板市场未来的发展取决于优秀的挂牌公司能否脱颖而出，劣质公司是否会被淘汰出局。一个能够有效揭示挂牌公司质量或者说投资价值的资本市场，才可能是成功的资本市场。

2016 年 5 月 27 日，全国中小企业股份转让系统发布《全国中小企业股份转让系统挂牌公司分层管理办法（试行）》，并于 6 月 27 日正式实施。分层办法将新三板市场内部划分为基础层与创新层，为新三板市场提供了一个内部的信号显示机制和激励机制。但分层之后，一方面，尚未针对创新层推出配套制度，使市场分层的效果并未彰显；另一方面，没有针对基础层推出退市制度，优胜劣汰的机制尚未形成。

（三）投资者退出通道不畅

为未上市公司的股权融资对接股权投资基金服务是新三板市场设立的初衷，为具有成长性和发展潜力的中小企业对接各层次风险投资和各类股权投资基金，有利于降低投资基金的选择成本，这也激励着场外民间资金参与投资创新创业企业。然而，相关数据显示，截至 2017 年 3 月末，新三板公司 2016 年完成股票发行并上市交易且有成交记录的公司有 2060 家，收盘价低于发行价格的公司有 574 家。其中，等于或低于发行价格 50% 的公司有 77 家，19 家公司的股价在发行价格 20% 以下。值得注意的是，从破发最明显的 10 家公司看，被套牢的多是新进入的投资者。在目前的制度框架下，各类投资者参与新三板市场更多倾向于将其看作一个股权投资市场，将退出的期望主要寄托在转板上市或被上市公司吸收合并方面。

三　上市公司质量评价研究概况

自我国设立证券市场以来，股票市场的定位侧重于融资功能，缺乏对投资者的保护。在这样的市场环境下，上市公司、机构投资者更倾向于通过概念炒作的方式做高市值，以方便融资和减持套现，有相当大数量的上市公司不重视财务质量、信息披露质量和公司治理水平的提升，引起国内许多学者和市场人士的关注，并由此产生了数量众多的关于上市公司质量评价的研究成果。这些研究，大多围绕 A 股上市公司及创业板或中小板等不同的市场板块展开，评价内容主要集中于财务质量、信息披露质量、公司治理等方面。目前，国内尚未有关于新三板挂牌公司质量评价的研究成果发布。

（一）质量评价的内涵界定

国内关于上市公司质量评价的研究文献众多，研究侧重点包括财务质量、成长性、信息披露质量、投资价值、利润质量、创新能力、可持续发展能力、内部控制、经营绩效以及综合评价等多个方面，并没有统一的概念界定。

本报告旨在通过质量评价揭示新三板挂牌公司的投资价值，因而倾向于从能够反映挂牌公司投资价值的多指标维度入手，全面评价新三板挂牌公司的质量。具体来说，考虑到新三板挂牌公司具有总体数量众多、平均规模较小、发展尚不稳定、技术和市场风险较大等特征以及新三板市场的定位，我们从可持续经营能力、信息披露质量、成长性和创新性 4 个方面综合评价新三板挂牌公司的质量。

（二）上市公司质量评价研究进展

1. 基于综合视角的上市公司质量评价研究

严海（2006）对国内外上市公司评价体系的发展做了总结，将上市公司评价模式分为三类，即财务评价模式、经济增加值评价模式和平衡评价模式，并逐一对其优缺点做出了深入的分析，最终提出了完善我国上市公司评价体系的若干构想。其在评价上市公司财务业绩的同时，加入了对公司治理水平和管理能力的评价，将定量指标和定性指标结合起来，多角度、多层次地进行评价。采用因子分析法分析定量指标，采用层次分析法分析定性指标，最后利用所构建的评价体系对沪深 30 家上市公司进行了评价。

谢云飞（2008）从财务业绩、治理水平和管理能力 3 个方面对湖南上市公司的整体质量进行了实证研究。对财务业绩采用因子分析法和功效系数法进行分析，对治理水平和管理采用层次分析法进行分析，最终得出湖南上市公司存在企业治理结构不完善、管理体制落后等结论。

蒋云波（2010）针对上市公司绩效评价问题，利用主成分分析法，选择了 18 家信息技术产业上市公司，最终提出了盈利能力、运营能力、偿债能力和业务能力 4 个主成分，建立了上市公司绩效评价模型。

谷峰（2011）结合创业板市场的特点，认为对创业板上市公司的评价应区别于对主板上市公司的评价，除了评价财务质量，还应考虑创业板公司的成长潜力和成长空间。

张跃文和王力（2014）从股票市场投资者视角对上市公司质量进行评价，股东利益最大化成为评价上市公司质量的出发点和落脚点。作者将上市公司的运营过程概括为价值创造、价值管理和价值分配过程，认为高质量的上市公司不仅应当具备较强的价值创造能力，还应当通过较强的价值管理能力和价值分配能力创造股票市场溢价。研究构建了基于价值创造能力、价值管理能力和价值分配能力的三层次指标体系，对我国上市公司的质量进行了全面的评价。

2. 基于特定视角的上市公司质量评价

任政亮（2014）对中国上市公司的信息披露质量进行了系统评价。该研究利用静态均衡和演化博弈分析法，对信息披露质量评价的决定因素进行了经济学分析，并从公司治理结构、财务与审计状况以及外部环境约束 3 个方面，对信息披露质量的影响因素进行了归纳；构建了包含 3 个层次的信息披露质量评价指标体系，并利用建立在一般熵权算法基础上的改进熵权评价模型，对深交所 1514 家上市公司的信息披露质量进行了实证研究。

陈文静（2013）以安徽上市公司为例，建立基于增长、盈利、风险三维平衡视角的财务质量理论分析框架，从增长、盈利和风险 3 个方面分别设计指标，建立财务质量评价综合体系，对上市公司的财务质量进行综合评价。

莫亚男（2012）从投资者的角度对中小板上市公司的财务质量进行研究，通过中小板与主板盈利质量和增长质量的对比分析，得出中小板上市公司利润来源以及利润影响因素的典型特征，并据此构建中小板上市公司质量评价指标体系。

张冬（2013）通过梳理关于公司成长性评价的理论与模型，结合我国创业板上市公司的特征，筛选影响创业板上市公司成长性的主要因素，构建创业板上市公司成长性评价模型。在此基础上，进一步探究创业板上市公司的成长性与投资价值的关联性，分析创业板上市公司成长性与投资价值之间的传导机制及作用机理，从而促使投资者对创业板上市公司的成长情况做出客观合理的评价，达到维护投资者利益以及促进创业板市场良性发展的双重目标。

孙奕（2008）从上市公司竞争优势和竞争潜力的视角，构建了关于上市公司可持续发展能力的评价指标体系。在该研究中，上市公司可持续发展能力综合评价指标体系由生存能力子系统、竞争能力子系统、治理能力子系统和环境协调能力子系统构成。

江剑（2005）认为，技术创新能力是企业利润与发展的原动力，他分析评价了上市公司的技术创新能力，并以此判断上市公司的质量和发展潜力比单纯的历史经营业绩更具说服力。该研究从分析技术创新能力的角度构建专门的评价体系来测度和评价上市公司，并提出关于上市公司技术创新能力评价的3个关键问题：①技术创新特征的行业差异问题；②外部评价需要克服的信息不对称问题；③综合评价方法的适用性问题。

3. 已有上市公司质量评价研究成果存在的问题

已有的相关文献为上市公司质量评价以及新三板挂牌公司质量评价奠定了良好的研究基础，但对于关注上市公司或挂牌公司投资价值的投资者而言，现有的研究成果存在一些明显的问题：①除《中国上市公司质量评价报告》为每年连续出版的研究成果外，其他大多数研究成果是学术探讨性质的，缺乏进一步的跟踪以及长期的坚持；②大多以财务质量评价为主，不能全面反映成长型、创新型公司的内在投资价值；③中国资本市场退市制度一直没有得到很好的执行，未来资本市场健康发展离不开退市制度的常态化，上市公司或挂牌公司的可持续发展问题将是投资者关注的核心主题，上市公司质量评价中应予以重点体现，这一点对于经营尚不稳定的挂牌公司而言尤其重要。

四　新三板挂牌公司质量评价方法

与主板、中小板和创业板市场的定位不同，新三板市场主要的服务对象是创新型、创业型、成长型中小微企业。虽然在挂牌公司中不乏规模较大的公司，但总体而言，挂牌公司以中小微企业为主，符合新三板市场的定位。鉴于此，新三板挂牌公司的质量评价应该与以往研究中以 A 股上市公司为评价对象的研究有明显不同，新三板挂牌公司质量评价体系应该反映中小微企业群体的重要特征。

（一）新三板挂牌公司典型特征

1. 高风险

新三板挂牌公司（不含金融类挂牌公司）平均资产规模约为 2 亿元，净资产约为 1 亿元，平均营业收入规模约为 1.5 亿元，平均利润约为 1000 万元，总体上符合新三板市场服务创新型、创业型、成长型中小微企业的定位。这类企业的典型特征是，大多属于新兴行业的生力军，通常有较大的发展空间，但发展尚不成熟，规模小，企业产品、技术和市场风险大。从投资者的角度来说，该类企业的首要问题不是发展问题，而是面临的生存风险问题，如果一家企业的生存都成问题，投资的风险显而易见。

中小微企业在成长过程中面临多方面的风险，对银行来说，这类企业违约风险较大，因此它们难以从传统的信贷渠道获得必要的融资支持。从企业自身发展的角度来说，中小微企业的市场定位和行业地位尚不稳定，主营业务发生变更的可能性较大，技术、产品和市场都可能随之改变。而且，中小微企业早期融资主要用于购买或研发新技术、开发新产品、展开市场营销、组建团队，固定资产投资相对较少。也就是说，中小微企业自身发展的不确定性以及可抵押资产较少的阶段特征，决定了它们很难得到传统银行的信贷融资，通常难以通过银行贷款的方式解决发展资金短缺的问题。

2. 信息不对称问题凸显

对于初创企业来说，家族企业的运营管理方式在很大程度上可以避免委托代理问题引致的交易成本，而且有利于保护商业秘密，通常是创业型企业普遍乐于接受的治理结构。当企业发展到一定规模时，企业自身积累的资源成为企业进一步发展的瓶颈，需要引入外部资源，治理不规模的弊端由此开始显现。

外部投资者与企业经营者之间的信息不对称问题突出表现在两个方面：一是由于企业规模尚小，潜在竞争者的进入门槛相对较低，出于规避风险的考虑，企业的技术诀窍（know-how）或核心商业逻辑通常较为保密，而外部投资人在无法确信企业拥有足够市场竞争力的情形下，没有信心进行投资；二是企业尚没有规范的治理结构，没有对外披露财务信息的义务，游离于资本市场监管范围之外，企业经营者获得融资后有忽视投资人权益的动机，即信息不对称引致的道德风险问题。

换句话说，投资人通常很难准确判断中小微企业是不是一家“好”的企业，也难保证投资后企业所有者的经营行为一定符合投资人的利益，影响了外部投资者对企业投资价值的认可，因此，信息披露问题是影响中小微企业借助资本市场发展的重要问题。

3. 高成长性

按照企业生命周期理论，企业一般要经历创业、成长、成熟、衰退等几个发展阶段。新三板挂牌公司正是刚经历过创业阶段而进入成长阶段或仍处于创业阶段的公司，普遍规模较小，但发展速度较快，高成长性成为新三板挂牌公司的又一突出特征。

从企业总资产、净资产、营业收入、净利润等规模指标来看，新三板挂牌公司与中小板、创业板上市公司存在明显差距。根据已披露的2016年年报数据，新三板挂牌公司（不含金融类挂牌公司）平均资产规模约为2亿元，平均净资产约为1亿元，平均营业收入规模约为1.5亿元，平均净利润约为1000万元；中小板上市公司的平均资产规模为73.44亿元，平均净资产规模为31.18亿元，平均营业收入规模为35.28亿元，平均净利润为2.78亿元；创业板上市公司的平均资产规模为26.39亿元，平均净资产规模为16.64亿元，平均营业收入规模为12.79亿元，平均净利润为1.51亿元。

从营业收入增长的情况来看，2016年中小板上市公司营业收入整体同比增长22.50%，创业板上市公司营业收入整体同比增长33.19%，新三板挂牌公司营业收入整体同比增长 17.72%。从营业收入整体的比较分析来看，似乎新三板挂牌公司的成长性还不如创业板、中小板上市公司。实际上，截至2016 年末，创业板上市公司仅有570 家，中小板上市公司仅有812 家，而新三板挂牌公司中营业收入增长率超过 50% 的企业就有超过 2000 家。

4. 创新性

按照万得（Wind）行业分类来看，新三板市场中包括新材料、信息技术、医疗保健在内的新兴产业占比更高，这些产业具有更强的创新性与活力，代表未来产业的发展方向。截至 2016 年末，在 10163 家新三板挂牌企业中，信息技术行业的相关企业有 2886 家，新材料行业的相关企业有 1270 家，生命科学、生物科技与健康服务行业的相关企业有 595 家。

新兴产业均属知识密集型产业，创新是推动产业发展的第一驱动力，在某种意义上，这些企业将可能成为我国创新驱动发展战略的承载者和有力推动者。新三板挂牌公司中信息技术行业占比最大，这与新三板试点始于中关村科技园区有关，从新三板诞生之日起，其就担负了为科技型企业融资的使命。可以说，新三板的设立本身就带有助力科技创新发展的基因，创新性是新三板挂牌公司的重要特征之一。

（二）新三板挂牌公司质量总体评价思路与评价模型

在参照以往关于上市公司质量评价相关研究成果的基础上，本报告更多考虑新三板挂牌公司的群体特征，进而构建对新三板挂牌公司进行质量评价的模型（见图 2）。

根据《全国中小企业股份转让系统业务规则（试行）》（以下简称《业务规则》）第 2.1 条的规定，股份公司申请挂牌应当符合下列条件：①依法设立且存续满两年，有限责任公司按原账面净资产值折股，整体变更为股份有限公司，存续时间可以从有限责任公司成立之日起计算；②业务明确，具有持续经营能力；③公司治理机制健全，合法规范经营；④股权明晰，股票发行和转让行为合法合规；⑤主办券商推荐并持续督导；⑥全国股份转让系

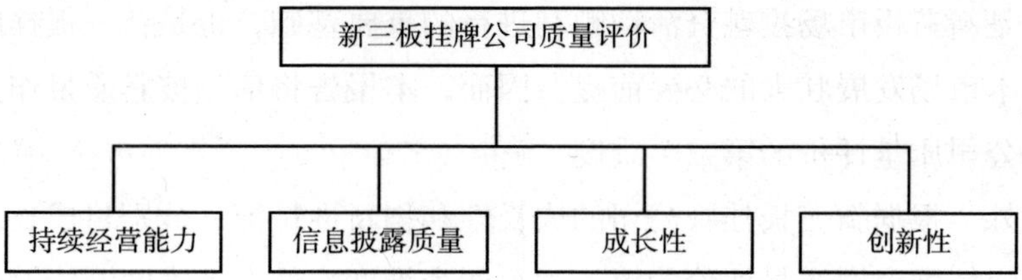

图 2　新三板挂牌公司质量评价模型

统公司要求的其他条件。

2016 年 10 月 21 日，全国股转系统发布《全国中小企业股份转让系统挂牌公司股票终止挂牌实施细则（征求意见稿）》，明确了 11 种强制摘牌的情形，包括：①未在法定期限内披露年度报告或半年度报告，并自期满之日起两个月内仍未披露年度报告或半年度报告；②最近两个年度的财务会计报告均被注会出具否定或者无法表示意见的审计报告；③受到证监会行政处罚并在行政处罚决定书中被认定构成重大违法行为，或者被证监会依法移送公安机关；④因欺诈挂牌受到股转系统纪律处分；⑤最近 36 个月内累计受到股转系统 3 次纪律处分；⑥持续经营能力存疑；⑦不能依法召开股东大会或者不能形成有效决议，在 12 个月内不能恢复的；⑧与主办券商解除持续督导协议，且未能在 3 个月内与其他主办券商签署持续督导协议的；⑨被依法强制解散；⑩被法院宣告破产；⑪股转系统规定的其他强制终止挂牌情形。

结合全国股权公司规定的挂牌和摘牌条件来看，真实的挂牌标准并不仅仅指新三板市场的“准入标准”，还包括在新三板市场上挂牌的“维持标准”，即新三板公司挂牌的事实标准是要能够做到不退市。[①] 也就是说，挂牌公司至少要具有持续经营的能力，也就是存活的能力。这是本报告对挂牌公司进行质量评价的第一个维度，也是质量评价体系最基础的评价内容。

规范、完整、真实的信息披露是降低市场参与主体间信息不对称程度的重要途径，也是股转公司开展审查监管工作的核心手段。信息披露的水平和

① 企巢新三板学院院长程晓明博士在题为“新三板的发展逻辑与政策驱动下的市场机会”的演讲中提出，新三板市场看似门槛低，但是真正的上市条件其实是不退市。

质量，是新三板市场投融资活动顺利进行的重要基础，也是新三板挂牌公司借助资本市场发展壮大的必要前提。因而，本报告将信息披露质量作为新三板挂牌公司质量评价的第二个维度。

另外，根据新三板挂牌公司的成长性和创新性特征，分别将成长性和创新性作为挂牌公司质量评价的第三和第四个维度。这 4 个维度既能够反映新三板挂牌公司的典型特征（高风险、信息不对称、成长性、创新性），也涵盖了新三板市场的定位及监管要求信息，由此共同构成评价新三板挂牌公司质量的一级指标，即本报告的质量评价模型。

（三）新三板挂牌公司质量评价指标体系

根据新三板挂牌公司质量评价模型，在新三板挂牌公司质量评价指标体系中，挂牌公司质量评价由 4 个一级指标进行度量，包括持续经营能力、信息披露质量、成长性与创新性。一级指标仍是概念性指标，进一步分别由各自的二级指标、三级指标甚至四级指标进行度量，详见后文。本报告是国内首次对新三板挂牌公司的质量进行评价，新三板市场虽然已具备相当大的规模，但市场发展的时间尚短，基础性的制度仍在持续完善中，挂牌公司所披露的信息质量也有许多不尽如人意之处，鉴于此，本报告中各指标的权重采用德尔菲法（即专家打分法）确定（见表 1）。

表 1　新三板挂牌公司质量评价一级指标

单位：%

总指标	一级指标名称	权重
新三板挂牌公司质量	持续经营能力	40
	信息披露质量	15
	成长性	25
	创新性	20

资料来源：课题组整理。

1. 衡量持续经营能力的指标

对新三板挂牌公司持续经营能力的评价主要从财务质量、经营风险与公司治理3个子维度展开。具体来说，财务质量由盈利能力、偿债能力与运营能力3个指标度量，经营风险由反映主营业务特征及单一客户依赖程度的指标进行度量，公司治理由控股股东行为、股权激励以及董事会制度来度量。根据以往上市公司质量评价相关研究成果的结论，结合新三板挂牌公司的特征，本报告具体选择如下指标构成持续经营能力评价体系（见表2）。

表2　持续经营能力评价指标体系

一级指标	二级指标	三级指标	四级指标
持续经营能力	财务质量(40%)	盈利能力(50%)	总资产收益率(30%)
			净资产收益率(30%)
			投入资本回报率(40%)
		偿债能力(30%)	资产负债率(30%)
			利息保障倍数(40%)
			现金比率(30%)
		运营能力(20%)	总资产周转率(40%)
			流动资产周转率(40%)
			应收账款周转率(20%)
	经营风险(30%)	主营业务突出(30%)	主营业务收入占比(100%)
		主营业务稳定(15%)	主营业务是否变更(100%)
		盈利敏感性(25%)	固定成本比重(100%)
		单一客户依赖程度(30%)	前五大客户收入占比(100%)
	公司治理(30%)	控股股东行为(50%)	大股东占用公司资金情况(40%)
			大股东利用挂牌公司担保贷款情况(30%)
			是否存在关联交易(30%)
		股权激励(30%)	是否开展股权激励计划(100%)
		董事会制度(20%)	所有权与经营权分离(50%)
			设立独立董事(50%)

资料来源：课题组整理。

2. 衡量信息披露质量的指标

在以往信息披露质量研究结论的基础上，本报告选择从信息披露的准确性、完整性、及时性以及规范性4个方面综合考察信息披露的质量（见表3）。

表3　信息披露质量评价指标体系

一级指标	二级指标	三级指标
信息披露质量	准确性(25%)	是否发布更正或补充报告(100%)
	完整性(25%)	信息披露数量(100%)
	及时性(25%)	公司年报披露时间(100%)
	规范性(25%)	信息披露违规情况(100%)

资料来源：课题组整理。

3. 衡量成长性的指标

在评价上市公司成长性的相关研究中，一般使用营业收入增长率、总资产增长率、净利润增长率等指标反映上市公司（特别是中小板和创业板上市公司）的成长性，这些资料来源于上市公司发布的财务报表，主要反映相关公司的历史增长情况。考虑到新三板挂牌公司的特殊性，我们增加对挂牌公司成长空间的评价，用于反映挂牌公司成长的可能性空间。

具体来说，我们选择营业收入增长率、净利润增长率和总资产增长率度量挂牌公司的成长能力；使用销售毛利率和全要素生产率反映挂牌公司的成长空间（见表4）。

表4　新三板挂牌公司成长性评价指标

一级指标	二级指标	三级指标
成长性	成长能力(50%)	营业收入增长率(40%)
		净利润增长率(30%)
		总资产增长率(30%)
	成长空间(50%)	销售毛利率(50%)
		全要素生产率(50%)

资料来源：课题组整理。

4. 衡量创新性的指标

在以往研究中，对创新性的评价一般从投入和产出两个方面进行。创新投入通常选择研发经费投入强度、研发人力资本投资等指标进行度量，创新产出则从专利数、新业务销售收入占比等角度衡量。考虑数据可得性，并结合以往研究中关于上市公司创新性评价的研究结论，本报告选择研发经费投入强度、员工中本科以上学历人数占比、人力资本投资回报率和专利数作为新三板挂牌公司创新性评价指标（见表5）。

表5　新三板挂牌公司创新性评价指标

一级指标	二级指标	三级指标
创新性	创新投入(60%)	研发经费投入强度(40%)
		员工中本科以上学历人数占比(30%)
		人力资本投资回报率(30%)
	创新产出(40%)	专利数(100%)

资料来源：课题组整理。

（四）指标释义

1. 持续经营能力指标

（1）总资产收益率

总资产收益率是指公司一定时期内的净利润与平均总资产的比率。总资产收益率的高低直接反映了公司的竞争实力和发展能力，也是决定公司是否应举债经营的重要依据。公式为：

$$总资产收益率 = (净利润 / 平均资产总额) \times 100\%$$
$$平均资产总额 = (年初资产总额 + 年末资产总额)/2$$

总资产收益率分析的重要意义体现在：总资产收益率指标集中体现了资产运用效率和资金利用效果之间的关系；在企业资产总额一定的情况下，利用总资产收益率指标可以分析企业盈利的稳定性和持久性，确定企业所面临的风险；总资产收益率指标还可反映企业综合经营管理水平的高低。

（2）净资产收益率

净资产收益率是指公司一定时期内的净利润与平均净资产的比率。净资产收益率充分体现了公司的自有资本获取报酬的能力，突出反映了投资与报酬的关系，是评价公司资本盈利能力的核心指标。公式为：

净资产收益率 =（净利润/平均净资产）×100%

平均净资产 =（所有者权益年初数 + 所有者权益年末数）/2

净利润受各种政策等其他人为因素影响较少，能够比较客观、综合地反映公司的经济效益，准确体现投资者投入资本的获利能力。通过对该指标的综合对比分析，可以看出公司收益能力在同行业中所处的地位，以及与同类公司的差异水平。一般认为，公司净资产收益率越高，公司自有资本获取收益的能力越强，运营效益越好，对公司投资人、债权人的利益保证程度越高。

（3）投入资本回报率

投入资本回报率是指投入或使用资金与相关回报的比率，用于衡量投入资金的使用效果。投入资本回报率是用来评估一个企业或其事业部门历史绩效的指标，它决定企业的最终（未来）价值，也是对公司进行评估的一个最主要的指标。公式为：

投入资本回报率 = 息前税后经营利润/投入资本

息前税后经营利润 =（营业利润 + 财务费用 - 非经常性投资损益）×（1 - 所得税税率）

投入资本 = 有息负债 + 净资产 - 超额现金 - 非经营性资产

（4）资产负债率

资产负债率是指上市公司负债总额与资产总额的比率，该指标表示公司总资产中有多少是通过负债筹集的，是评价公司负债水平和偿债能力的综合指标。公式为：

资产负债率 =（负债总额/资产总额）×100%

适度的资产负债率表示投资人及债权人的投资风险较小，公司经营安全稳健，具有较强筹资能力。但若资产负债率过高，则表明公司债务负担太重。

（5）利息保障倍数

利息保障倍数，又称已获利息倍数，指企业生产经营所获得的息税前利润与利息费用的比率，是衡量企业支付负债利息能力的指标。企业生产经营所获得的息税前利润与利息费用相比，倍数越大，说明企业支付利息费用的能力越强。公式为：

利息保障倍数 = 息税前利润 / 利息费用

息税前利润 = 净销售额 - 营业费用

利息保障倍数不仅反映了企业获利能力的大小，而且反映了获利能力对偿还到期债务的保证程度，它既是企业举债经营的前提依据，也是衡量企业长期偿债能力大小的重要标志。要维持正常偿债能力，利息保障倍数至少应大于1，利息保障倍数越高，表示企业长期偿债能力越强。如果利息保障倍数过低，企业将面临亏损和偿债的安全性与稳定性下降的风险。

（6）现金比率

现金比率是指公司现金以及现金等价资产总量与当前流动负债的比率，可用来衡量公司资产的流动性。公式为：

现金比率 =（货币资金 + 交易性金融资产）/ 流动负债

（7）总资产周转率

总资产周转率是指公司一定时期主营业务收入同平均资产总额的比率。总资产周转率是综合评价公司全部资产经营质量和利用效率的重要指标。公式为：

总资产周转率（次）= 主营业务收入净额 / 平均资产总额

平均资产总额 =（期初资产总额 + 期末资产总额）/2

总资产周转率体现了公司经营期间全部资产从投入到产出周而复始的流转速度，反映了公司全部资产的管理质量和利用效率。该指标通过当年已实现的营业价值与全部资产进行比较，反映出公司一定时期的实际产出质量以及对每单位资产实现的价值补偿。通过该指标的对比分析，不但能够反映出公司本年度及以前年度总资产的运营效率及其变化，而且能发现公司之间在资产利用上存在的差距，促进公司挖掘潜力、积极创收、提高资产利用效率。一般情况下，该指标越高，表示周转速度越快，资产利用效率越高。

（8）流动资产周转率

流动资产周转率指企业一定时期内主营业务收入净额同平均流动资产总额的比率，流动资产周转率是评价企业资产利用率的一个重要指标。公式为：

流动资产周转率（次）=主营业务收入净额/平均流动资产总额
平均流动资产总额=（流动资产年初数+流动资产年末数）/2

流动资产周转率反映了企业流动资产的周转速度，是从企业全部资产中流动性最强的流动资产角度对企业资产的利用效率进行分析，以进一步揭示影响企业资产质量的主要因素。要实现该指标的良性变动，应以主营业务收入增幅高于流动资产增幅做保证。在一般情况下，该指标越高，表明企业流动资产周转速度越快。在较快的周转速度下，流动资产会相对节约，相当于流动资产投入的增加，在一定程度上增强了企业的盈利能力。而周转速度慢，则需要补充流动资金参加周转，会形成资金浪费，降低企业盈利能力。

（9）应收账款周转率

应收账款周转率是指公司在一定经营期间主营业务收入净额与本期应收账款平均余额的比率，反映公司应收账款的流动程度，是考核公司偿债能力和经营能力的重要指标。公式为：

应收账款周转率=（主营业务收入净额/应收账款平均余额）×100%

一般来讲，应收账款周转率越高，说明公司的短期偿债能力越强，反映出公司管理应收账款方面的效率越高。

（10）主营业务收入占比

主营业务收入是指企业经常性的、主要业务所产生的基本收入，如制造业销售产品、非成品和提供工业性劳务作业的收入，商品流通企业的销售商品收入，以及旅游服务业的门票收入、客户收入、餐饮收入等。主营业务收入占比，即主营业务收入占总营业收入的比重。

主营业务收入占比=（主营业务收入净额/营业收入总额）×100%

一般来说，主营业务收入占比越高，说明公司的主营业务越突出，公司的市场定位越准确清晰，产品在细分市场上越具有竞争力。

（11）主营业务是否变更

对于新三板挂牌公司而言，由于普遍规模较小，产品和市场定位不确定性较高，主营业务不突出，主营业务发生变更是比较常见的现象。

主营业务发生变更，意味着公司的经营战略出现了较大的调整，不确定性增加，公司的持续经营能力受到新的考验，值得投资者关注。一般来说，主营业务变更表明公司经营不稳定。

（12）固定成本比重

企业经营过程中发生的成本大致可分为固定成本与可变成本。当业务活动量在一定范围内变化时，固定成本的总量将保持不变，单位产品成本中的固定成本将与总产量呈线性反比关系。可变成本总量及其在总成本中所占比重随经营活动水平的变化而改变，同时，单位产品成本中的可变成本稳定不变。因此，如果企业的产品成本构成中，固定成本比重越高，则销售净利润的波动幅度越大于同期营业收入波动幅度，企业对市场行情的敏感性越强，盈利稳定性越差，经营风险越高。企业固定成本构成多样，不同行业差别较大，通常情况下最大部分固定成本为固定资产折旧和无形资产摊销。为了简化运算起见，本报告选取样本企业 2016 年末的固定资产净值和在建工程两项数值，与年末公司总资产进行对比。

（13）前五大客户收入占比

前五大客户收入占比反映公司对主要客户的依赖程度。如果公司的营业收入主要来自个别客户，或者说公司的收入集中度非常高，表明公司的业务独立性相对较差，公司的经营稳定性受到下游客户的影响较大。公式为：

前五大客户收入占比 =（前五大客户销售额 / 营业收入总额）× 100%

（14）大股东占用公司资金情况

由于股权高度集中、大股东一股独大等现象突出，公司内部缺乏对大股东的有效制衡，公司外部缺乏监督大股东的渠道，事后的惩戒机制也显单薄，因此国内资本市场上大股东占用上市公司资金的问题屡见不鲜。大股东占用上市公司资金问题是证券市场长期存在的一个重要问题，严重影响了上市公司的独立性，是对中小股东合法利益的侵害。虽然目前新三板挂牌公司较少存在大股东占用公司资金的情况，但未来随着挂牌公司融资能力增强，股权高度集中的结构使得大股东具有占用挂牌公司资金的动机。

（15）大股东利用挂牌公司担保贷款

挂牌公司普遍存在股权集中度过高的情形，公司内部缺乏能够有效制衡大股东的力量，使得大股东的行为有破坏挂牌公司独立经营的可能。如果大股东利用挂牌公司作为担保获取大量贷款并发生信用违约，将使得挂牌公司背负沉重的债务负担，进而损害中小股东的利益。本报告选择是否存在大股东利用挂牌公司担保贷款的情形，从大股东行为的角度，考察挂牌公司的公司治理质量。

（16）是否存在关联交易

在我国资本市场发展过程中，大股东通过关联交易的方式占用上市公司资金的问题也非常突出，通过关联交易占用资金的方式可能是在生产经营环节中对经营性资金的占用，也可能是非经营性的资金占用。鉴于大股东的强势地位，关联交易使得挂牌公司有失去业务独立性的风险，有可能侵害中小股东的利益。

（17）是否开展股权激励计划

股权激励计划是通过经营者获得公司股权，让企业经营者得到一定经济权利，使他们能够以股东的身份参与企业决策、分享利润、承担风险，从而勤勉尽责地为公司的长期发展服务。现代企业理论和国内外企业实践证明，股权激励对于改善公司组织架构、降低管理成本、提升管理效率、增强公司凝聚力和核心竞争力都起到积极的作用。新三板挂牌公司能够对管理层和核心员工实施股权激励计划，不受投资者适当性准入条件限制，有利于提升公司治理水平。

（18）所有权与经营权分离

所有权与经营权相分离是随着股份公司一起产生的，也是现代企业的典型特征。所有权与经营权相统一，适用于创业早期阶段，有利于克服因两权分离而引致的委托代理问题。随着公司经营规模的扩大，两权分离成为公司治理规范化的重要标志。大部分新三板挂牌公司均呈现股权高度集中的特征，创业者即是所有者，同时也是经营者的情况普遍存在，不利于保护中小股东的合法权益。

（19）设立独立董事

独立董事是指独立于公司股东且不在公司内部任职，与公司或公司经营管理者没有重要的业务联系或专业联系，并对公司事务做出独立判断的董事。中国证监会要求在上市公司建立独立董事制度，但新三板挂牌公司目前还未被强制要求建立独立董事制度。理论上，在所有权与经营权分离的情况下，独立董事制度有利于监督经营者不损害所有者的利益，减少代理成本。因此，新三板挂牌公司自觉引入独立董事的行为可被认为是重视公司治理的表现。

2. 信息披露质量指标

（1）信息披露准确性评价指标

信息披露是新三板挂牌公司作为非上市公众公司的应尽义务，是挂牌公司与投资者、监管部门进行信息交流、缓解信息不对称的主要方式，对于投资者判断公司是否有投资价值，以及对于监管部门依法进行监管，都有重要的基础意义。信息披露首先应满足准确性原则，只有公司披露的信息是准确的，信息披露的作用才可能得到彰显。理论上，对挂牌公司所披露的所有信息进行全面的阅读和研究，才能对信息披露的准确性做出辨别。显然，面对数万份报告，这样的做法缺乏可操作性。

根据对以往上市公司披露年报或季报的调查情况来看，准确的年报披露后，经过相关投资者、研究人员或市场人士的审阅，没有发现错误，不存在更正或补充报告的情况；而不准确的年报或季报发布后，上市公司或相关市场参与方会发现其中存在瑕疵，于是，上市公司进一步补发更正或补充报告。因此，本报告选择是否发布更正或补充报告，作为反映挂牌公司信息披露准确性的指标。

（2）信息披露完整性评价指标

完整性是反映信息披露质量的第二个重要维度。从信息披露的内容来说，信息披露分为强制性信息披露与自愿性信息披露。根据新三板挂牌公司信息披露监管要求，强制性信息披露的内容主要包括股份转让说明书、年报、半年报等，季度报告以及公司治理、投资者关注的其他信息遵循自愿披露的原则。根据信号传递理论，挂牌公司自愿披露的信息越多、越详细，表明挂牌公司对公司自身的发展越自信，越希望更多的投资者能够了解和投资公司。因此，从可操作性的角度考虑，本报告选择信息披露数量反映信息披露的完整性。

（3）信息披露及时性评价指标

按照全国股转公司对新三板挂牌公司年报以及半年报披露时间的要求，挂牌公司应当在每年4月30日之前披露上一年的年报，在每年8月31日前披露上半年的半年报。在很大程度上，越早披露年报或半年报的挂牌公司，对公司的发展越有信心，而且，较早发布定期报告，也有利于投资者较早获知公司相关信息，是对投资者负责态度的具体反映。不能及时发布定期报告，则很可能是公司经营出现不利情况的表现。因此，我们选择定期报告的发布时间作为衡量信息披露及时性的标准。

（4）信息披露规范性评价指标

即使是我国资本市场上的“正规军”——上市公司，在信息披露规范性方面依然存在诸多问题，比如随意调节利润、财务报告过于简单、隐瞒重要的信息，使得投资人不能进行有效的财务分析。而大部分新三板挂牌公司接触资本市场时间较短，信息披露不规范的问题可能更为严重。本报告选择因信息披露违规被股转公司通报或处罚的情况，作为挂牌公司信息披露规范性的评价标准。

3. 成长性指标

（1）营业收入增长率

营业收入增长率是企业营业收入增长额与上年营业收入总额的比率，反映企业营业收入的增减变动情况。计算公式为：

$$营业收入增长率 = (营业收入增长额 / 上年营业收入总额) \times 100\%$$

$$营业收入增长额 = 本年营业收入总额 - 上年营业收入总额$$

营业收入增长率大于零，表明企业营业收入有所增长。该指标越高，表明企业营业收入的增长速度越快，企业市场前景越好。

（2）净利润增长率

净利润增长率是指企业本期净利润增加额与上期利润净额的比率。公式为：

$$净利润增长率 = \frac{本期利润净额 - 上期利润净额}{上期利润净额} \times 100\%$$

净利润增长率反映了企业的扩张速度，是综合衡量企业资产运营与管理业绩，以及成长状况和发展能力的重要指标。净利润增长越快，公司的增长能力越强，上市公司的质量也会越好。

（3）总资产增长率

总资产增长率是企业本年总资产增长额同年初资产总额的比率，反映企业本期资产规模的增长情况。公式为：

$$总资产增长率 = \frac{期末资产总额 - 期初资产总额}{期初资产总额} \times 100\%$$

总资产增长率越高，表明企业一定时期内资产规模扩张的速度越快。但在分析时，需要关注资产规模扩张的质和量的关系，以及企业的后续发展能力，避免盲目扩张。

（4）销售毛利率

销售毛利率是毛利占销售净值的百分比，通常称为毛利率。其中毛利是销售净收入与产品成本的差。销售毛利率的计算公式为：

$$销售毛利率 = (销售净收入 - 产品成本) / 销售净收入 \times 100\%$$

一般来说，销售毛利率有助于选择投资方向，毛利率指标有助于预测企业的发展、衡量企业的成长性，销售毛利率有助于发现企业是否隐瞒销售收入或者虚报销售成本，有助于评价经理人员的经营业绩。毛利率指标有助于合理预测企业的核心竞争力，有助于发现公司潜在的问题。此处，我们使用销售毛利率指标反映挂牌公司在细分市场中的竞争能力以及细分市场本身的成长性。理论上，销售毛利率越高，说明公司自身具备的竞争性越强，产品竞争优势越明显，越能够获得溢价回报。

（5）全要素生产率

本报告使用全要素生产率指标反映挂牌公司的成长空间。一般来说，全要素生产率的来源包括技术进步、组织创新、专业化和生产创新等方面。在此意义上，全要素生产率在一定程度上能够反映企业的技术进步水平，进而反映公司的成长空间。

4. 创新性指标

（1）研发经费投入强度

研发经费投入强度是指一个企业的研发支出占销售收入的比例。该比例越高，说明公司越重视研发和创新。该指标属于信息披露的内容，数据较容易获取，因此该指标被广泛用于从创新投入的角度衡量企业的创新行为。

（2）员工中本科以上学历人数占比

智力资本是累积性的财富，也是公司从事创新行为的核心投入要素。具备较高专业知识和技术水平的员工是企业技术创新活动的主力军，也是企业最宝贵的财富。该指标用于反映挂牌公司科技活动人员的质量水平，本科以上学历人数占比越大，意味着公司吸收知识和创新知识的能力越强，越有可能创新出为市场所认可的产品。

（3）人力资本投资回报率

人力资本投资回报率指企业在人力资本上每投入1元所获得的回报，可理解为公司在人力资本投资方面的边际回报，是一项衡量人力资本有效性的核心指标。人力资本投资回报率越高，说明公司增加人力资本投资越有利可图，进而使得公司高薪聘请高水平人才的动机越强烈。因此，人力资本投资回报率越高，公司的人才结构越趋于改善，公司实现创新产出的可能性越大。

（4）专利数

该指标从创新产出的角度衡量挂牌公司的创新性。一般认为，专利是公司创新行为的结果，专利数（特别是发明专利数）越多，说明公司的创新能力越强。

（五）评价指标的数据处理与打分办法

1. 基础数据处理

本报告选取32个基础指标数据序列，指标数据序列中普遍出现大范围离群极值，或者原始数据间数据分化较大的情况。因此，本报告在对指标数据序列进行运算之前，首先对数据进行了初步处理。处理方式包括区段修正离群极值和自然对数运算，取自然对数方法较为简单，因此后文着重介绍区段修正离群极值方法。

区段修正离群极值，主要针对数据序列没有上下限边界，出现较多数据偏离指标序列中值区间的情况。具体操作方法如下。

假定某指标数据序列均值为正自然数 a，大于 $2a$ 的指标数据区间为正极值区间。对于位于正极值区间的第 n 个样本指标值 V_n，用 V_n 减去 $2a-1$，得出调整测算值（V_n-2a+1），再对其取自然对数 ln（V_n-2a+1），之后用对数运算结果加上 $2a-1$，为修正后的第 n 个样本指标值 V_n'。

$$V_n' = 2a - 1 + \ln(V_n - 2a + 1)$$

该指标数据序列中小于（$-a$）的指标数据区间为负极值区间，对区间负极值取绝对值后，采取类似正极值区间的方法进行修正。

$$V_n' = -a + 1 - \ln[\,|(V_n + a - 1)|\,]$$

2. 指标得分计算方法

本报告对挂牌公司评价选取 32 个基础指标数据序列，不同指标数据序列的数据分布差异巨大。对基础数据指标进行计算，本报告拟采用 3 种计算方法，分别是最大最小值法、功效系数法和逻辑赋值法。

（1）最大最小值法

这种办法主要适用于数据分布区间有边界的数据序列，如资产负债率等，或者数据分布无边界，但各个样本数据之间没有数量级的差距，如单位时间内信息披露数量等，总计对 9 个基础指标序列采取这种方法。具体计算方式如下：

$$\text{假定第 } n \text{ 个样本第 } m \text{ 项指标数据得分}, S_{mn} = \frac{V_{mn} - V\min_m}{V\max_m - V\min_m} \times 100$$

其中，V_{mn} 为第 m 项指标数据序列中第 n 家公司的样本原始数据值；$V\max_m$ 为第 m 项指标数据序列中所有样本公司数据的最大值（在不分行业计算的假定条件为下所有样本公司数据的最大值，对分行业计算的指标数据序列，则为行业内样本公司数据最大值，下同）；$V\min_m$ 为第 m 项指标数据序列中所有样本公司数据的最小值。

（2）功效系数法

对应用了最大最小值法之外的14个需要进行数据运算的基础指标数据序列，采用功效系数法。具体评价方法源自2006年国务院国资委出台的《中央企业综合绩效评价实施细则》，细则中规定，财务绩效定量评价基本指标计分是按照功效系数法计分原理，将评价指标实际值对照行业评价标准值，按照规定的计分公式计算各项基本指标得分。计算公式为：

基本指标总得分 = $\sum$ 单项基本指标得分
单项基本指标得分 = 本档基础分 + 调整分
本档基础分 = 指标权数 × 本档标准系数
调整分 = 功效系数 ×（上档基础分 - 本档基础分）
上档基础分 = 指标权数 × 上档标准系数
功效系数 =（实际值 - 本档标准值）/（上档标准值 - 本档标准值）
本档标准值是指上下两档标准值居于较低等级一档。

为了简化运算和方便读者理解，本报告对所有采用功效系数法运算的基础指标数据序列都分行业单独进行测算，将每个指标数据序列行业中所有样本数据从大到小依次分为A、B、C、D四等分，对4个区间分别确定本区间上限值和下限值（见表6）。

表6　功效系数法样本数据序列分档方法

序号	档位名称	样本资料来源	基础分	区间上限值	区间下限值
1	A	前25%样本值	80	前1/4样本数据均值	前1/2样本数据均值
2	B	25%～50%区间样本值	60	前1/2样本数据均值	所有样本数据均值
3	C	50%～75%区间样本值	40	所有样本数据均值	后1/2样本数据均值
4	D	后25%样本值	20	后1/2样本数据均值	后1/4样本数据均值

注：在实际测算中，每个行业每个指标数据序列的样本个数不一定是4的整数倍，所以采用四舍五入方法划定样本数量和区间，各档样本数量不一定一致。

具体测算公式如下。

假定第 n 个样本第 m 项指标数据，位于该行业第 m 项指标数据排名前 1/4 区间，则该指标数据得分为 $S_{mn} = Sba_{ma} + Saj_{mn}$。

其中，Sba_{ma} 为该行业第 m 项指标数据序列中 A 档基础分，Saj_{mn} 为该指标的调整分，公式为：

$$调整分\ Saj_{mn} = 20 \times \frac{V_{mn} - Vbl_{ma}}{Vul_{ma} - Vbl_{ma}}$$

其中，V_{mn} 为第 m 项指标数据序列中第 n 家公司的样本原始数据值；Vul_{ma} 为该行业第 m 项指标数据序列中 A 档区间上限值；Vbl_{ma} 为该行业第 m 项指标数据序列中 A 档区间下限值。

这种测算方式计算出的具体得分，有可能超过 100 或者小于零，还需要运用最大最小值法，将某行业某个基础指标数据序列的功效系数法计算值，缩放至 0～100 的最终得分区间。

（3）逻辑赋值法

这种办法针对剩余 9 个基础指标数据序列，对非定量事件描述性指标进行分类打分赋值。具体打分标准参见表 7。

表 7　32 个基础数据指标计算处理方式

序号	基础指标名称	原始数据处理方式	得分计算方式	是否分行业	值域分布
1	总资产收益率	区段修正离群极值	功效系数	分行业	15～100 分
2	净资产收益率	区段修正离群极值	功效系数	分行业	15～100 分
3	投入资本回报率	区段修正离群极值	功效系数	分行业	10～100 分
4	资产负债率	自然对数运算	最大最小值	分行业	0～100 分
5	利息保障倍数	区段修正离群极值	功效系数	分行业	20～100 分
6	现金比率	区段修正离群极值	功效系数	分行业	20～100 分
7	总资产周转率	区段修正离群极值	功效系数	分行业	20～100 分
8	流动资产周转率	区段修正离群极值	功效系数	分行业	10～100 分
9	应收账款周转率	区段修正离群极值	功效系数	分行业	20～100 分
10	主营业务收入占比	自然对数运算	最大最小值	不分	0～100 分
11	主营业务是否变更	不处理	逻辑赋值	不分	“变更”为 10 分，“未变更”为 100 分

续表

序号	基础指标名称	原始数据处理方式	得分计算方式	是否分行业	值域分布
12	固定成本比重	自然对数运算	最大最小值	分行业	0~100 分
13	前五大客户收入占比	自然对数运算	最大最小值	分行业	0~100 分
14	大股东占用公司资金情况	不处理	逻辑赋值	不分	占用为 15 分,未占用为 100 分
15	大股东利用挂牌公司担保贷款情况	不处理	逻辑赋值	不分	存在为 20 分,不存在为 100 分
16	是否存在关联交易	不处理	逻辑赋值	不分	同时存在经常性和偶发性交易,25 分;存在经常性交易,不存在偶发性交易,55 分;存在偶发性交易,不存在经常性交易,70 分;不存在关联交易,100 分
17	是否开展股权激励计划	不处理	逻辑赋值	不分	未开展为 30 分,开展为 100 分
18	所有权与经营权分离	不处理	逻辑赋值	不分	不分离为 20 分,分离为 100 分
19	设立独立董事	不处理	逻辑赋值	不分	不设立为 30 分,设立为 100 分
20	是否发布更正或补充报告	不处理	逻辑赋值	不分	未发布公告为 100 分,每发布一份补充公告扣减 8 分,发布一份更正公告扣减 12 分,最低得分 0
21	信息披露数量	自然对数运算	最大最小值	不分	0~100 分
22	公司年报披露时间	不处理	最大最小值	不分	0~100 分
23	信息披露违规情况	不处理	逻辑赋值	不分	未受处罚为 100 分,因准确性、完整和及时性每受一次处罚,分别扣减 70 分、60 分和 50 分,最低得分 0
24	营业收入增长率	区段修正离群极值	功效系数	分行业	10~100 分

续表

序号	基础指标名称	原始数据处理方式	得分计算方式	是否分行业	值域分布
25	净利润增长率	区段修正离群极值	功效系数	分行业	10~100分
26	总资产增长率	区段修正离群极值	功效系数	分行业	10~100分
27	销售毛利率	不处理	最大最小值	分行业	0~100分
28	全要素生产率	区段修正离群极值	功效系数	分行业	20~100分
29	研发经费投入强度	区段修正离群极值	最大最小值	分行业	0~100分
30	员工中本科以上学历人数占比	不处理	最大最小值	分行业	0~100分
31	人力资本投资回报率	区段修正离群极值	功效系数	分行业	10~100分
32	专利数	自然对数运算	功效系数	分行业	10~100分

注：

第21项“信息披露数量”，原始数据为截至2017年6月20日最近60份公告披露的时间段，累计披露公告数量不足60份的，以实际披露数量和时间段为准。

第22项“公司年报披露时间”，原始数据为样本公司年报披露日至股转公司规定截止日2017年4月30日之间的日期差值，如果逾期披露则为负值。

第28项“全要素生产率”，利用柯布－道格拉斯函数计算，原公式 $Q=AL^{\alpha}K^{\beta}$，测算公式 $\text{Ln}(A)=\text{Ln}(Q)-\alpha\text{Ln}(L)-\beta\text{Ln}(K)$，其中 Q、L 和 K 分别取2016年的样本公司的销售收入、员工人数和总资产规模，α 和 β 分别为0.27和0.73。

（六）样本选择

1. 样本公司的选择标准

根据万得数据终端，截至2017年6月20日，在2016年12月31日以前在全国中小企业股转系统挂牌的公司，还在挂牌交易的有10035家。以上述1万多家挂牌公司为基础，结合以下参选标准，确定最终样本公司名单。

（1）数据完整性

截至2017年6月20日已披露2016年年报，且万得数据终端无大范围数据缺失。

（2）盈利和净资产状况

2016年和2015年两个会计年度，净利润为正数，且截至2016年底公司净资产为正数。

（3）规模指标

需符合下列3个条件之一：2016年公司营业总收入不低于6000万元；截至2016年底公司总资产不低于4000万元；2016年公司实现净利润不低于800万元。

（4）成长性指标

需符合下列3个条件之一：2016年公司营业收入增长率不低于20%，不高于400%；2016年公司净利润增长率不低于25%，不高于800%；2016年公司总资产增长率不低于40%，不高于300%。

（5）杠杆率指标

截至2016年末，公司净资产负债率即杠杆率不高于5。

（6）资本密集度指标

截至2016年末，公司总资产报酬率不高于30%。

（7）人均劳动生产率

2016年公司人均营业收入不低于15万元，非批发零售贸易电商公司人均营业收入不高于200万元。

（8）行业分类

不属于管理型行业分类标准中的J金融门类，以及租赁和商务服务业中的L71租赁业大类。

通过上述8个标准进行筛选，最终获得3157家样本公司。

2. 样本公司的行业分类设定

对所选取的3157家样本公司，按照万得行业分类标准进行分类，样本公司共涉及63个万得三级细分行业，不同行业样本公司数量不一，多者超过200家，少者只有几个。为了方便之后的数据测算和排名，对样本公司万得三级行业分类信息进行整合，最终获得14个设定行业（见表8）。

3. 样本公司的基本情况

3157家样本公司分布在全国31个省份、63个万得三级行业中（对应76个证监会大类行业）。其中，广东（599家）、江苏（394家）、北京（378家）、浙江（274家）、上海（250家）5个省份样本公司数量占比达60.03%，民营企业占全部样本公司的93.16%。

表8　14个设定行业及样本公司数量

单位：家

序号	设定行业	所包含万得三级行业名称	样本公司数量
1	电气设备	电气设备	151
2	电子信息	通信设备Ⅲ,半导体产品与半导体设备,电脑与外围设备,办公电子设备Ⅲ	377
3	互联网	互联网软件与服务Ⅲ,互联网与售货目录零售,多元电信服务	217
4	机械	机械,汽车零配件,航空航天与国防Ⅲ,汽车	390
5	建筑地产	建筑与工程Ⅲ,建筑产品Ⅲ,建材Ⅲ,房地产管理和开发	175
6	金属矿冶	金属、非金属与采矿	120
7	能源化工	化工,石油、天然气与供消费用燃料,能源设备与服务,电力Ⅲ,独立电力生产商与能源贸易商Ⅲ,燃气Ⅲ	283
8	软件信息	信息技术服务,软件	338
9	生产服务	商业服务与用品,专业服务,公路与铁路运输,贸易公司与工业品经销商Ⅲ,复合型公用事业Ⅲ,水务Ⅲ,航空货运与物流Ⅲ,交通基础设施,海运Ⅲ,综合类Ⅲ,多元金融服务,无线电信业务Ⅲ,航空Ⅲ	315
10	生活服务	酒店,餐馆与休闲Ⅲ,综合消费者服务Ⅲ,消费品经销商Ⅲ,专营零售,多元化零售	92
11	食品	食品,食品与主要用品零售Ⅲ,饮料	202
12	文化	媒体Ⅲ	118
13	消费品	家庭耐用消费品,纺织品、服装与奢侈品,纸与林木产品,容器与包装,休闲设备与用品,个人用品Ⅲ,家庭用品Ⅲ,烟草Ⅲ	185
14	医药	制药,医疗保健设备与用品,生物科技Ⅲ,医疗保健提供商与服务,生命科学工具和服务Ⅲ,医疗保健技术Ⅲ	194

资料来源：万得、特华博士后科研工作站。

表9　样本公司描述性统计信息（2016年）

	最小值	最大值	平均	中位数	标准差
员工数(人)	5.00	5801.00	288.49	184.00	368.92
总股本(万股)	300.00	89000.00	5389.15	4000.00	6080.82
股东户数(户)	2.00	5389.00	38.87	14.00	135.37
总资产(万元)	1225.20	626197.04	23254.32	14326.80	31496.75
总营业收入(万元)	411.37	687007.44	18563.17	11271.59	28304.69
净利润(万元)	2.42	48656.02	1996.87	1262.72	2827.23
每股收益(元)	0.00	17.22	0.46	0.34	0.60

资料来源：万得、特华博士后科研工作站。

基于公开披露的2016年挂牌公司年报信息，我们整理得到表9中的数据，3157家样本公司平均雇员规模约为288人，平均股本规模为5389.15万股，平均股东户数为38.87户，平均总资产规模为2.33亿元，平均总营业收入规模为1.86亿元，平均净利润为1996.87万元，平均每股收益为0.46元。

表10 不同行业样本公司指标均值信息汇总（2016年）

行业	行业均值							
	样本数（家）	员工数（人）	总股本（万股）	股东户数（户）	总资产（万元）	营业收入（万元）	净利润（万元）	每股收益（元）
电气设备	151	261.06	5145.69	42.02	21699.91	17653.45	1738.20	0.40
电子信息	377	327.77	5048.15	40.28	23118.68	20137.52	2089.16	0.51
互联网	217	253.68	5043.45	42.38	17429.28	17479.43	1888.92	0.55
机械	390	316.10	4849.36	28.55	23029.86	16769.49	2025.16	0.48
建筑地产	175	325.96	6240.42	30.95	26696.07	19346.52	1897.68	0.38
金属矿冶	120	259.63	5960.93	34.46	24670.42	23481.67	1590.06	0.31
能源化工	283	251.57	6815.98	75.05	30449.55	21925.87	2365.52	0.40
软件信息	338	228.78	4545.06	44.59	17333.55	12500.51	1849.00	0.52
生产服务	315	252.42	5747.31	25.48	23155.66	17931.94	1738.59	0.41
生活服务	92	416.79	4331.98	28.72	20538.81	23629.11	2261.37	0.78
食品	202	310.12	6371.51	42.27	30179.35	24477.04	2139.52	0.37
文化	118	200.59	4234.63	21.85	17364.91	13815.17	1910.39	0.56
消费品	185	376.51	5358.43	25.48	23048.35	19550.04	1802.67	0.43
医药	194	303.65	5609.26	43.77	25549.54	17349.97	2526.86	0.44

资料来源：万得、特华博士后科研工作站。

表10中的统计信息表明，在14个设定的行业类别中，各行业中样本公司的数量分布相对均匀，其中，电子信息、机械、软件信息和生产服务等行业中挂牌公司数量相对较多。从具体的行业和指标来看，生活服务类挂牌公司的员工人数最多，平均每家公司约有417名员工，文化和软件信息行业员工相对较少，平均每家公司分别约有201和229名员工。各行业

挂牌公司的平均股本规模相差不大，平均股本规模最大的是能源化工行业，平均每家公司股本为6815.98万股；平均股本规模最小的是文化行业，平均每家公司股本为4234.63万股。相对来说，新三板挂牌公司的股权集中度非常高，不利于市场自发形成公允的交易价格。其中，能源化工业平均每家公司有75.05名股东，股权相对分散；文化、消费品、生产服务、生活服务和机械行业平均股东人数均少于30人，股权相对集中。从总资产、营业收入以及净利润等财务指标来看，各个行业相差不大，基本是围绕着全部样本的均值波动。例如，从投资价值的角度来说，净利润的水平是最值得关注的。在14个行业中，盈利水平最高的是医药行业，每家公司平均盈利2526.86万元，盈利水平最低的是金属矿冶行业，平均每家公司盈利1590.06万元，二者与全部样本公司的平均盈利水平相差并不大。出现这一特征的原因可能与样本的选择有关，即本来就选择了盈利能力相对较强的挂牌公司。

五　挂牌公司质量总体评价结果

本报告的目的在于对新三板挂牌公司的质量做出评价，并希望借此将优良的挂牌公司（或者说更具投资价值的挂牌公司）筛选出来，为投资者选择投资标的提供决策依据，为创新型、成长型挂牌公司吸引更多潜在投资者的关注，最终助力投融资双方借助新三板市场实现资源优化配置，提升资本市场服务实体经济的效率。因此，本报告面向的评价对象主要为达到一定财务和效率指标门槛的挂牌公司（不含金融类挂牌公司），共包括3157家样本公司，分布在63个万得三级行业中。根据2016年新三板挂牌公司质量评价的结果，在3157家样本公司中，质量评价得分最高的为云媒股份，共得76.44分，全部样本公司的质量评价平均得分为58.20分。具体得分情况见表11。

从指标体系和得分办法的设计思路来说，新三板挂牌公司的质量评价办法就好比一把尺子，用这把尺子上的刻度可以衡量新三板挂牌公司质量的好

表 11　新三板挂牌公司质量评价得分情况

单位：分

项目	最小值	最大值	平均值	中位数	标准差
1. 持续经营能力	34.01	84.43	60.45	60.46	7.24
1.1 财务质量	19.89	89.51	56.95	56.54	10.82
1.2 经营风险	18.39	95.01	66.49	67.86	11.65
1.3 公司治理	23.75	100.00	59.06	59.50	11.97
2. 信息披露质量	45.37	88.66	70.74	71.00	4.78
2.1 准确性	8.00	100.00	90.52	100.00	15.30
2.2 完整性	0.00	100.00	40.05	38.86	12.93
2.3 及时性	20.00	100.00	52.86	50.29	8.30
2.4 规范性	0.00	100.00	99.52	100.00	5.61
3. 成长性	25.95	86.76	59.68	59.56	8.68
3.1 成长能力	12.33	99.38	71.19	71.18	13.28
3.2 成长空间	13.55	84.03	48.17	47.60	9.38
4. 创新性	14.28	87.54	46.89	46.55	10.91
4.1 创新投入	9.70	88.05	40.75	40.56	11.76
4.2 创新产出	10.00	100.00	56.10	55.06	22.11
质量评价总分	38.89	76.44	58.20	58.32	5.43

资料来源：特华博士后科研工作站。

坏。尺子上刻度的单位本身并不重要，重要的是，在这同一把尺子的丈量下，不同公司对应的刻度是多少。换句话说，质量评价的得分大小并不是最重要的，不同公司得分的相对大小更具有参考价值。2016 年，3157 家新三板挂牌公司质量评价的平均得分为 58.20 分，最高分为 76.44 分，最低分为 38.89 分，得分最高者几乎是得分最低者的两倍，表明质量评价的结果具备充分的区分度。

从得分的结构角度来看，新三板挂牌公司质量评价结果由持续经营能力（40%）、信息披露质量（15%）、成长性（25%）和创新性（20%）4 个一级指标衡量。其中，持续经营能力指标平均得分为 60.45 分，表明样本公司整体上具备较强的持续经营能力。信息披露质量指标平均得分为 70.74 分，是4个一级指标中得分最高的指标，这与一般印象中新三板挂牌公司信息披露质量有待提升的认识不符，可能的原因是样本公司本就是新三板挂牌公司中质量相对较好的群体（约前30%），因而普遍具有较高的信息披露水平。成长性指标的平均得分是59.68分，表明样本公司大多具有良好的成长性，其中，成长性表现最优的公司得分为86.76分，而成长性表现最差的公司得分为25.95分，可见，不同公司之间的成长性差异显著。创新性指标的平均得分是46.89分，这一得分是4个一级指标中的最低分，在一定程度上反映了新三板挂牌公司整体上的创新性还很有限。创新性指标的最高分是87.54分，最低分是14.28分，清晰展示出不同公司在创新投入和创新产出方面的巨大差异。

进一步从各个一级指标的内部结构来看，持续经营能力指标由财务质量（40%）、经营风险（30%）与公司治理（30%）3个二级指标进行度量。其中，经营风险指标平均得分为66.49分，是3个二级指标中的最高分，财务质量指标平均得分为56.95分，是3个二级指标中的最低分。这一数据说明，样本公司是新三板挂牌公司中的优质群体，经营风险相对较低，但相关公司的财务质量得分仍反映出中小微企业经营业绩波动大、风险高的特征。信息披露质量指标由信息披露的准确性、完整性、及时性和规范性指标衡量。其中，准确性和规范性指标平均得分分别为90.52分、99.52分，表明样本挂牌公司所披露信息的准确性和规范性有很大保障；完整性和及时性指标平均得分分别为40.05分和52.86分，表明挂牌公司在信息披露完整性和及时性方面还有很大欠缺。成长性指标由成长能力和成长空间2个维度衡量。其中，成长能力指标平均得分为71.19分，表明挂牌公司大多表现出很好的成长性；成长空间指标平均得分为48.17分，意味着继续高速增长的潜力存在较大不确定性。创新性指标由创新投入和创新产出2个维度进行衡量。其中，创新投入指标平均得分为40.75分，在一定程度上意味着挂牌公司在创新方面的投入不足；创新产出指标平均得分为56.10分，表明挂牌公司大多拥有一定数量的知识产权（多为专利），具备基于创新成果获取竞争优势的基本条件。

表 12　不同行业挂牌公司质量评价指标得分情况

单位：分

行业	持续经营能力	信息披露质量	成长性	创新性	质量评价总分
文化	64. 16	71. 76	58. 56	53. 89	61. 28
互联网	65. 08	71. 80	62. 28	46. 12	60. 63
软件信息	63. 94	71. 35	60. 48	45. 30	59. 41
生活服务	64. 05	71. 51	57. 43	46. 99	59. 15
建筑地产	59. 84	70. 58	63. 59	45. 23	58. 54
医药	60. 24	70. 97	62. 18	46. 12	58. 54
机械	57. 72	70. 33	62. 25	49. 79	58. 46
电气设备	58. 64	70. 27	58. 03	51. 70	58. 15
电子信息	60. 51	70. 47	57. 05	48. 56	57. 97
金属矿冶	57. 54	71. 00	59. 68	48. 99	57. 65
消费品	59. 94	70. 07	59. 63	44. 16	57. 24
食品	59. 48	70. 28	57. 66	44. 93	56. 77
生产服务	58. 36	70. 54	57. 85	45. 67	56. 67
能源化工	59. 73	70. 48	58. 13	42. 86	56. 45
平均水平	60. 45	70. 74	59. 68	46. 89	58. 20

资料来源：特华博士后科研工作站。

表 12 提供了不同行业挂牌公司质量评价指标的总体得分情况。根据表中的数据，总体来说，文化（61. 28 分）、互联网（60. 63 分）、软件信息（59. 41 分）等行业挂牌公司的平均得分较高，能源化工（56. 45 分）、生产服务（56. 67 分）、食品（56. 77 分）等行业挂牌公司的平均得分相对较低。具体来说，在持续经营能力指标方面，互联网（65. 08 分）、文化（64. 16 分）、生活服务（64. 05 分）、软件信息（63. 94 分）、电子信息（60. 51 分）5 个行业的得分超过样本整体的平均水平，金属矿冶（57. 54 分）、机械（57. 72 分）、生产服务（58. 36 分）等 9 个行业的得分低于平均水平。在信息披露质量指标方面，各行业得分差异较小，可能与挂牌公司在信息披露方面大多是资本市场的“新鲜人”有关。在信息披露的准确性和规范性方面，均有较好表现，而在信息披露的完整性和及时性方面，则均表现一般，反映出的问题有很大的共性，在一定程度上表明，新三板挂牌公司的发展时间尚

短，信息披露质量尚未出现分化。在成长性指标方面，建筑地产（63.59分）、互联网（62.28分）、机械（62.25分）、医药（62.18分）、软件信息（60.48分）5个行业的得分超过平均水平，电子信息（57.05分）、生活服务（57.43分）、食品（57.66分）等9个行业的得分等于或低于平均水平。在创新性指标方面，文化（53.89分）、电气设备（51.70分）、机械（49.79分）等6个行业的得分高于平均水平，能源化工（42.86分）、消费品（44.16分）、食品（44.93分）等8个行业的得分低于平均水平。

表13　不同行业持续经营能力二级指标得分情况

单位：分

行业	财务质量	经营风险	公司治理
互联网	64.25	69.61	61.66
文化	64.36	68.25	59.80
生活服务	62.77	71.24	58.58
软件信息	60.51	71.33	61.10
电子信息	56.29	65.94	60.70
医药	54.67	68.38	59.52
消费品	58.95	65.90	55.30
建筑地产	55.28	67.75	58.02
能源化工	56.47	64.74	59.08
食品	55.75	67.32	56.62
电气设备	55.64	62.98	58.29
生产服务	51.88	66.27	59.10
机械	54.44	61.60	58.23
金属矿冶	53.29	63.33	57.40
平均水平	56.95	66.49	59.06

资料来源：特华博士后科研工作站。

表13提供了不同行业在持续经营能力二级指标方面的得分情况。具体来说，在财务质量指标方面，文化（64.36分）、互联网（64.25分）、生活服务（62.77分）、软件信息（60.51分）、消费品（58.95分）5个行业的挂牌公司具有相对较高的财务质量，其得分超过平均水平；生产服务

(51.88分)、金属矿冶（53.29分)、机械（54.44分）等9个行业的得分低于平均水平。在经营风险指标方面，软件信息（71.33分)、生活服务(71.24分)、互联网（69.61分）等7个行业的经营风险相对较低，得分超过样本公司的平均水平；机械（61.60分)、电气设备（62.98分)、金属矿冶（63.33分）等7个行业的得分低于平均水平。在公司治理指标方面，各行业得分差距较小，得分最高的是互联网行业（61.66分)，得分最低的是消费品行业（55.30分)。

表14　不同行业信息披露质量二级指标得分情况

单位：分

行业	准确性	完整性	及时性	规范性
互联网	90.95	42.45	53.81	100.00
文化	90.95	43.07	53.01	100.00
生活服务	92.91	40.49	52.63	100.00
软件信息	91.82	41.00	52.98	99.59
金属矿冶	92.70	38.62	52.68	100.00
医药	90.35	39.83	54.33	99.38
建筑地产	90.63	40.36	52.06	99.26
生产服务	89.50	40.41	52.68	99.59
能源化工	89.99	39.53	53.45	98.94
电子信息	90.06	39.23	52.85	99.73
机械	90.47	38.25	53.10	99.51
食品	89.43	40.82	51.82	99.06
电气设备	89.75	39.38	51.95	100.00
消费品	90.18	39.52	51.66	98.92
平均水平	90.52	40.05	52.86	99.52

资料来源：特华博士后科研工作站。

表14提供了不同行业在信息披露质量二级指标方面的得分情况。具体来说，在信息披露的准确性指标方面，各行业得分比较接近，得分最高的是生活服务行业（92.91分)，得分最低的是食品行业（89.43分)，与平均水

平（90.52分）都很接近，表明各行业挂牌公司在信息披露准确性方面表现出一定的趋同性，可能与挂牌公司接触资本市场时间较短有关。在信息披露的完整性指标方面，各行业得分也较为集中，但整体得分普遍较低。其中，得分最高的是文化行业（43.07分），得分最低的是机械行业（38.25分），表明新三板挂牌公司信息披露完整性有待提升。在信息披露的及时性指标方面，各行业得分同样较为集中，且得分普遍较低。其中，得分最高的行业是医药行业（54.33分），得分最低的行业是消费品行业（51.66分），表明各行业普遍存在信息披露不及时的情况。在信息披露的规范性指标方面，各行业整体得分均较高，且差异不大，这一数据特征表明，样本公司中很少出现因信息披露违规而受到监管部门惩戒的情况。

表15　不同行业成长性、创新性二级指标得分情况

单位：分

行业	成长性		创新性	
	成长能力	成长空间	创新投入	创新产出
建筑地产	71.58	55.60	37.48	56.86
互联网	71.49	53.08	45.47	47.09
机械	70.80	53.70	40.88	63.15
医药	71.78	52.59	41.74	52.68
软件信息	72.35	48.62	44.45	46.58
金属矿冶	72.36	47.00	40.49	61.73
消费品	73.73	45.53	32.33	61.91
文化	68.25	48.87	46.80	64.52
能源化工	71.71	44.54	37.31	51.19
电气设备	69.76	46.31	41.70	66.70
生产服务	71.53	44.16	39.97	54.22
食品	67.62	47.71	42.18	49.06
生活服务	69.20	45.66	41.78	54.81
电子信息	71.50	42.60	39.78	61.73
平均水平	71.19	48.17	40.75	56.10

资料来源：特华博士后科研工作站。

表15提供了不同行业在成长性、创新性二级指标方面的得分情况。具体来说，在成长能力指标方面，由于样本公司的选择标准中包含了成长性指标，凡入选样本的挂牌公司均在营业收入、净利润或总资产方面具有较快的增长速度，因此，各行业在成长能力指标方面差异较小，得分最高的行业是消费品行业（73.73分），得分最低的行业是食品行业（67.62分）。在成长空间指标方面，各行业得分整体较低，且行业之间差距相对较大。该指标用于反映挂牌公司成长的可持续性，得分较低表明相关挂牌公司的成长性存在较大不确定性。建筑地产行业（55.60分）得分最高，电子信息行业（42.60分）得分最低。

在创新投入指标方面，各行业得分普遍较低。其中，得分最高的是文化行业（46.80分），得分最低的是消费品行业（32.33分）。这一数据表明，即使是新三板挂牌公司的优质群体，在创新投入方面的表现仍然不尽如人意。在创新产出指标方面，得分最高的是电气设备行业（66.70分），得分最低的是软件信息行业（46.58分），各行业得分离散程度较大，可能与行业特征有关。

新三板挂牌公司综合质量评价前100名详见表16。

表16　新三板挂牌公司综合质量评价前100名

单位：分

排名	股票代码	证券简称	综合质量评分	分项评分				细分行业	省份
				持续经营能力	信息披露质量	成长性	创新性		
1	832148.OC	云媒股份	76.44	71.41	70.81	86.76	79.18	互联网软件与服务	山东
2	834206.OC	傲基电商	75.75	75.01	79.66	83.47	65.91	互联网零售	广东
3	838599.OC	价之链	75.62	84.43	78.26	82.47	53.03	互联网零售	广东
4	833284.OC	灵鸽科技	75.45	77.54	83.31	75.67	66.07	农用农业机械	江苏
5	870077.OC	小狗电器	75.00	81.08	63.87	86.39	60.65	家用电器	北京
6	836672.OC	鑫日科	74.77	75.86	72.47	73.99	75.36	教育服务	广东
7	836646.OC	博德维	74.64	74.03	78.75	76.91	70.21	建筑产品	广东
8	830838.OC	新产业	74.08	76.64	72.23	71.98	73.13	医疗保健设备	广东
9	832365.OC	开勒环境	74.08	81.05	71.16	77.13	60.65	工业机械	上海

续表

排名	股票代码	证券简称	综合质量评分	分项评分				细分行业	省份
				持续经营能力	信息披露质量	成长性	创新性		
10	836011. OC	朋万科技	74. 07	73. 66	81. 30	64. 43	83. 12	电影与娱乐	四川
11	835908. OC	仁创生态	73. 80	72. 06	75. 00	80. 85	68. 23	建材	安徽
12	834729. OC	朗朗教育	72. 83	73. 38	83. 75	72. 44	65. 03	出版	山东
13	430625. OC	联创种业	72. 24	75. 94	66. 11	78. 26	63. 23	农产品	北京
14	834286. OC	爱得科技	72. 00	83. 76	71. 87	73. 22	52. 17	医疗保健设备	江苏
15	837329. OC	森途教育	71. 73	75. 78	77. 67	76. 80	55. 58	互联网软件与服务	北京
16	837395. OC	蓝帽互动	71. 51	67. 49	78. 06	64. 09	86. 20	休闲用品	福建
17	838391. OC	菲鹏生物	71. 42	70. 48	73. 36	74. 47	68. 21	生物科技	广东
18	831344. OC	中际联合	71. 40	69. 16	75. 40	68. 90	76. 35	工业机械	北京
19	870229. OC	特通电气	71. 17	70. 47	75. 41	70. 02	70. 97	电气部件与设备	黑龙江
20	839431. OC	顶上智能	70. 86	76. 30	65. 61	74. 86	60. 44	建筑产品	浙江
21	838254. OC	老鹰教育	70. 66	84. 06	71. 02	63. 30	57. 06	教育服务	浙江
22	835053. OC	帝尔激光	70. 64	68. 89	72. 04	76. 04	66. 77	电子设备和仪器	湖北
23	836576. OC	天戏互娱	70. 61	68. 26	74. 67	80. 55	61. 45	电影与娱乐	上海
24	430069. OC	天助畅运	70. 44	69. 11	71. 67	71. 27	71. 17	医疗保健设备	北京
25	834785. OC	云畅游戏	70. 31	67. 49	74. 13	72. 52	70. 55	电影与娱乐	北京
26	839053. OC	多元世纪	70. 27	78. 55	72. 45	69. 02	56. 23	信息科技咨询	广东
27	835481. OC	锦浪科技	70. 18	75. 63	67. 17	69. 84	62. 85	重型电气设备	浙江
28	838547. OC	天盛股份	70. 13	76. 59	59. 52	73. 86	62. 33	金属非金属	江苏
29	835086. OC	房米网	70. 01	70. 46	74. 13	81. 98	54. 36	房地产服务	福建
30	835209. OC	固德威	70. 01	73. 80	73. 26	72. 00	58. 80	半导体产品	江苏
31	831517. OC	凯伦建材	69. 99	67. 88	83. 77	72. 95	61. 73	建材	江苏
32	832473. OC	欧泰科	69. 97	66. 63	72. 45	78. 00	65. 65	工业机械	上海
33	835399. OC	中感微	69. 91	71. 27	70. 32	60. 87	79. 63	电子元件	江苏
34	836610. OC	铠甲网络	69. 90	74. 26	76. 36	74. 92	53. 13	互联网软件与服务	福建
35	831137. OC	泰和股份	69. 83	74. 76	72. 02	78. 23	51. 65	金属非金属	安徽
36	832727. OC	景心科技	69. 73	75. 51	74. 93	71. 30	54. 79	应用软件	广东
37	830858. OC	华图教育	69. 68	81. 57	76. 58	70. 18	46. 96	教育服务	北京
38	430223. OC	亿童文教	69. 66	70. 60	72. 18	66. 11	70. 51	教育服务	湖北
39	838652. OC	博科股份	69. 62	68. 83	69. 85	82. 19	57. 72	工业机械	北京
40	831585. OC	鸿业科技	69. 58	66. 17	71. 96	70. 49	73. 81	应用软件	河南
41	837335. OC	臻迪科技	69. 53	68. 49	72. 17	79. 22	59. 22	信息科技咨询	北京
42	430754. OC	三态股份	69. 50	75. 91	72. 23	79. 65	47. 73	互联网软件与服务	北京

续表

排名	股票代码	证券简称	综合质量评分	分项评分				细分行业	省份
				持续经营能力	信息披露质量	成长性	创新性		
43	838185. OC	西码股份	69. 48	73. 48	67. 81	68. 26	64. 68	广告	广东
44	838468. OC	光华教育	69. 45	73. 64	73. 53	75. 64	53. 20	教育服务	北京
45	833319. OC	比酷股份	69. 37	69. 48	80. 70	70. 11	60. 90	广告	北京
46	833015. OC	瑞朗净化	69. 32	71. 89	68. 96	68. 08	66. 18	建筑与工程	北京
47	831557. OC	中呼科技	69. 31	66. 03	76. 31	67. 88	72. 94	互联网软件与服务	浙江
48	832915. OC	汉尧环保	69. 28	76. 37	75. 14	65. 48	57. 59	应用软件	河北
49	837701. OC	北方灌装	69. 28	62. 34	69. 53	74. 31	78. 16	工业机械	吉林
50	831142. OC	易 讯 通	69. 27	70. 34	83. 97	76. 33	51. 51	互联网软件与服务	北京
51	833329. OC	利达股份	69. 27	66. 75	78. 52	72. 95	63. 63	基础化工	福建
52	835834. OC	达伦股份	69. 25	67. 02	73. 27	70. 62	69. 14	家用电器	江苏
53	838241. OC	开信精工	69. 22	71. 04	81. 62	69. 69	57. 58	工业机械	江苏
54	832498. OC	明源软件	69. 21	72. 44	75. 98	69. 19	58. 95	应用软件	广东
55	836025. OC	博易创为	69. 16	75. 59	75. 58	74. 67	49. 21	信息科技咨询	北京
56	834565. OC	特美股份	69. 15	69. 30	70. 25	73. 87	62. 66	纸制品	浙江
57	836261. OC	闻道网络	69. 06	72. 17	78. 83	70. 06	56. 24	互联网软件与服务	江苏
58	832599. OC	皓业彩瓷	69. 06	72. 75	75. 90	67. 92	59. 18	金属非金属	广东
59	835994. OC	咏声动漫	69. 05	75. 16	70. 25	69. 38	57. 21	电影与娱乐	广东
60	833861. OC	麦 可 思	69. 03	79. 05	70. 92	67. 20	53. 36	信息科技咨询	四川
61	835637. OC	林华医疗	69. 01	69. 34	81. 22	72. 38	57. 00	医疗保健设备	江苏
62	430425. OC	乐创技术	69. 00	68. 13	71. 71	62. 77	77. 40	电气部件与设备	四川
63	833333. OC	科雷斯普	68. 98	64. 46	71. 52	77. 99	65. 95	电气部件与设备	江苏
64	834068. OC	蓝氧科技	68. 96	69. 68	71. 57	72. 85	61. 30	医疗保健设备	广东
65	832714. OC	思晗科技	68. 94	62. 31	72. 14	78. 72	69. 12	电气部件与设备	四川
66	837500. OC	方金影视	68. 92	68. 83	74. 36	77. 22	56. 63	电影与娱乐	北京
67	836901. OC	迈 格 钠	68. 90	65. 54	70. 34	73. 69	68. 93	工业机械	辽宁
68	835604. OC	康泰医学	68. 89	72. 38	75. 81	59. 90	69. 17	医疗保健设备	河北
69	833234. OC	美创医疗	68. 88	76. 91	66. 22	82. 26	45. 58	医疗保健设备	四川
70	831544. OC	北超伺服	68. 87	65. 75	75. 19	67. 44	72. 64	工业机械	北京
71	832559. OC	熊猫乳业	68. 85	78. 13	75. 00	61. 62	57. 60	食品加工与肉类	浙江
72	835288. OC	贝 特 莱	68. 84	66. 66	74. 63	66. 85	71. 67	电子设备和仪器	广东
73	836188. OC	品茗股份	68. 81	78. 15	59. 53	83. 19	46. 92	电子元件	浙江
74	831681. OC	智洋电气	68. 79	65. 80	73. 87	64. 44	77. 36	电气部件与设备	山东
75	837156. OC	拓控信息	68. 75	66. 86	73. 34	65. 21	73. 99	工业机械	江苏

续表

排名	股票代码	证券简称	综合质量评分	分项评分				细分行业	省份
				持续经营能力	信息披露质量	成长性	创新性		
76	838234. OC	亚华电子	68. 72	71. 82	69. 29	68. 94	62. 29	电子设备和仪器	山东
77	839976. OC	传智播客	68. 66	77. 54	69. 93	74. 79	47. 73	教育服务	江苏
78	834106. OC	亚派科技	68. 63	69. 28	69. 46	68. 12	67. 34	电气部件与设备	江苏
79	833427. OC	同济设计	68. 59	73. 42	68. 25	72. 58	56. 00	建筑与工程	江西
80	832709. OC	达特照明	68. 58	64. 14	69. 13	79. 42	64. 91	建筑与工程	广东
81	430077. OC	道隆软件	68. 58	75. 82	75. 83	65. 09	55. 55	应用软件	北京
82	839015. OC	耀宇文化	68. 58	73. 43	69. 39	71. 20	56. 56	电影与娱乐	上海
83	833452. OC	星辰热能	68. 56	71. 39	63. 90	70. 10	64. 83	电气部件与设备	广东
84	870240. OC	神之水滴	68. 52	70. 00	70. 21	76. 84	55. 84	白酒与葡萄酒	广东
85	834818. OC	蓝海之略	68. 50	67. 11	73. 09	78. 78	57. 08	医疗保健设备	广东
86	838758. OC	思迅软件	68. 43	73. 77	75. 89	68. 44	54. 47	信息科技咨询	广东
87	837297. OC	中晨电商	68. 40	69. 83	70. 90	71. 45	60. 49	贸易公司与工业品经销商	上海
88	836373. OC	耐维思通	68. 39	63. 49	68. 66	73. 19	72. 69	信息科技咨询	江苏
89	835982. OC	联盛科技	68. 35	68. 93	69. 91	72. 96	60. 91	电影与娱乐	湖南
90	430375. OC	星 立 方	68. 28	72. 45	75. 65	68. 78	55. 66	应用软件	北京
91	837171. OC	亿道信息	68. 27	71. 39	78. 49	74. 67	50. 27	电子制造服务	广东
92	835553. OC	瑞兴医药	68. 25	73. 10	78. 65	71. 08	50. 85	药品零售	广东
93	838275. OC	驱 动 力	68. 23	72. 68	74. 51	72. 60	52. 10	食品加工与肉类	广东
94	836713. OC	中天引控	68. 22	59. 91	77. 87	74. 32	71. 99	金属非金属	陕西
95	832953. OC	创识科技	68. 22	76. 25	72. 20	60. 14	61. 25	互联网软件与服务	福建
96	837073. OC	喜悦动漫	68. 21	68. 03	71. 04	73. 25	60. 86	电影与娱乐	浙江
97	832368. OC	佳创科技	68. 20	68. 87	66. 75	73. 73	61. 66	工业机械	福建
98	833767. OC	五轮电子	68. 19	75. 30	74. 90	65. 05	55. 30	烟草	广东
99	836288. OC	奥 特 维	68. 17	63. 65	71. 33	70. 64	72. 27	工业机械	江苏
100	834845. OC	华腾教育	68. 14	70. 04	76. 38	76. 98	50. 85	互联网软件与服务	广东

资料来源：特华博士后科研工作站。

六 总结与展望

本报告旨在通过综合质量评价筛选出最具投资价值的新三板挂牌公司，使得每个细分行业内最具发展潜力、最有竞争优势的企业能够在众多同类公司中脱颖而出，引导社会资本与代表未来发展方向的产业有效结合，提升资本市场服务实体经济的能力和效率。本书是首次对新三板挂牌公司进行质量评价，在吸收上市公司质量评价相关研究成果的基础上，结合中小微企业高风险、信息不对称问题凸显、高成长性等特点，从持续经营能力、信息披露质量、成长性和创新性4个维度提出了综合评价新三板挂牌公司质量的指标体系与评价办法。

具体来说，本报告提出的评价体系兼顾了挂牌公司的财务质量、经营风险、成长性等财务性因素，以及公司治理、信息披露、创新性等有大量理论研究和实践支持的非财务性影响因素，相关指标可以较好地反映新三板挂牌公司的特征，因而能够更加准确地描述和评价新三板挂牌公司。

从评价结果来看，3157家样本公司的综合质量评价得分分布在38.89~76.44分，最高分与最低分之间相差近一倍，表明评价结果具有合理的区分度，可以有效识别出综合质量评价较高的挂牌公司。由于样本公司是从1万余家挂牌公司中根据8项条件筛选出来的，因而在某些指标或维度上会表现出一定程度的共性（比如，筛选条件之一是要求公司营业收入、净利润或总资产增长率不低于某一较高标准），使得部分指标得分相对集中，或者说区分度较低。另外一个使得个别指标得分区分度偏低的原因是，多数新三板挂牌公司是在新三板市场扩容至全国后上市的，对资本市场的熟悉程度普遍偏低，特别是在信息披露方面，严重依赖主办券商的指导、检查，因而信息披露中存在的问题具有很大的共性。尽管如此，细分行业下同类挂牌公司的质量评价排名仍具有重要的投资参考价值。

展望未来，伴随着新三板市场的快速发展以及与之相适应的制度创新，资本市场上的投资标的将会从“短缺经济”逐渐进入“过剩经济”，跟踪研究数以万计的挂牌公司将成为投资者不可承受之重。未来，建立多层次资本市场间的双向转板机制以及退市制度是实现上市公司优胜劣汰的必然发展方向，数以万计的新三板挂牌公司将实现大进大出背景下的动态平衡，到那时，新三板挂牌公司的质量评价将显得尤为重要。我们希望，以本报告为基础，专注于新三板挂牌公司质量评价这一件事，不断完善评价指标体系和评价办法，为新三板市场的发展做出我们的贡献。

参考文献

严海：《我国上市公司质量评价体系研究》，硕士学位论文，华东师范大学，2006。

谢云飞：《湖南省上市公司整体质量评价和改进措施研究》，硕士学位论文，中南大学，2008。

蒋云波：《上市公司绩效评价模型构建研究》，《西南石油大学学报》（社会科学版）2010 年第 5 期。

谷峰：《创业板上市公司质量评价体系研究》，硕士学位论文，吉林大学，2011。

张跃文、王力：《中国上市公司质量评价报告（2014 - 2015）》，社会科学文献出版社，2014。

任政亮：《中国上市公司信息披露质量评价研究：基于正反二象对偶视角》，博士学位论文，上海交通大学，2014。

陈文静：《上市公司财务质量综合分析评价》，硕士学位论文，安徽财经大学，2013。

莫亚男：《中小板上市公司财务质量评价研究》，硕士学位论文，南京航空航天大学，2012。

张冬：《我国创业板上市公司成长性评价及投资价值研究》，博士学位论文，西南财经大学，2013。

孙奕：《上市公司可持续发展综合评价体系研究》，硕士学位论文，东华大学，2008。

江剑：《上市公司技术创新能力评价体系设计与实施》，硕士学位论文，北京工业大学，2005。

分 报 告

Branch Reports

B.2
各行业挂牌公司质量评价

胡啸兵　郭哲宇　吴 迪 等

摘　要：挂牌公司质量评价的意义主要体现在相对排名上，挂牌公司质量评价结果最重要的应用是细分行业内的排名。在细分行业内排名靠前的公司，说明综合质量相对较高，投资价值较大。本报告以万得三级行业为行业分类基础，将 3157 家样本公司所涉及的 63 个三级行业，按照行业属性进一步归并为 14 个设定行业，包括机械、电子信息、软件信息、生产服务、能源化工、互联网、食品、医药、消费品、建筑地产、电气设备、金属矿冶、文化与生活服务行业。对于每一个大类行业，本报告分别从行业概况、行业内挂牌公司质量总体评价、持续经营能力、信息披露质量、成长性和创新性等方面予以评价。

关键词：评价结果　行业排名　细分行业

一　机械行业*

（一）行业概况

机械行业主要包括机械制造、汽车零配件、航空航天与国防、汽车等领域。2016 年我国机械工业逐渐回暖，增长速度明显反弹。在市场倒逼作用和“三去一降一补”的政策引导下，行业优胜劣汰的进程明显加快。虽然全行业产销仍处于相对困难时期，但总体而言，行业呈现升级态势。

中国机械工业联合会数据显示，2016 年我国机械工业增加值增速呈现逐月攀升的态势，1～12 月同比增长 9.6%。此外，我国机械工业主营业务收入增速提升。2016 年我国机械工业累计实现主营业务收入 24.55 万亿元，同比增长 7.44%，比上年同期提高 4.12 个百分点。从全年走势看，增速逐月提升且始终高于同期全国工业平均水平。但是，我国机械工业市场需求疲软的态势没有明显改善，2016 年我国机械工业对外贸易延续了上年的疲软态势，外贸总额持续负增长。值得注意的是，在细分领域中，新能源汽车、可再生能源产品、节能减排产品、机器人，以及数字化、网络化、智能化技术产品的产量增长势头大大好于传统产品。此外，民营企业的发展势头强于全行业平均水平。

（二）行业挂牌公司质量总体评价

截至 2016 年底，机械行业新三板挂牌企业有 903 家，占总挂牌企业数量的 8.99%，其中，120 家做市转让，783 家协议转让。股份总量 407.69 亿股，资产总额 18049.17 亿元，营业收入合计 938.95 亿元，净利润 641.1 亿元。本报告提取机械行业挂牌公司样本 390 家，占样本公司总数的 12.35%。机械行业综合质量评分的平均值为 58.46 分，最高分为 75.45 分，最低分为 40.77 分，标准差为 5.55 分（见表 1）。从挂牌公司在综合质量区

* 胡啸兵，金融学博士，特华博士后科研工作站博士后，研究方向为大数据、互联网金融。

间的分布来看，大体呈纺锤形分布。处于最高质量区间（“好”区间）的公司仅有24家，占6.15%；处于最差质量区间（“差”区间）的公司有29家，占7.44%；处于“较差”质量区间的公司有68家，占17.44%；处于“一般”区间的公司有139家，占35.64%；处于“较好”质量区间的公司有130家，占33.33%（见表2）。

表1　机械行业挂牌公司质量总体评价

单位：分

项目	平均值	最高分	最低分	标准差
综合质量	58.46	75.45	40.77	5.55
1. 持续经营能力	57.72	81.05	34.01	7.08
1.1 财务质量	54.44	83.86	27.65	10.08
1.2 经营风险	61.60	91.29	33.17	12.01
1.3 公司治理	58.23	100.00	23.75	11.57
2. 信息披露质量	70.33	88.66	53.90	4.80
2.1 准确性	90.47	100.00	8.00	15.58
2.2 完整性	38.25	93.31	8.54	13.52
2.3 及时性	53.10	98.86	29.71	8.44
2.4 规范性	99.51	100.00	30.00	5.59
3. 成长性	62.25	82.19	34.14	8.08
3.1 成长能力	70.80	99.18	30.33	12.29
3.2 成长空间	53.70	83.23	30.88	8.24
4. 创新性	49.79	78.16	18.44	10.78
4.1 创新投入	40.88	85.36	9.70	11.30
4.2 创新产出	63.15	100.00	10.00	22.83

表2　机械行业挂牌公司质量评价的分布

单位：家，%

质量评价	综合质量		持续经营能力		信息披露质量		成长性		创新性	
	数量	占比	数量	占比	数量	占比	数量	占比	数量	占比
差	29	7.44	58	14.87	0	0.00	24	6.15	190	48.72
较差	68	17.44	68	17.44	2	0.51	47	12.05	70	17.95
一般	139	35.64	119	30.51	6	1.54	82	21.03	58	14.87
较好	130	33.33	112	28.72	67	17.18	128	32.82	55	14.10
好	24	6.15	33	8.46	315	80.77	109	27.95	17	4.36

（三）持续经营能力评价

如表 1 所示，从持续经营能力来说，机械行业平均得分为 57. 72 分，最高分为 81. 05 分，最低分为 34. 01 分，标准差为 7. 08 分。从挂牌公司的持续经营能力评价区间的分布来看，大体呈纺锤形分布。表现“一般”和“较好”的企业占比分别为 30. 51% 和 28. 72%，14. 87% 的企业表现“差”，17. 44% 的企业表现“较差”，8. 46% 的企业表现“好”。在 3 个分项中，财务质量平均得分 54. 44 分，最高分 83. 86 分，最低分 27. 65 分；经营风险平均得分 61. 60 分，最高分 91. 29 分，最低分 33. 17 分；公司治理平均得分 58. 23 分，最高分 100 分，最低分 23. 75 分。经营风险指标得分高于财务质量和公司治理指标得分，说明挂牌企业具备较强的经营风险抵御能力，但公司治理结构和财务质量仍有较大提升空间。持续经营能力评分最高的 3 家企业分别是开勒环境、灵鸽科技、杭真能源。

财务质量。如表 3 所示，机械行业挂牌公司财务质量指标总体得分表现“一般”，平均得分 54. 44 分。各公司盈利能力指标表现“较好”，平均得分 62. 17 分。偿债能力“差”，平均得分仅为 45. 13 分，说明机械行业虽然具有不错的盈利能力，但企业偿债能力有限，资产负债率、利息保障倍数、现金比率方面表现不佳，也体现了我国非上市企业长期面临的融资环境和经营环境较差。运营能力表现“较差”，平均得分 49. 09 分，说明企业整体运营水平有待提升。

经营风险。如表 3 所示，机械行业挂牌公司经营风险指标总体表现“较好”，平均得分 61. 60 分。其中，主营业务两项指标表现优异，分别为 77. 67 分和 97. 23 分，说明挂牌企业主营业务均具有较好的持续性和稳定性。但盈利敏感性和单一客户依赖程度得分较低，说明机械行业挂牌公司主营业务抵御产业链突发风险能力弱。

公司治理。如表 3 所示，机械行业挂牌公司公司治理指标平均得分 58. 23 分，表现“一般”。控股股东行为得分较高，为 76. 07 分，但股权激励和董事会制度两个指标得分较低，仅为 35. 92 分和 47. 06 分，说明机械行业挂牌公司较少开展股权激励活动，董事会制度也有待加强。

表 3　机械行业挂牌公司持续经营能力评价

单位：分

项目	平均值	最高分	最低分	标准差
持续经营能力	57.72	81.05	34.01	7.08
A. 财务质量	54.44	83.86	27.65	10.08
盈利能力	62.17	97.96	27.23	14.69
偿债能力	45.13	73.84	23.45	10.25
运营能力	49.09	87.44	22.63	10.73
B. 经营风险	61.60	91.29	33.17	12.01
主营业务突出	77.67	100.00	1.45	25.03
主营业务稳定	97.23	100.00	10.00	15.54
盈利敏感性	41.97	100.00	0.00	18.07
单一客户依赖程度	44.50	100.00	0.00	24.97
C. 公司治理	58.23	100.00	23.75	11.57
控股股东行为	76.07	100.00	19.50	17.78
股权激励	35.92	100.00	30.00	19.48
董事会制度	47.06	100.00	25.00	22.84

（四）信息披露质量评价

如表 4 所示，从信息披露质量来说，机械行业样本挂牌公司平均得分 70.33 分，总体表现“好”。从挂牌公司的信息披露质量评价的区间分布来看，呈倒金字塔形分布，80.77% 的企业得到“好”的评价，17.18% 的企业得到“较好”的评价，1.54% 的企业得到“一般”的评价。

从各分项指标来看，信息披露准确性和规范性两个指标表现优异，说明机械行业挂牌公司能够较好地完成信息披露义务，并且信息准确性较高，很少出现补充或更正情况。但是行业信息披露完整性表现差，企业信息披露量较少，一方面说明挂牌企业尚未形成完善的信息披露体系，另一方面也说明挂牌企业尚未完全转变经营思路，未能充分履行公开市场企业身份的义务，信息披露更多是为了达到股权系统相关规章制度的要求。信息披露质量得分最高的 3 家机械行业挂牌企业分别为洁澳思、江苏北人和伯朗特。

表 4　机械行业挂牌公司信息披露质量评价

单位：分

项目	平均值	最高分	最低分	标准差
信息披露质量	70.33	88.66	53.90	4.80
A. 准确性	90.47	100.00	8.00	15.58
是否发布更正或补充报告	90.47	100.00	8.00	15.58
B. 完整性	38.25	93.31	8.54	13.52
信息披露数量	38.25	93.31	8.54	13.52
C. 及时性	53.10	98.86	29.71	8.44
公司年报披露时间	53.10	98.86	29.71	8.44
D. 规范性	99.51	100.00	30.00	5.59
信息披露违规情况	99.51	100.00	30.00	5.59

（五）成长性评价

如表5所示，从成长性指标来看，机械行业各样本公司表现“一般”，平均得分62.25分，最高分82.19分，最低分34.14分。其中，成长能力平均得分70.80分，成长空间平均得分53.70分。挂牌公司成长性评价的区间分布较为平均，27.95%的企业得到“好”的评价，32.82%的企业得到“较好”的评价，21.03%的企业评价“一般”，12.05%的企业评价“较差”，6.15%的企业评价为“差”。成长性指标排名最靠前的3家挂牌公司分别为博科股份、金蓬股份和力驰雷奥。

从各分项指标来看，体现成长能力的营业收入增长率、净利润增长率和总资产增长率均表现较好，绝大多数企业实现较快的业绩增长。但是各企业成长空间表现“较差”，平均得分仅为53.70分，主因在于长期困扰机械行业的毛利率较低问题，在未出现新的技术革新前，此问题难以解决。

（六）创新性评价

如表6所示，从创新性指标来看，机械行业表现“差”，平均得分仅49.79分，最高分78.16分，最低分18.44分。挂牌公司创新性评价的区间分布呈金字塔形，4.36%的企业得到“好”的评价，14.10%的企业得到“较好”的评价，14.87%的企业评价“一般”，17.95%的企业评价“较差”，而高达48.72%的企业评价为“差”。创新性指标排名最靠前的3家公司分别为北方灌装、中际联合和拓控信息。

表5　机械行业挂牌公司成长性评价

单位：分

项目	平均值	最高分	最低分	标准差
成长性	62.25	82.19	34.14	8.08
A. 成长能力	70.80	99.18	30.33	12.29
营业收入增长率	67.73	100.00	10.00	17.94
净利润增长率	73.23	100.00	10.00	18.06
总资产增长率	72.45	100.00	10.00	15.00
B. 成长空间	53.70	83.23	30.88	8.24
销售毛利率	42.65	100.00	0.00	17.31
全要素生产率	64.76	100.00	20.00	10.05

从分项指标来看，创新投入指标平均得分40.88分，整体表现评价“差”，主因在于研发经费投入强度整体表现差，平均得分仅为20.46分，科研投入较低，说明机械行业企业整体缺乏技术创新。创新产出指标平均得分63.15分，表现较好，说明企业大多有一定的专利技术支撑，但是后续科研投入不足，影响了企业未来发展的潜力，行业创新质量仍有较大提升空间。

表6　机械行业挂牌公司创新性评价

单位：分

项目	平均值	最高分	最低分	标准差
创新性	49.79	78.16	18.44	10.78
A. 创新投入	40.88	85.36	9.70	11.30
研发经费投入强度	20.46	100.00	0.00	11.25
员工中本科以上学历人数占比	42.76	100.00	0.00	20.71
人力资本投资回报率	66.23	100.00	10.00	22.47
B. 创新产出	63.15	100.00	10.00	22.83
专利数	63.15	100.00	10.00	22.83

（七）总结

2016 年，机械行业仍处于投资快速增长和资源整合时期，在工业经济疲软的背景下保持了较快增长，带动作用突出。该行业新三板挂牌企业总体质量呈现三层平均态势，但质量优异的企业较少。值得关注的是，作为基础行业，机械行业整体在创新能力方面表现欠佳，绝大多数企业对研发支持力度较小，这可能导致企业难以持续发展，尤其是绝大部分企业过度依赖单一客户，这导致其在产业链中处于相对被动位置，为企业长久发展带来隐患。

针对机械行业总体评价情况，本报告认为：首先，企业信息披露主动性有待加强，需要构建良好的内部控制体系；其次，必须加大创新技术研发力度，保持核心竞争力；最后，传统行业在完善内部控制体系过程中，也需善用股权激励方式，有效激发企业活力。

二　电子信息行业*

（一）行业概况

电子信息行业主要包括通信设备、半导体产品与半导体设备、电脑与外围设备及办公电子设备等领域。

2016 年电子信息行业整体运行呈现稳中有进的态势，增速保持领先、结构调整加快、创新能力提升、辐射带动作用增强，行业的新基础、新引擎和新动能特性不断凸显，在国民经济和社会发展中发挥了积极的支撑引领作用。

根据工信部统计，2016 年，规模以上电子信息制造业增加值增长 10%，高于全国工业平均水平 4 个百分点以上。电子制造业与软件业收入规模合计超过 17 万亿元，同比增长 10.8%。其中，电子制造业实现收入 12.2 万亿

---

* 郭哲宇，金融学博士，特华博士后科研工作站博士后，研究方向为股权投资市场、信托产业。

元，增长 9.3%；软件业收入 4.9 万亿元，增长 14.9%。从行业结构看，软件业收入比重持续提高，软、硬比例更趋协调。在电子制造业中，内销市场与内资企业贡献度提升，内生动力进一步增强。在软件业中，信息技术服务收入比重达到 51.8%，比 2015 年提高 0.5 个百分点。围绕产业关键环节和核心技术，政府部门、研究机构与重点企业等各方力量协同攻关，有效增强了产业体系化创新能力。2016 年，电子信息行业规模以上项目完成固定资产投资额 10464 亿元，同比增长 15.8%，高于全国制造业投资增速 11.6 个百分点，尤其是在政策取向和技术趋势的引导下，财政资金、产业投资基金的撬动作用不断凸显。

（二）行业挂牌公司质量总体评价

截至 2016 年底，电子信息行业新三板挂牌企业有 1074 家，占总挂牌企业数量的 10.69%，其中，168 家做市转让，906 家协议转让。股份总量 496.52 亿股，资产总量 1956.07 亿元，营业收入合计 1857.33 亿元，净利润 119.67 亿元。本报告提取电子信息行业挂牌公司样本 377 家，占样本公司总数的 11.94%。电子信息行业综合质量评分的平均值为 57.97 分，最高分 70.64 分，最低分 40.72 分，标准差为 5.23 分（见表 7）。从挂牌公司在综合质量区间的分布来看，大体呈纺锤形分布。处于最高质量区间（“好”区间）的公司仅有 12 家，占 3.18%；处于最差质量区间（“差”区间）的公司有 31 家，占 8.22%；处于“较差”质量区间的企业有 81 家，占 21.49%；处于“一般”区间的企业有 120 家，占 31.83%；处于“较好”区间的企业有 133 家，占 35.28%（见表 8）。

（三）持续经营能力评价

如表 9 所示，从持续经营能力来说，电子信息行业平均得分 60.51 分，最高分 80.74 分，最低分 42.60 分，标准差 6.53 分。从挂牌公司的持续经营能力评价的区间分布来看，大体呈纺锤形分布，表现“一般”和“较好”的企业占比分别为 28.38% 和 33.16%，5.04% 的企业表现“差”，15.38%

表 7　电子信息行业挂牌公司质量总体评价

单位：分

项目	平均值	最高分	最低分	标准差
综合质量	57.97	70.64	40.72	5.23
1. 持续经营能力	60.51	80.74	42.60	6.53
1.1 财务质量	56.29	81.15	30.29	9.19
1.2 经营风险	65.94	95.01	27.46	11.23
1.3 公司治理	60.70	100.00	23.75	11.86
2. 信息披露质量	70.47	84.38	45.37	4.66
2.1 准确性	90.06	100.00	32.00	15.16
2.2 完整性	39.23	87.82	0.00	13.46
2.3 及时性	52.85	89.71	22.86	7.78
2.4 规范性	99.73	100.00	0.00	5.14
3. 成长性	57.05	83.19	33.96	8.35
3.1 成长能力	71.50	98.70	32.63	13.77
3.2 成长空间	42.60	71.72	27.97	7.67
4. 创新性	48.56	86.53	15.24	11.30
4.1 创新投入	39.78	84.88	10.54	12.59
4.2 创新产出	61.73	100.00	10.00	22.69

表 8　电子信息行业挂牌公司质量评价的分布

单位：家，%

质量评价	综合质量		持续经营能力		信息披露质量		成长性		创新性	
	数量	占比	数量	占比	数量	占比	数量	占比	数量	占比
差	31	8.22	19	5.04	1	0.27	69	18.30	209	55.44
较差	81	21.49	58	15.38	1	0.27	82	21.75	58	15.38
一般	120	31.83	107	28.38	7	1.86	89	23.61	46	12.20
较好	133	35.28	125	33.16	65	17.24	96	25.46	48	12.73
好	12	3.18	68	18.04	303	80.37	41	10.88	16	4.24

的企业表现“较差”，18.04%的企业表现“好”（见表8）。在3个分项中，财务质量平均得分56.29分，最高分81.15分，最低分30.29分；经营风险平均得分65.94，最高分95.01分，最低分27.46分；公司治理平均得分60.70分，最高分100分，最低分23.75分。经营风险指标得分高于财务质

量和公司治理指标得分，说明挂牌企业具备较强的经营风险抵御能力，但公司治理结构和财务质量仍有较大提升空间。持续经营能力评分最高的 3 家企业分别是睿思凯、品茗股份、和达科技。

财务质量。如表 9 所示，电子信息行业挂牌公司财务质量指标总体表现“一般”，平均得分 56. 29 分，各公司盈利能力指标表现“较好”，平均得分 65. 20 分，偿债能力表现“差”，平均得分仅为 41. 82 分，说明电子信息行业虽然具有不错的盈利能力，但企业偿债能力有限，资产负债率、利息保障倍数、现金比率方面表现不佳，也体现了我国非上市企业长期面临的融资环境和经营环境较差问题。运营能力表现“一般”，平均得分 55. 72 分，说明企业整体运转较为平顺，但运营水平仍有待提升。

经营风险。如表 9 所示，电子信息行业挂牌公司经营风险指标总体表现“较好”，平均得分 65. 94 分。其中，主营业务两项指标表现优异，平均得分分别为 81. 64 分和 98. 81 分，说明挂牌企业主营业务均具有较好的持续性和稳定性。

公司治理。如表 9 所示，电子信息行业挂牌公司公司治理指标平均得分 60. 70 分，表现“较好”，控股股东行为得分较高，为 79. 97 分，但股权激励和董事会制度得分较低，仅为 38. 17 分和 46. 33 分，说明电子信息行业挂牌企业较少开展股权激励活动，董事会制度也有待加强。

表 9　电子信息行业挂牌公司持续经营能力评价

单位：分

项目	平均值	最高分	最低分	标准差
持续经营能力	60. 51	80. 74	42. 60	6. 53
A. 财务质量	56. 29	81. 15	30. 29	9. 19
盈利能力	65. 20	99. 13	18. 03	14. 91
偿债能力	41. 82	70. 78	18. 40	9. 76
运营能力	55. 72	99. 38	41. 56	6. 41
B. 经营风险	65. 94	95. 01	27. 46	11. 23
主营业务突出	81. 64	100. 00	1. 17	24. 74
主营业务稳定	98. 81	100. 00	10. 00	10. 30
盈利敏感性	45. 26	100. 00	0. 00	15. 86
单一客户依赖程度	52. 21	100. 00	0. 00	25. 22

续表

项目	平均值	最高分	最低分	标准差
C. 公司治理	60.70	100.00	23.75	11.86
控股股东行为	79.97	100.00	19.50	17.22
股权激励	38.17	100.00	30.00	22.48
董事会制度	46.33	100.00	25.00	22.66

（四）信息披露质量评价

如表10所示，从信息披露质量来说，电子信息行业样本挂牌企业平均得分70.47分，总体表现“好”。从挂牌公司信息披露质量评价的区间分布来看，呈倒金字塔形分布，80.37%的企业得到“好”的评价，17.24%的企业得到“较好”的评价，1.86%的企业评价“一般”。

从各分项指标来看，信息披露准确性和规范性表现优异，说明挂牌电子信息企业能够较好地完成信息披露义务，并且信息准确性较高，很少出现补充或更正情况。但是信息披露完整性表现差，企业信息披露量较少，一方面说明挂牌企业尚未形成完善的信息披露体系，另一方面也说明挂牌企业尚未完全转变经营思路，未能充分履行公开市场企业身份的义务，信息披露更多是为了达到股权系统相关规章制度的要求。信息披露质量得分最高的3家电子信息行业企业分别为紫晶存储、爱夫卡和贝特瑞。

表10　电子信息行业挂牌公司信息披露质量评价

单位：分

项目	平均值	最高分	最低分	标准差
信息披露质量	70.47	84.38	45.37	4.66
A. 准确性	90.06	100.00	32.00	15.16
是否发布更正或补充报告	90.06	100.00	32.00	15.16
B. 完整性	39.23	87.82	0.00	13.46
信息披露数量	39.23	87.82	0.00	13.46
C. 及时性	52.85	89.71	22.86	7.78
公司年报披露时间	52.85	89.71	22.86	7.78
D. 规范性	99.73	100.00	0.00	5.14
信息披露违规情况	99.73	100.00	0.00	5.14

（五）成长性评价

如表 11 所示，从成长性指标来看，电子信息行业各样本公司表现“一般”，平均得分 57.05 分，最高分 83.19 分，最低分 33.96 分。其中，成长能力平均得分 71.50 分，成长空间平均得分 42.60 分。挂牌公司成长性评价的区间分布较为平均，10.88% 的企业得到“好”的评价，25.46% 的企业得到“较好”的评价，23.61% 的企业评价“一般”，21.75% 的企业评价“较差”，18.30% 的企业评价为“差”。成长性指标排名最靠前的 3 家企业分别为品茗股份、坤恒顺维和帝尔激光。

从各分项指标来看，体现成长能力的电子信息行业挂牌企业的营业收入增长率、净利润增长率和总资产增长率整体表现较好，绝大多数企业实现较快的业绩增长。但是各企业成长空间表现“差”，平均得分仅为 42.60 分，挂牌企业的销售毛利率较低、全要素生产率较低，原因在于近年来电子信息行业的高资本收益使投资规模增量较大，出现了较多盲目投资，但技术效率并未出现显著提升，所以行业全要素生产率较低。

表 11　电子信息行业挂牌公司成长性评价

单位：分

项目	平均值	最高分	最低分	标准差
成长性	57.05	83.19	33.96	8.35
A. 成长能力	71.50	98.70	32.63	13.77
营业收入增长率	73.29	100.00	10.00	16.76
净利润增长率	71.68	100.00	10.00	19.53
总资产增长率	68.95	100.00	10.00	18.67
B. 成长空间	42.60	71.72	27.97	7.67
销售毛利率	38.98	100.00	0.00	17.96
全要素生产率	46.22	100.00	20.00	7.59

（六）创新性评价

如表 12 所示，从创新性指标来看，电子信息行业表现“差”，平均得分仅 48. 56 分，最高分 86. 53 分，最低分 15. 24 分。挂牌公司创新性评价的区间分布呈金字塔形，4. 24% 的企业得到“好”的评价，12. 73% 的企业得到“较好”的评价，12. 20% 的企业评价“一般”，15. 38% 的企业评价“较差”，而高达 55. 44% 的企业评价为“差”。创新性指标排名最靠前的 3 家企业分别为虎符智能、贝特瑞和中感微。

从分项指标来看，创新投入平均得分 39. 78 分，整体表现评价“差”，主因在于研发经费投入强度整体表现差，平均得分仅为 14. 83 分。电子信息企业科研投入较少，整体缺乏技术创新。创新产出得分 61. 73 分，表现尚可，说明各企业具有一定的专利技术支撑，但是后续科研投入不足，影响企业未来发展的潜力，行业创新质量仍有较大提升空间。

表 12　电子信息行业挂牌公司创新性评价

单位：分

项目	平均值	最高分	最低分	标准差
创新性	48. 56	86. 53	15. 24	11. 30
A. 创新投入	39. 78	84. 88	10. 54	12. 59
研发经费投入强度	14. 83	100. 00	0. 00	11. 55
员工中本科以上学历人数占比	46. 86	100. 00	0. 00	23. 10
人力资本投资回报率	65. 98	100. 00	10. 00	22. 67
B. 创新产出	61. 73	100. 00	10. 00	22. 69
专利数	61. 73	100. 00	10. 00	22. 69

（七）总结

2016 年，电子信息行业仍处于投资快速增长和资源整合时期，在工业经济疲软的背景下保持了较快增长，带动作用突出。该行业新三板挂牌企业总体质量呈现三层平均态势，但质量优异的企业较少。值得关注的是，作为所有行业中最具前沿技术性的行业，电子信息行业整体在创新能力方面表现欠佳，绝大多数企业对研发支持力度较小，基于行业快速发展的特点，这可能导致企业难以持续发展，这一点可从企业整体成长性评价中得到印证，大部分企业缺乏成长空间。

针对电子信息行业总体评价情况，本报告认为：首先，企业信息披露主动性有待加强，需要构建良好的内部控制体系；其次，必须加大创新技术研发力度，保持核心竞争力；最后，作为技术驱动型企业，在完善内部控制体系过程中，也需善用股权激励方式，有效激发企业活力。

三　软件信息行业*

（一）行业概况

随着云计算、物联网、移动互联网、大数据等新技术、新业态的蓬勃发展，软件产业加快了向服务化、网络化、融合化等方向的发展，不仅与其他产业的关联性、互动性显著增强，同时更加深入地融入社会生活的方方面面，有力地促进了信息消费等新消费形态的迅速崛起。如今，智能终端、宽带网络的日益普及，以及软件系统功能的不断加强，将进一步激发人们对信息服务的消费需求，全球软件市场以每年约 13% 的平均速度增长，远大于世界经济的平均增长速度。

从全球看，未来软件信息行业仍将快速增长，其 2000 年销售额达 5400 亿美元，比 1997 年增长 60%，成为全球第一大行业，而同期硬件行业销售额只增长了 17%。在我国，估计未来几年软件和信息服务业的增长速度将逐渐超过硬件行业。

随着全球信息化进程的不断加快，信息产业的发展水平直接影响国家的综合实力。我国软件业的发展越来越受到国家管理层的重视，我国目前正在大力推行国民经济与社会信息化建设，这无疑将为软件信息行业的发展提供更广阔的空间。

（二）软件信息行业挂牌公司质量总体评价

本报告提取软件信息行业挂牌公司样本 338 家。综合质量评分的平均分

* 吴迪，法学博士，特华博士后科研工作站博士后，研究方向为金融法律政策、区域金融。

为59.41分，最高分70.27分，最低分42.72分，标准差为5.01分。

如表13和图1所示，从挂牌公司综合质量评价的区间分布来看，大体呈纺锤形分布。处于得分最高区间（“好”区间）的公司仅有13家，占3.85%；处于得分最低区间（“差”区间）的公司有19家，占5.62%；处于“较差”区间的企业有62家，占18.34%；处于“一般”区间的企业有122家，占36.09%；处于“较好”区间的企业有122家，占36.09%。软件信息行业综合质量前10名挂牌企业见表14。

表13　软件信息行业挂牌公司质量评价的分布

单位：家，%

质量评价	综合质量		持续经营能力		信息披露质量		成长性		创新性	
	数量	占比	数量	占比	数量	占比	数量	占比	数量	占比
差	19	5.62	9	2.66	1	0.30	47	13.91	240	71.01
较差	62	18.34	25	7.40	3	0.89	55	16.27	47	13.91
一般	122	36.09	66	19.53	5	1.48	73	21.60	34	10.06
较好	122	36.09	154	45.56	52	15.38	88	26.04	13	3.85
好	13	3.85	84	24.85	277	81.95	75	22.19	4	1.18

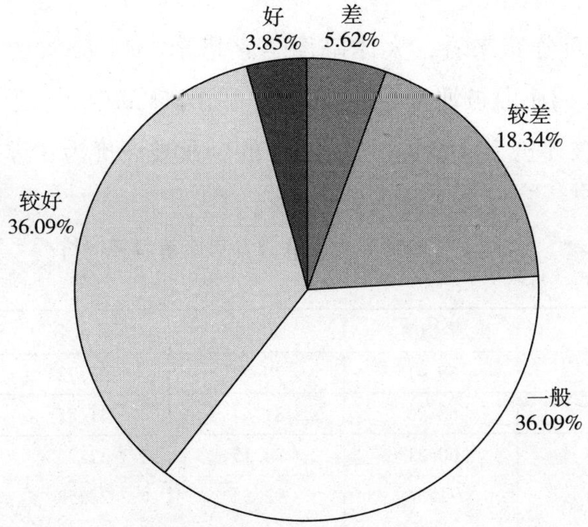

图1　软件信息行业挂牌公司综合质量评价分布

表 14　软件信息行业挂牌公司综合质量前 10 名

单位：分

代码	简称	上市日期	省份	得分
839053	多元世纪	2016/9/7	广　东	70.27
832727	景心科技	2015/7/9	广　东	69.72
831585	鸿业科技	2014/12/30	河　南	69.57
837335	臻迪科技	2016/5/24	北　京	69.53
832915	汉尧环保	2015/7/23	河　北	69.28
832498	明源软件	2015/6/19	广　东	69.21
836025	博易创为	2016/3/29	北　京	69.15
833861	麦 可 思	2015/10/21	四　川	69.03
430077	道隆软件	2010/12/29	北　京	68.57
838758	思迅软件	2016/8/9	广　东	68.42

（三）持续经营能力评价

如表 15 所示，从持续经营能力来说，软件信息行业平均得分 63.93 分，最高分 81.64 分，最低分 41.85 分，标准差 6.26 分。从挂牌公司持续经营能力评价的区间分布来看，大体呈倒金字塔形。24.85% 的企业被评价为“好”，45.56% 的企业被评价为“较好”，19.53% 的企业被评价为“一般”，7.40% 的企业被评价为“较差”，2.66% 的企业被评价为“差”（见图 2）。

表 15　软件信息行业挂牌公司质量总体评价

单位：分

项目	平均值	最高分	最低分	标准差
综合质量	59.41	70.27	42.72	5.01
1. 持续经营能力	63.93	81.64	41.85	6.26
1.1 财务质量	60.51	84.15	32.23	9.55
1.2 经营风险	71.34	92.54	28.58	10.29
1.3 公司治理	61.10	93.25	23.75	11.99
2. 信息披露质量	71.34	87.65	50.15	4.89

续表

项目	平均值	最高分	最低分	标准差
2.1 准确性	91.82	100.00	16	14.73
2.2 完整性	41.00	87.82	16.14	12.44
2.3 及时性	52.98	86.85	26.28	8.32
2.4 规范性	99.58	100.00	30	5.37
3. 成长性	60.48	79.44	25.95	8.95
3.1 成长能力	72.34	99.02	18.50	14.28
3.2 成长空间	48.62	78.99	28.50	9.53
4. 创新性	45.30	75.80	15.46	10.09
4.1 创新投入	44.44	78.94	16.57	9.74
4.2 创新产出	46.58	100.00	10.00	20.65

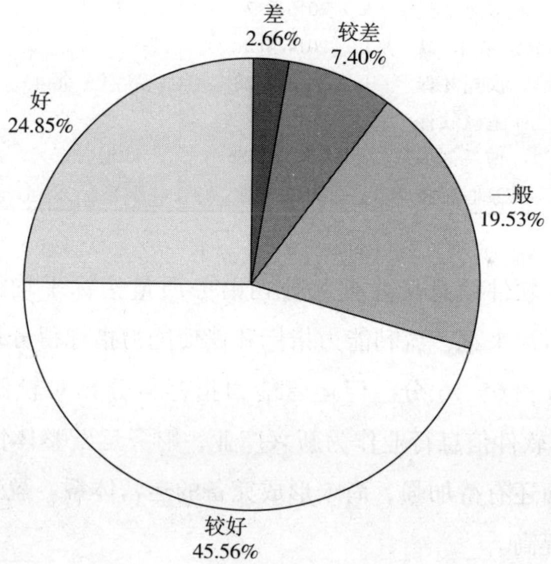

图2　软件信息行业挂牌公司持续经营能力评价分布

在3个分项指标中，财务质量平均得分60.51分，最高分84.15分，最低分32.23分，标准差9.55分；经营风险平均得分71.34分，最高分92.54分，最低分28.58分，标准差10.29分；公司治理平均得分61.10分，最高分93.25分，最低分23.75分，标准差11.99分。经营风险指标得分高于公司治理指标得分，说明挂牌企业具备较强的经营风险抵御能力，但公司治理结构和财务质量仍有较大提升空间。财务质量得分情况居中，表明软件信息行业挂牌企业财务情况尚可。持续经营能力评分最高的10 家企业见表16。

表 16　软件信息行业挂牌公司持续经营能力前 10 名

单位：分

代码	简称	上市日期	省份	得分
838999	易图地信	2016/8/16	江　苏	81.64
430011	指 南 针	2007/1/23	北　京	81.21
834791	飞企互联	2015/12/9	广　东	79.64
833861	麦 可 思	2015/10/21	四　川	79.04
839053	多元世纪	2016/9/7	广　东	78.54
430671	一 卡 易	2014/4/2	广　东	77.05
832915	汉尧环保	2015/7/23	河　北	76.36
430077	道隆软件	2010/12/29	北　京	75.81
836025	博易创为	2016/3/29	北　京	75.58
832727	景心科技	2015/7/9	广　东	75.50

财务质量。软件信息行业挂牌公司财务质量指标平均得分达到 60.51 分。从各项分指标来看，盈利能力指标和偿债能力指标得分较高，平均分分别达到 62.09 分和 65.16 分。但运营能力指标得分相对较低，平均分只有 49.57 分，说明软件信息行业作为新兴产业，财务运营整体情况良好，但在体制建设等方面还有待加强，尚未形成完备的运营体系。盈利能力尚可，但运营能力有待提高。

经营风险。软件信息行业挂牌公司经营风险指标总体表现“好”，平均分 71.34 分。其中，主营业务突出和主营业务稳定两项指标表现优异，分别为 89.85 分和 97.86 分，说明挂牌企业主营业务均具有较好的持续性和稳定性，经营稳定性风险较小。软件信息行业作为新兴朝阳产业，主营业务比较突出，也不太依赖单一客户，经营风险相对较小。

公司治理。软件信息行业挂牌公司公司治理指标平均得分 61.10 分，控股股东行为指标得分较高，为 80.66 分，但股权激励和董事会制度指标得分较低，仅为 40.14 分和 43.63 分，说明软件信息行业挂牌企业较少开展股权激励活动，董事会制度也有待加强。

（四）信息披露质量评价

从信息披露质量来说，软件信息行业样本挂牌企业平均得分 71.34 分，最高分 87.65 分，最低分 50.15 分，标准差 4.89 分，总体表现“好”。从各分项指标来看，信息披露准确性和规范性指标表现优异，平均分分别达到 91.82 分和 99.58 分，说明挂牌企业能够较好地完成信息披露义务，并且信息准确性较高，很少出现补充或更正情况。但是信息披露完整性和及时性指标的表现则要差得多，平均分只有 41.00 分和 52.98 分，一方面说明挂牌企业尚未形成完善的信息披露体系，另一方面也说明挂牌企业尚未完全转变经营思路，未能充分履行公开市场企业身份的义务，信息披露更多是为了达到股权系统相关规章制度的要求。信息披露质量得分最高的 10 家企业见表 17。

表 17　软件信息行业挂牌公司信息披露质量评价前 10 名

单位：分

代码	简称	上市日期	省份	得分
430011	指南针	2007/1/23	北京	87.65
831990	纵横宝盈	2015/2/9	宁夏	84.73
832757	景安网络	2015/7/16	河南	84.31
832422	福昕软件	2015/5/12	福建	83.52
839376	振业优控	2016/10/27	广东	82.65
833857	时光科技	2015/10/20	上海	82.55
834355	华麒通信	2015/11/17	北京	82.54
832706	时代凌宇	2015/7/6	北京	81.12
870040	思源股份	2016/12/14	浙江	80.79
835097	讯腾智科	2015/12/28	北京	80.34

（五）成长性评价

从成长性指标来看，软件信息行业各样本公司评价“一般”，平均得分

60.48分，最高分79.44分，最低分25.95分，标准差8.95分。其中，成长能力指标平均得分72.34分，成长空间平均得分48.62分。挂牌公司成长性评价的区间分布较为平均，22.19%的企业被评价为“好”，26.04%的企业被评价为“较好”，21.60%的企业被评价为“一般”，16.27%的企业被评价为“较差”，13.91%的企业被评价为“差”（见图3）。

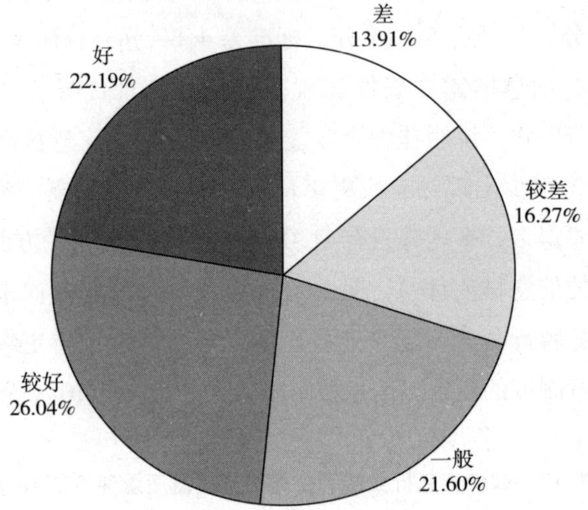

图3　软件信息行业挂牌公司成长性评价分布

从各分项指标来看，体现成长能力的营业收入增长率平均得分73.67分、净利润增长率平均得分69.35分、总资产增长率平均得分73.56分，整体表现较好，绝大多数企业实现较快的业绩增长。但是各企业销售毛利率得分较低，只有42.54分，主因在于软件信息行业进入门槛相对较低，销售转化率也较低，所以行业整体毛利率和全要素生产率较低。

表18　软件信息行业挂牌公司成长性评价前10名

单位：分

代码	简称	上市日期	省份	得分
870062	新 视 云	2016/12/15	江　苏	79.44
837335	臻迪科技	2016/5/24	北　京	79.21

续表

代码	简称	上市日期	省份	得分
430178	白虹软件	2012/12/25	上　海	79.11
835831	智铸科技	2016/2/22	江　苏	78.93
430092	金刚游戏	2011/6/21	北　京	78.41
836037	红枫智控	2016/3/2	北　京	77.66
834987	清睿教育	2015/12/16	江　苏	77.56
837069	华如科技	2016/4/25	北　京	77.00
833237	国　路　安	2015/8/13	西　藏	76.32
839025	艺　赛　旗	2016/8/17	上　海	76.15

（六）创新性评价

从创新性指标来看，软件信息行业平均得分仅 45.30 分，最高分 75.80 分，最低分 15.46 分，标准差 10.09 分。从创新性各分项指标来看，创新投入指标平均得分 44.44 分，最高分 78.94 分，最低分 16.57 分，标准差 9.74 分。创新产出指标平均得分 46.58 分。挂牌公司创新性评价的区间分布呈金字塔形，1.18% 的企业被评价为“好”，3.85% 的企业被评价为“较好”，10.06% 的企业被评价为“一般”，13.91% 的企业被评价为“较差”（见图 4），71.01% 的企业被评价为“差”。

表 19　软件信息行业挂牌公司创新性评价前 10 名

单位：分

代码	简称	上市日期	省份	得分
831585	鸿业科技	2014/12/30	河　南	75.80
836373	耐维思通	2016/3/10	江　苏	72.68
837517	芯海科技	2016/5/24	广　东	69.47
838903	粱江通信	2016/8/17	上　海	68.05
430494	华博胜讯	2014/1/24	安　徽	67.96
832579	同兴股份	2015/6/25	浙　江	66.61
831429	创力股份	2014/12/5	浙　江	66.31
430712	索天科技	2014/4/24	福　建	65.47
832768	爱　可　生	2015/7/15	上　海	65.08
833711	卓易科技	2015/10/13	上　海	65.00

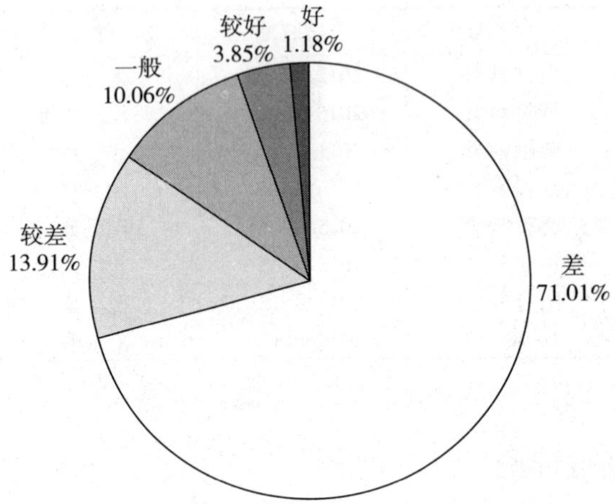

图 4　软件信息行业挂牌公司创新性评价分布

（七）总结

2016 年我国软件信息企业经历了一段调整时期，从挂牌企业的得分情况来看，综合质量不容乐观，这主要是由于在创新性一项上得分过低，而且其他指标也没有突出表现。软件信息行业市场已经趋于饱和，竞争激烈，市场进入难度加大。各挂牌公司在财务状况上表现尚可，财务质量、经营风险得分都令人满意，显示出软件行业的盈利能力还处于提升状态，但公司治理指标得分偏低，说明多数挂牌企业在内部管理上仍有较大提升空间。在信息披露方面，基于监管的要求，在规范性和准确性上没有太大问题，但在完整性和及时性上表现不佳，提示挂牌企业需要进一步重视信息披露的完整性和及时性。成长性尚可，成长能力较为突出，但成长空间得分过低，说明挂牌企业在未来发展中可能面临后劲不足的问题。创新是个大问题，创新性指标得分过低拉低整体综合质量得分，显示软件信息行业应更加重视技术研发和专利的创新。

四　生产服务行业*

（一）行业概况

生产服务行业主要包括多元金融服务、复合型公用事业、公路与铁路运输、海运、航空、航空货运与物流、交通基础设施、贸易公司与工业经销商、商业服务与用品、水务、无线电信业务、专业服务、综合类业务等领域。国家对生产服务业一直紧密关注，2014 年国务院出台《关于加快发展生产性服务业促进产业结构调整升级的指导意见》等文件，对生产服务业的各个门类做了专门的规定，并制定了相应的推进措施。近几年，该行业可谓国民经济增长的引擎，尤其是物流业发展迅猛，成为生产服务业中规模最大、作用最突出的行业。

（二）行业挂牌公司质量总体评价

在生产服务行业新三板挂牌企业中，民营企业占主体。挂牌公司主要分布在北京、上海、广东、浙江、江苏等经济发达省份，该行业与贸易、运输联系紧密。

从挂牌企业的经营时间看，大部分是于 2014 年之后挂牌的，挂牌数量呈逐年增长态势。

2016 年，生产服务行业整体运营状况较为稳定，能够获得资本市场和投资者的认可。

本报告提取生产服务行业挂牌公司样本 315 家，占样本公司总数的 9.98%，比重较大，在样本总数中排行前列。如表 20 所示，生产服务行业挂牌公司综合质量的平均值为 56.67 分，最高分 68.40 分，最低分 38.89

* 夏陆然，助理研究员，特华博士后科研工作站博士后，现就职于交通运输部路网监测与应急处置中心，主要研究方向为“一带一路”、政府政策等。

分，标准差5.15分。

如表21所示，从挂牌公司综合质量评价的区间分布来看，评价“一般”及“较好”的公司占绝大多数。其中处于“好”区间的公司0家；处于“差”区间的公司0家；处于“较差”区间的1家，占0.32%；处于“一般”区间的226家，占71.74%；处于“较好”区间的88家，占27.94%。

表20　生产服务行业挂牌公司质量总体评价

单位：分

项目	平均值	最高分	最低分	标准差
综合质量	56.67	68.40	38.89	5.15
1. 持续经营能力	57.54	73.52	38.95	6.84
1.1 财务质量	51.88	74.58	25.59	9.59
1.2 经营风险	66.27	91.28	22.33	11.65
1.3 公司治理	59.10	93.00	23.75	12.32
2. 信息披露质量	70.54	83.47	52.40	5.00
2.1 准确性	89.50	100.00	24.00	15.90
2.2 完整性	40.41	74.65	17.43	11.91
2.3 及时性	52.68	87.43	26.86	7.89
2.4 规范性	99.59	100.00	30.00	5.19
3. 成长性	57.85	77.98	34.52	8.35
3.1 成长能力	71.53	99.38	31.52	13.44
3.2 成长空间	44.16	70.08	14.32	7.82
4. 创新性	45.67	78.12	20.01	9.93
4.1 创新投入	39.97	88.05	14.97	10.00
4.2 创新产出	54.22	100.00	10.00	19.44

表21　生产服务行业挂牌公司质量评价的分布

单位：家，%

质量评价	综合质量		持续经营能力		信息披露质量		成长性		创新性	
	数量	占比	数量	占比	数量	占比	数量	占比	数量	占比
差	0	0.00	0	0.00	0	0.00	0	0.00	0	0.00
较差	1	0.32	1	0.32	0	0.00	8	2.54	92	29.21
一般	226	71.74	184	58.41	12	3.81	182	57.78	194	61.59
较好	88	27.94	130	41.27	295	93.65	125	39.68	29	9.21
好	0	0.00	0	0.00	8	2.54	0	0.83	0	0.00

（三）持续经营能力评价

如表 22 所示，从持续经营能力指标来说，生产服务行业挂牌公司平均得分 57.54 分，最高分 73.52 分，最低分 38.95 分，标准差 6.84 分。从挂牌公司持续经营能力评价的区间分布来看，表现“较好”和“一般”的企业占比分别为 41.27% 和 58.41%，没有表现“好”和表现“差”的企业，表现“较差”的仅有 1 家（见表 21）。在 3 个分项中，财务质量平均得分 51.88 分，最高分 74.58 分，最低分 25.59 分；经营风险平均得分 66.27 分，最高分 91.28 分，最低分 22.33 分；公司治理平均得分 59.10 分，最高分 93.00 分，最低分 23.75 分。经营风险指标平均得分明显高于财务质量和公司治理指标平均得分，说明生产服务行业挂牌企业一般具备较强的经营风险抵御能力，但公司治理结构和财务质量仍有较大的提升空间。持续经营能力评分最高的 3 家企业分别是营邑股份、帝测科技、博得世纪。

财务质量。如表 22 所示，生产服务行业挂牌公司财务质量指标总体表现“一般”，平均得分为 51.88 分，各公司盈利能力指标表现“较好”，但接近“一般”，平均得分仅为 61.09 分，偿债能力“较差”，平均得分仅为 38.94 分。在 315 家样本公司，平均资产负债率指标平均得分为 64.85 分，现金比率指标平均得分为 60.83 分，表现较好。但是，这些企业的利息保障倍数指标平均得分仅为 25.37 分，表现“较差”。运营能力指标平均得分 47.27 分，表现“一般”，表明企业整体运转虽然较为稳定，但是运营水平有较大提升空间。

经营风险。如表 22 所示，生产服务行业挂牌公司经营风险指标总体表现“较好”，平均得分 66.27 分。其中，主营业务突出指标平均得分为 84.48 分，主营业务稳定指标平均得分为 96.57 分，说明生产服务行业挂牌企业主营业务具有良好的持续性和稳定性。

公司治理。如表 22 所示，生产服务行业挂牌公司公司治理指标平均得分 59.10 分，表现“一般”，已接近“较好”；控股股东行为指标平均得分为 76.23 分；股权激励和董事会制度指标平均得分较低，分别为 38.44 分和

46.27分。说明生产服务行业挂牌企业股权激励活动不多，董事会制度也有需要加强的地方。

表22　生产服务行业挂牌公司持续经营能力评价

单位：分

项目	平均值	最高分	最低分	标准差
持续经营能力	57.54	73.52	38.95	6.84
A. 财务质量	51.88	74.58	25.59	9.59
盈利能力	61.09	99.78	21.46	16.26
偿债能力	38.94	69.43	17.78	8.16
运营能力	48.27	99.86	22.34	9.13
B. 经营风险	66.27	91.28	22.33	11.65
主营业务突出	84.48	100.00	4.40	26.26
主营业务稳定	96.57	100.00	10.00	17.26
盈利敏感性	45.09	100.00	0.00	17.15
单一客户依赖程度	50.45	100.00	0.00	25.85
C. 公司治理	59.10	93.00	23.75	12.32
控股股东行为	76.23	100.00	19.50	19.10
股权激励	38.44	100.00	30.00	22.84
董事会制度	46.27	100.00	25.00	22.47

（四）信息披露质量评价

如表23所示，从信息披露质量指标来说，生产服务行业挂牌企业平均得分70.54分，总体表现“较好”。从挂牌公司信息披露质量评价的区间分布来看，基本分布于“较好”区间，2.54%的企业得到“好”的评价，93.65%的企业得到“较好”的评价，3.81%的企业得到“一般”的评价。

从各分项指标来看，信息披露准确性和规范性表现很好，说明生产服务行业挂牌企业大多能够按照规定完成信息披露义务，同时能够保证信息的准确性，也很少出现补充或更正情况。但是信息披露完整性表现差，企业信息披露数量也较少，说明生产服务行业挂牌企业的信息披露体系还未形成，也说明挂牌企业还没有转变经营思路，没有充分履行公开市场企业身份的义务，目前所做的信息披露，其主要目的还是履行股权系统相关规章制度规定的基础义务。信息披露质量得分最高的 3 家生产服务行业挂牌企业分别为芳源环保、上方传媒和金桥水科。

表 23　生产服务行业挂牌公司信息披露质量评价

单位：分

项目	平均值	最高分	最低分	标准差
信息披露质量	70.54	83.47	52.40	5.00
A. 准确性	89.50	100.00	24.00	15.90
是否发布更正或补充报告	89.50	100.00	24.00	15.90
B. 完整性	40.41	74.65	17.43	11.91
信息披露数量	40.41	74.65	17.43	11.91
C. 及时性	52.68	87.43	26.86	7.89
公司年报披露时间	52.68	87.43	26.86	7.89
D. 规范性	99.59	100.00	30.00	5.19
信息披露违规情况	99.59	100.00	30.00	5.19

（五）成长性评价

如表 24 所示，从成长性指标来看，生产服务行业各样本公司表现“一般”，平均得分 57.85 分，最高分 77.98 分，最低分 34.52 分。其中，成长能力指标平均得分 71.53 分，成长空间指标平均得分 44.16 分。挂牌公司成长性评价的区间分布不均，“较好”和“一般”的企业占绝大多数，39.68%的企业得到“较好”的评价，57.78%的企业得到“一般”的评价，2.54%的企业得到“较差”的评价，没有企业被评价为“好”或“差”。成长性指标排名最靠前的 3 家挂牌企业分别为城兴股份、择尚科技和万城节能。

从各分项指标来看，体现成长能力的营业收入增长率、净利润增长率和总资产增长率整体表现较好，绝大多数企业实现明显的业绩增长。但是各企业成长空间表现“一般”，平均得分仅为 44.16 分。挂牌企业的销售毛利率较低，平均得分仅为 39.57 分；全要素生产率平均得分为 48.76 分，表现

“一般”。原因在于近年来生产服务行业整体缓中有进，而技术效率未有显著提升，因此整个行业的全要素生产率不高。

表24　生产服务行业挂牌公司成长性质量评价

单位：分

项目	平均值	最高分	最低分	标准差
成长性	57.85	77.98	34.52	8.35
A. 成长能力	71.53	99.38	31.52	13.44
营业收入增长率	72.23	100.00	10.00	18.20
净利润增长率	68.66	100.00	10.00	21.38
总资产增长率	73.49	100.00	10.00	17.24
B. 成长空间	44.16	70.08	14.32	7.82
销售毛利率	39.57	100.00	0.00	17.98
全要素生产率	48.76	100.00	20.00	7.34

（六）创新性评价

如表25所示，从创新性指标来看，生产服务行业挂牌企业表现“一般”，平均得分为45.67分，最高分78.12分，最低分20.01分。挂牌公司创新性评价的区间分布呈纺锤形，没有企业得到“好”的评价，9.21%的企业得到“较好”的评价，61.59%的企业得到“一般”的评价，29.20%的企业得到“较差”的评价，没有被评价为“差”的企业。创新性指标排名最靠前的3家挂牌企业分别为华岭股份、东方生态和国电康能。

从分项指标来看，创新投入指标平均得分39.97分，整体表现评价“较差”。主因在于研发经费投入强度整体表现很差，在全行业中垫底，平均分仅为10.27分，体现出生产服务企业创新、科研方面问题很大，这势必导致全要素生产率得分更低。创新产出指标平均得分54.22分，情况“一般”，说明生产服务行业各企业的专利技术支撑能力较弱，同时后续科研投入不足，该行业的未来发展存在潜在问题，行业整体创新质量亟待提升。

表 25　生产服务行业挂牌公司创新性评价

项目	平均值	最高分	最低分	标准差
创新性	45.67	78.12	20.01	9.93
A. 创新投入	39.97	88.05	14.97	10.00
研发经费投入强度	10.27	100.00	0.00	8.44
员工中本科以上学历人数占比	53.71	100.00	0.00	20.64
人力资本投资回报率	65.82	100.00	10.00	24.52
B. 创新产出	54.22	100.00	10.00	19.44
专利数	54.22	100.00	10.00	19.44

（七）总结

研究表明，2016 年，生产服务行业处于投资增长较快时期，保持了平稳增长。该行业新三板挂牌企业总体质量突出的企业很少，特别是生产服务行业整体创新能力较差，大多数企业对研发的支持力度太小，这对企业的持续发展非常不利。

本报告认为，生产服务行业的总体情况是：首先，大部分公司处在正常运转过程中，企业信息披露主动性仍待增强，良好的内部控制体系仍待建构；其次，这些企业的研发力度亟须加大，否则将会很快失去发展的核心动力；最后，生产服务行业企业在完善内部控制体系过程中，需要利用好股权激励方式，有效激发企业活力。

五　能源化工行业*

（一）行业概况

能源化工行业属于制造业，包括化工、电力、燃气、能源设备与服务、

* 夏陆然，助理研究员，特华博士后科研工作站博士后，现就职于交通运输部路网监测与应急处置中心，主要研究方向为“一带一路”、政府政策等。

独立电力生产商与能源贸易等行业。

能源化工行业是国民经济的支柱性产业，为其他行业的生产和人民群众的生活提供原料及能源支撑。能源化工行业与国计民生联系紧密，行业的变动与经济稳定密切关联。同时，该行业也是典型的周期性行业。

2016 年，能源化工行业深度调整结构，新能源、环保材料、精细化学品对经济增长的贡献度上升。但是该行业面临的下行压力不断增大、效益下降、投资动力不足等问题还是比较突出的。

（二）行业挂牌公司质量总体评价

在能源化工行业新三板挂牌企业中，民营企业为绝对主体。能源化工行业挂牌公司主要分布在江西、广东等省份，大部分企业远离中心城市。

从挂牌企业的经营时间看，绝大部分是在 2014 年之后挂牌的，挂牌数量呈逐年增长态势。

2016 年，能源化工行业作为传统资源加工业，整体运营状况一般，获得资本市场和投资者的认可情况处于中间水平，在新三板市场上是重要行业之一。

截至 2016 年底，能源化工行业新三板挂牌企业为 625 家。本报告提取能源化工行业挂牌公司样本 283 家，占样本公司总数的 8.96%。能源化工行业综合质量评价的平均值为 56.45 分，最高分 69.27 分，最低分 43.20 分，标准差 4.68 分（见表 26）。从挂牌公司在综合质量区间的分布来看，整体情况可观，基本分布于“一般”区间。其中分布于“好”区间的公司 0 家，分布于“差”区间的公司 0 家，分布于“较差”区间的公司 0 家，分布于“一般”区间的公司 218 家，分布于“较好”区间的公司 65 家（见表 27）。

（三）持续经营能力评价

从持续经营能力来说，能源化工行业挂牌企业平均得分 59.73 分，最高分 77.02 分，最低分 37.98 分，标准差 7.01 分。从挂牌公司持续经营能

表 26　能源化工行业挂牌公司质量总体评价

单位：分

项目	平均值	最高分	最低分	标准差
综合质量	56. 45	69. 27	43. 20	4. 68
1. 持续经营能力	59. 73	77. 02	37. 98	7. 01
1. 1 财务质量	56. 47	83. 97	19. 89	9. 85
1. 2 经营风险	64. 74	92. 66	30. 93	11. 75
1. 3 公司治理	59. 08	93. 25	23. 75	12. 78
2. 信息披露质量	70. 48	84. 87	45. 48	5. 27
2. 1 准确性	89. 99	100. 00	24. 00	16. 15
2. 2 完整性	39. 53	84. 44	10. 91	13. 33
2. 3 及时性	53. 45	100. 00	20. 00	9. 02
2. 4 规范性	98. 94	100. 00	30. 00	8. 00
3. 成长性	58. 13	84. 78	31. 87	7. 42
3. 1 成长能力	71. 71	99. 19	32. 92	11. 55
3. 2 成长空间	44. 54	73. 50	13. 55	7. 41
4. 创新性	42. 86	67. 97	15. 92	10. 50
4. 1 创新投入	37. 31	74. 48	10. 32	9. 92
4. 2 创新产出	51. 19	100. 00	10. 00	21. 94

表 27　能源化工行业挂牌公司质量评价的分布

单位：家，%

质量评价	综合质量		持续经营能力		信息披露质量		成长性		创新性	
	数量	占比	数量	占比	数量	占比	数量	占比	数量	占比
差	0	0. 00	0	0. 00	0	0. 00	0	0. 00	3	1. 06
较差	0	0. 00	2	0. 71	0	0. 00	1	0. 35	118	41. 70
一般	218	77. 03	151	53,36	14	4. 95	173	61. 13	141	49. 82
较好	65	22. 97	130	45. 94	259	91. 52	108	38. 16	21	7. 42
好	0	0. 00	0	0. 00	10	3. 53	1	0. 35	0	0. 00

力评价的区间分布来看，与综合质量情况基本一致，表现“一般”和“较好”的企业分别占53.36%和45.93%，表现较差的企业占0.71%，没有表现“好”或“差”的企业。在3个分项中，财务质量平均得分56.47分，最高分83.97分，最低分19.89分；经营风险平均得分64.74分，最高分92.66分，最低分30.83分；公司治理平均得分59.08分，最高分93.25分，最低分23.75分（见表28）。经营风险指标平均得分略高于财务质量和公司治理指标平均得分，这就说明能源化工行业挂牌企业具备较强的经营风险抵御能力，而在公司治理结构和财务质量方面还需要提升。持续经营能力评分最高的3家企业分别是熵能新材、昊帆生物、达诺尔。

财务质量。如表28所示，能源化工行业挂牌公司财务质量指标总体表现“一般”，平均得分56.47分。盈利能力指标表现“较好”，平均得分62.12分；偿债能力“一般”，平均得分仅为52.72分。说明能源化工行业2016年在财务管理、盈利、偿债方面表现较为平稳。样本中的283家公司，资产负债率平均得分为61.61分，利息保障倍数平均得分为58.37分，现金比率平均得分为58.71分。这3个指标表现为“较好”或“一般”，说明能源化工行业的融资环境和经营环境尚可。运营能力表现“一般”，表明企业整体运转并不是太稳定，还需努力提升运营水平。

经营风险。如表28所示，能源化工行业挂牌公司经营风险指标总体表现“较好”，平均得分64.74分。其中，主营业务突出指标平均得分为77.85分，主营业务稳定指标平均得分为97.77分，两项指数分别为“较好”和“好”，说明能源化工行业挂牌企业主营业务具有良好的持续性和稳定性。

公司治理。如表28所示，能源化工行业挂牌公司公司治理指标平均得分59.08分，表现“一般”，接近于“较好”。控股股东行为指标平均得分为75.40分，表现“较好”；股权激励和董事会制度指标平均得分分别为39.65分和47.40分，表现“一般”。说明能源化工行业挂牌企业的股权激励活动还是较少，董事会制度也有待进一步加强。

表 28　能源化工行业挂牌公司持续经营能力评价

单位：分

项目	平均值	最高分	最低分	标准差
持续经营能力	59.73	77.02	37.98	7.01
A. 财务质量	56.47	83.97	19.89	9.85
盈利能力	62.12	99.83	15.48	13.16
偿债能力	52.72	88.50	18.64	13.12
运营能力	47.97	97.57	20.91	10.33
B. 经营风险	64.74	92.66	30.83	11.75
主营业务突出	77.85	100.00	0.00	28.30
主营业务稳定	97.77	100.00	10.00	14.00
盈利敏感性	43.64	100.00	0.00	16.17
单一客户依赖程度	54.48	100.00	0.00	24.68
C. 公司治理	59.08	93.25	23.75	12.78
控股股东行为	75.40	100.00	19.50	18.83
股权激励	39.65	100.00	30.00	24.17
董事会制度	47.40	100.00	25.00	22.74

（四）信息披露质量评价

如表 29 所示，从信息披露质量指标来说，能源化工行业样本挂牌企业平均得分 70.48 分，总体表现“较好”。从挂牌公司信息披露质量评价的区间分布来看，基本分布于“较好”区间。其中，3.53% 的企业得到“好”的评价，91.52% 的企业得到“较好”的评价，4.95% 的企业得到“一般”的评价，没有企业被评价为“较差”或“差”。

从分项指标来看，信息披露准确性和规范性表现比较抢眼，说明能源化工挂牌企业能够较好地完成信息披露义务，同时所披露的信息准确性较高，基本没有出现补充或更正情况。但是，样本中的企业信息披露完整性表现较差，企业信息披露量很少，这就说明能源化工行业挂牌企业尚未形成较为完善的信息披露体系，也说明挂牌企业还需尽快转变经营思路，应充分履行公开市场企业身份的义务。目前，这些企业披露信息的主要目的是达到股权系统相关规章制度的基础要求。信息披露质量得分最高的3家能源化工行业挂牌企业分别为安达科技、中阳股份和禾益化工。

表29　能源化工行业挂牌企业信息披露质量评价

单位：分

项目	平均值	最高分	最低分	标准差
信息披露质量	70.48	84.87	48.48	5.27
A. 准确性	89.99	100.00	24.00	16.15
是否发布更正或补充报告	89.99	100.00	24.00	16.15
B. 完整性	39.53	84.44	10.91	13.33
信息披露数量	39.53	84.44	10.91	13.33
C. 及时性	53.45	100	20.00	9.02
公司年报披露时间	53.45	100	20.00	9.02
D. 规范性	98.94	100.00	30.00	8.01
信息披露违规情况	98.94	100.00	30.00	8.01

（五）成长性评价

如表30所示，从成长性指标来看，能源化工行业各样本公司表现“一般”，接近“较好”，平均得分58.13分，最高分84.78分，最低分31.87分。其中，成长能力指标平均得分71.71分，成长空间指标平均得分44.54分。挂牌公司成长性评价的区间分布较为不均，被评价为“好”的企业仅有1家，被评价为“较好”的企业占比较大，0.35%的企业得到“好”的评价，38.16%的企业得到“较好”的评价，61.13%的企业被评价为“一般”，0.35%的企业被评价为“较差”，没有企业被评价为“差”。成长性指标排名最靠前的3家挂牌企业分别为顶硕药业、百利时和航凯电力。

从各分项指标来看，体现成长能力的营业收入增长率、净利润增长率和总资产增长率整体有尚佳的表现，大部分企业实现了较快的业绩增长。但是各企业成长空间表现“一般”，平均得分仅为44.54分。该行业挂牌企业的销售毛利率不高，全要素生产率也较低。原因在于，近年来能源化工行业整体情况一般，且技术效率未有显著提升，因此整个行业的全要素生产率较低。

表 30　能源化工行业挂牌企业成长性评价

单位：分

项目	平均值	最高分	最低分	标准差
成长性	58.13	84.78	31.87	7.42
A. 成长能力	71.71	99.19	32.92	11.55
营业收入增长率	74.37	100.00	10.00	15.21
净利润增长率	74.17	100.00	10.00	17.43
总资产增长率	65.71	100.00	10.00	18.92
B. 成长空间	44.54	73.50	13.55	7.41
销售毛利率	33.58	100.00	0.00	16.44
全要素生产率	55.50	100.00	20.00	7.51

（六）创新性评价

如表 31 所示，从创新性指标来看，能源化工行业表现“一般”，接近于“较差”，平均得分仅 42.86 分，最高分 67.97 分，最低分 15.92 分。挂牌公司创新性评价的区间分布呈纺锤形，没有企业得到“好”的评价，7.42% 的企业得到“较好”的评价，49.82% 的企业得到“一般”的评价，41.70% 的企业得到“较差”的评价，1.06% 的企业被评价为“差”。创新性指标排名最靠前的 3 家挂牌企业分别为智明恒、泰谷生物和志能祥赢。

从分项指标来看，创新投入指标平均得分仅为 37.31 分，整体表现“较差”。该行业研发经费投入强度整体不足，平均得分仅为 11.11 分，体现出传统的能源化工企业科研经费投入很少，这也成为全要素生产率得分较低的主要原因。可以断定，能源化工行业挂牌企业的技术创新情况并不乐观。创新产出指标平均得分仅为 51.19 分，情况不佳，说明能源化工行业挂牌企业一般具备一定的专利技术支撑能力，但是后续科研投入远远不足，严重制约企业未来发展。因此，能源化工行业创新质量有待大幅度提升。

表 31　能源化工行业挂牌企业创新性评价

单位：分

项目	平均值	最高分	最低分	标准差
创新性	42.86	67.97	15.92	1.50
A. 创新投入	37.31	74.48	10.32	9.92
研发经费投入强度	11.11	100.00	0.00	8.09
员工中本科以上学历人数占比	40.67	100.00	0.00	18.71
人力资本投资回报率	68.88	100.00	10.00	25.79
B. 创新产出	51.19	100.00	10.00	21.94
专利数	51.19	100.00	10.00	23.99

（七）总结

2016 年，在传统工业经济较为疲软的背景下，能源化工行业能够保持平稳增长已属不易。该行业新三板挂牌企业总体质量一般，较少有质量优良的企业。特别是在创新能力方面表现较差，多数企业的研发支持力度不足，这十分不利于这些企业的可持续发展。

本报告认为，2016 年能源化工行业总体情况为：首先，大部分公司处于正常运营过程中，不少企业的信息披露主动性有待加强，这需要构建较为完善的内部控制体系；其次，相关企业研发力度远远不足以支撑企业的后续发展，只有加大创新力度才能加强核心竞争力；最后，能源化工行业的绝大部分企业在内部控制体系的不断完善过程中，也应利用好股权激励机制，提升企业的创新力和活跃度。

六　互联网行业*

（一）行业概况

互联网行业是以现代新兴的互联网技术为基础，专门从事网络资源搜集

* 吴迪，法学博士，特华博士后科研工作站博士后，研究方向为金融法律政策、区域金融。

和互联网信息技术的研究、开发，可为经济发展提供有效服务的综合性生产活动的产业集合体，是现阶段国民经济结构的基本组成部分。

截至2017年6月，中国网民规模达到7.51亿人，占全球网民总数的1/5。互联网普及率为54.3%，超过全球平均水平4.6个百分点。以互联网为代表的数字技术正在加速与经济社会各领域深度融合，成为促进我国消费升级和经济社会转型、构建国家竞争新优势的重要推动力。其一，我国手机网民规模达7.24亿人，较2016年底增加2830万人。网民中使用手机上网的比例由2016年底的95.1%提升至96.3%，手机上网比例持续提升。各类手机应用的用户规模不断扩大，场景更加丰富。其中，手机外卖应用增长最为迅速，用户规模达到2.74亿人，较2016年底增长41.4%。移动支付用户规模达5.02亿人，线下场景使用特点突出，4.63亿名网民在线下消费时使用手机进行支付。其二，IP地址数量居世界前列，出口带宽大幅增长。其三，商务交易类应用保持高速增长，促进消费转型升级。2017年上半年，商务交易类应用持续高速增长，网络购物、网上外卖和在线旅行预订用户规模分别增长10.2%、41.6%和11.5%。网络购物市场消费升级特征进一步显现，同时，线上、线下加快融合，各平台积累的庞大用户数据资源进一步得到重视。其四，互联网理财市场趋向规范化，线下支付拓展仍是热点。2017年上半年，互联网理财用户规模达到1.26亿人，半年增长率为27.5%。互联网理财领域线上、线下正在整合各自在流量、技术和金融产品服务方面的优势，从对抗竞争走向合作共赢。网贷理财产品收益率持续下降，行业朝向规范化发展。线下支付领域依旧是市场热点，网民在超市、便利店等线下实体店使用手机支付结算的习惯进一步加深，网民在线下购物时使用过手机支付的比例达到61.6%。在深耕国内市场的同时，我国网络支付企业纷纷拓展市场潜力巨大的海外市场。

（二）行业挂牌公司质量评价状况

本报告提取互联网行业挂牌公司样本217家。综合质量评分的平均值为60.53分，最高分76.44分，最低分47.97分，标准差为4.97分（见表32）。

表 32　互联网行业挂牌公司质量总体评价

单位：分

项目	平均值	最高分	最低分	标准差
综合质量	60.53	76.44	47.97	4.97
1. 持续经营能力	65.07	84.83	41.76	6.31
1.1 财务质量	64.24	89.51	37.49	10.57
1.2 经营风险	69.60	93.86	30.95	9.97
1.3 公司治理	61.66	92.00	23.75	11.14
2. 信息披露质量	71.82	83.97	56.54	4.15
2.1 准确性	90.94	100.00	40.00	14.78
2.2 完整性	42.44	72.56	11.63	11.72
2.3 及时性	53.81	98.85	26.28	8.70
2.4 规范性	100.00	100.00	100.00	0.00
3. 成长性	62.28	86.76	39.33	8.95
3.1 成长能力	71.49	98.63	27.34	14.07
3.2 成长空间	53.07	79.10	32.00	7.84
4. 创新性	46.11	79.17	20.20	9.07
4.1 创新投入	45.47	84.85	11.19	9.93
4.2 创新产出	40.08	100.00	10.00	17.80

如表 33 和图 5 所示，从挂牌公司综合质量的区间分布来看，大体呈纺锤形分布。处于“好”区间的公司仅有 12 家，占 5.53%；处于“差”区间的公司 6 家，占 2.76%；处于“较差”区间的公司 36 家，占 16.59%；处于“一般”区间的公司 72 家，占 33.18%；处于“较好”区间的公司 91 家，占 41.94%。互联网行业挂牌公司综合质量前 10 名见表 34。

表 33　互联网行业挂牌公司评价区间分布

单位：家，%

质量评价	综合质量		持续经营能力		信息披露质量		成长性		创新性	
	数量	占比	数量	占比	数量	占比	数量	占比	数量	占比
差	6	2.76	2	0.92	0	0.00	19	8.76	149	68.66
较差	36	16.59	12	5.53	0	0.00	41	18.89	41	18.89
一般	72	33.18	45	20.74	3	1.38	39	17.97	15	6.91
较好	91	41.94	88	40.55	27	12.44	65	29.95	9	4.15
好	12	5.53	70	32.26	187	86.18	53	24.42	3	1.38

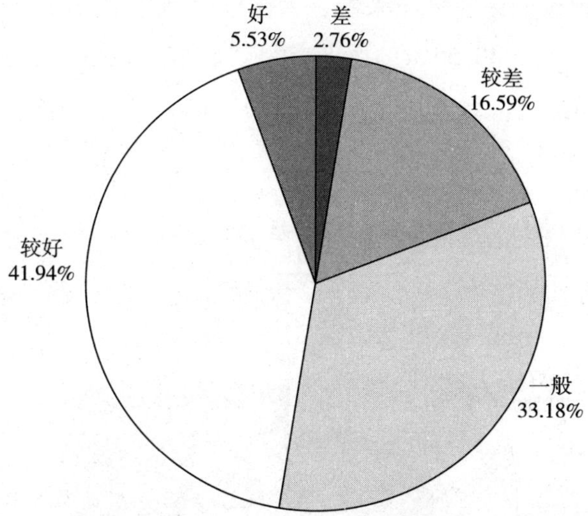

图 5　互联网行业挂牌公司综合质量评价分布状况

表 34　互联网行业挂牌公司综合质量前 10 名

单位：分

代码	简称	上市日期	省份	得分
832953	创识科技	2015/8/6	福　建	68.21
836261	闻道网络	2016/3/15	江　苏	69.06
831142	易 讯 通	2014/9/11	北　京	69.27
831557	中呼科技	2014/12/23	浙　江	69.31
430754	三态股份	2014/5/30	北　京	69.50
836610	铠甲网络	2016/4/15	福　建	69.89
837329	森途教育	2016/5/11	北　京	71.72
838599	价 之 链	2016/8/8	广　东	75.61
834206	傲基电商	2015/11/16	广　东	75.75
832148	云媒股份	2015/3/16	山　东	76.44

（三）持续经营能力评价

如表 32 所示，从持续经营能力来说，互联网行业挂牌公司平均得分 65.07 分，最高分 84.83 分，最低分 41.76 分，标准差 6.31 分。从挂牌公司持续经营能力评价的区间分布来看，大体呈现倒金字塔形。32.26%的企业获得“好”的评价，40.55%的企业获得“较好”的评价，20.74%的企业获得“一般”的评价，5.53%的企业获得“较差”的评价，0.92%的企业获得“差”的评价（见图6）。

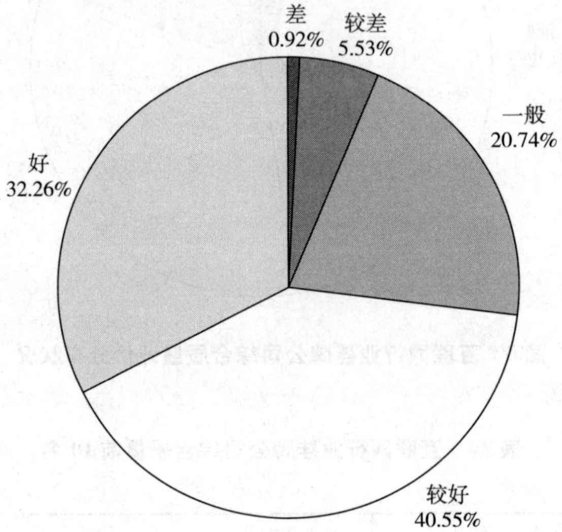

图6　互联网行业挂牌公司持续经营能力评价分布

在3个分项指标中，财务质量平均得分64.24分，最高分89.51分，最低分37.49分，标准差10.57分；经营风险平均得分69.60分，最高分93.86分，最低分30.95分，标准差9.97分；公司治理平均得分61.66分，最高分92分，最低分23.75分。经营风险指标得分高于财务质量和公司治理指标得分，说明挂牌企业具备较强的经营风险抵御能力，但公司治理结构和财务质量仍有较大提升空间。持续经营能力评分最高的10家企业见表35。

财务质量。如表32所示，互联网行业挂牌公司财务质量指标总体表现“较好”，平均分达到64.24分。从各分项指标来看，盈利能力和偿债能力指标得分较高，平均分分别达到63.38分和70.87分，但运营能力指标得分

表 35　互联网行业挂牌公司持续经营能力前 10 名

单位：分

代码	简称	上市日期	省份	得分
838599	价之链	2016/8/8	广东	84.43
838942	网创科技(退市)	2016/8/22	浙江	83.27
832828	凡科股份	2015/7/21	广东	79.65
834009	盘石股份	2015/11/13	浙江	77.61
838413	易名科技	2016/8/15	福建	77.48
836521	商客通	2016/3/31	上海	77.26
835718	凌脉网络	2016/1/28	上海	76.72
834709	注意力	2015/12/10	广东	76.31
832953	创识科技	2015/8/6	福建	76.25
837625	速途网络	2016/5/30	北京	76.16

相对较低，平均分只有 56.44 分。说明互联网行业作为新兴产业，财务运营整体情况良好，但在体制建设等方面还有待加强，尚未形成完备的运营体系。

经营风险。如表 32 所示，互联网行业挂牌公司经营风险指标总体表现“好”，平均分 69.60 分。其中，主营业务突出和主营业务稳定两项指标表现优异，分别为 91.04 分和 97.09 分，说明挂牌企业主营业务均具有较好的持续性和稳定性，经营稳定性风险较小。

公司治理。如表 32 所示，互联网行业挂牌公司治理指标平均得分 61.66 分。其中，控股股东行为指标得分较高，平均分为 81.24 分，但股权激励和董事会制度两项指标得分较低，仅为 40 分和 45.18 分。说明互联网行业挂牌企业较少开展股权激励活动，董事会制度也有待加强。

（四）信息披露质量评价

从信息披露质量来说，互联网行业样本挂牌企业平均得分 71.82 分，总体表现“好”。从挂牌公司信息披露质量评价的区间分布来看，呈倒金字塔形。86.18% 的企业得到“好”的评价，12.44% 的企业得到“较好”评价，1.38% 的企业被评价为“一般”（见图 7）。

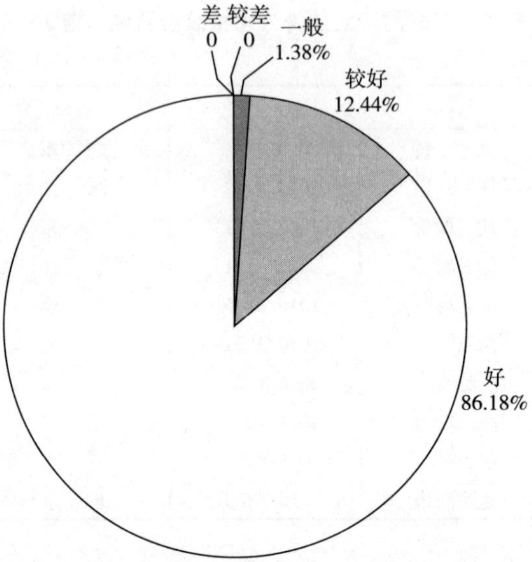

图 7　互联网行业挂牌公司信息披露质量评价分布

从各分项指标来看，信息披露准确性和规范性两项指标表现优异，说明互联网行业挂牌企业能够较好地完成信息披露义务，并且信息准确性较高，很少出现补充或更正情况。但是信息披露完整性平均分为 42.44 分，企业信息披露量较少，一方面说明挂牌企业尚未形成完善的信息披露体系，另一方面也说明挂牌企业尚未完全转变经营思路，未能充分履行公开市场企业身份的义务，信息披露更多是为了达到股权系统相关规章制度的要求。信息披露质量得分最高的 10 家企业见表 36。

表 36　互联网行业挂牌公司信息披露质量评价前 10 名

单位：分

代码	简称	上市日期	省份	得分
831142	易 讯 通	2014/9/11	北　京	83.97
837138	恒谦教育	2016/5/4	陕　西	83.36
831802	智 华 信	2015/1/15	北　京	81.90
830917	网波股份	2014/8/12	上　海	81.76
835531	蓝创股份	2016/1/20	江　苏	81.66

续表

代码	简称	上市日期	省份	得分
837251	智唐科技	2016/5/9	北　京	81. 11
832171	志晟信息	2015/3/23	河　北	80. 76
833252	帜讯信息	2015/8/18	上　海	80. 36
430243	铜牛信息	2013/7/5	北　京	80. 14
834206	傲基电商	2015/11/16	广　东	79. 66

（五）成长性评价

从成长性指标来看，互联网行业各样本公司表现“较好”，平均得分62. 28 分，最高分86. 76 分，最低分39. 33 分，标准差8. 95 分。其中，成长能力指标平均得分71. 49 分，成长空间指标平均得分53. 07 分。挂牌公司成长性评价的区间分布较为平均，8. 76% 的企业被评价为“差”，18. 89% 的企业被评价为“较差”，17. 97% 的企业被评价为“一般”，29. 95% 的企业被评价为“较好”，24. 43% 的企业被评价为“好”（见图 8）。

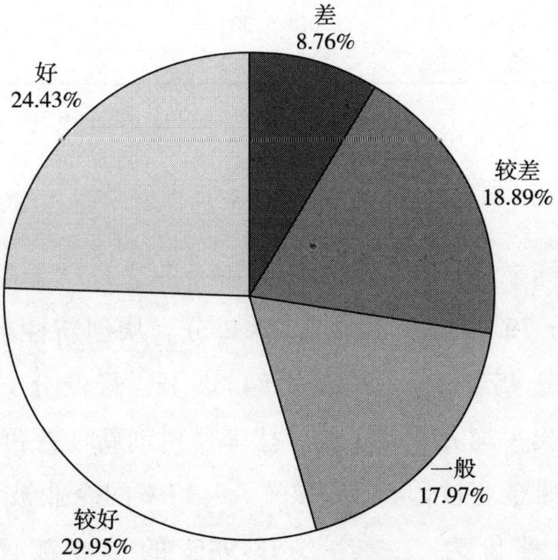

图 8　互联网行业挂牌公司成长性评价分布

从各分项指标来看，体现成长能力的营业收入增长率平均得分77.6分，净利润增长率平均得分66.15分，总资产增长率平均得分68.71分，整体表现较好，绝大多数企业均实现较快的业绩增长。但是各企业销售毛利率得分较低，只有43分，主因在于互联网行业进入门槛相对较低，销售转化率也较低，所以行业整体销售毛利率和全要素生产率较低。互联网行业挂牌公司成长性评价前10名见表37。

表37　互联网行业挂牌公司成长性评价前10名

单位：分

代码	简称	上市日期	省份	得分
832148	云媒股份	2015/3/16	山　东	86.76
834206	傲基电商	2015/11/16	广　东	83.47
838660	库客音乐	2016/8/4	北　京	82.49
838599	价之链	2016/8/8	广　东	82.47
835315	驱动人生	2016/1/8	广　东	82.00
837014	塔人网络	2016/6/22	上　海	81.52
430613	腾晖科技	2014/1/24	广　东	80.55
870207	氢动益维	2016/12/13	北　京	80.31
430754	三态股份	2014/5/30	北　京	79.64
834009	盘石股份	2015/11/13	浙　江	78.91

（六）创新性评价

从创新性指标来看，互联网行业挂牌企业表现“差”，平均得分仅为46.11分，最高分79.17分，最低分20.2分。从创新性的分项指标来看，创新投入平均得分45.47分，最高分84.85分，最低分11.19分，标准差9.93分。创新产出平均分40.08分。挂牌公司创新性评价的区间分布呈现纺锤形，0.93%的企业被评价为“好”，4.17%的企业被评价为“较好”，6.94%的企业被评价为“一般”，18.98%的企业被评价为“较差”，68.98%的企业被评价为“差”（见图9）。

从分项指标来看，创新投入平均得分45.47分，整体表现被评价为

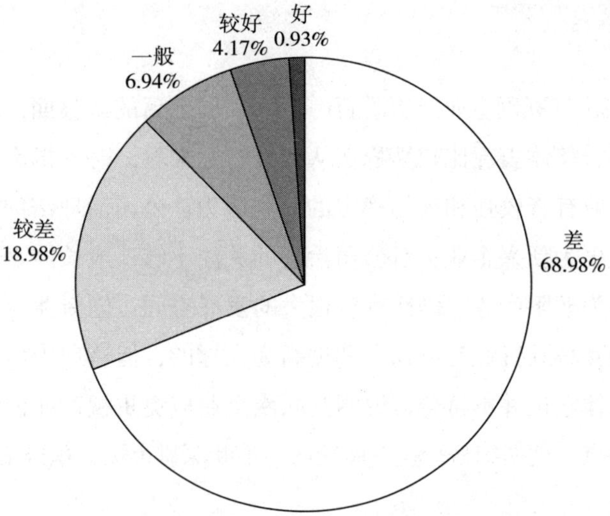

图 9　互联网行业挂牌公司创新性评价分布

“差”，创新产出平均得分也只有 40.08 分，说明互联网行业挂牌公司对创新驱动关注不够。互联网行业挂牌公司创新性评价前 10 名见表 38。

表 38　互联网行业挂牌公司创新性评价前 10 名

单位：分

代码	简称	上市日期	省份	得分
832148	云媒股份	2015/3/16	山　东	79.17
831557	中呼科技	2014/12/23	浙　江	72.94
831185	众智软件	2014/10/9	河　南	69.61
834206	傲基电商	2015/11/16	广　东	65.91
833694	新道科技	2015/10/12	海　南	65.04
832245	慧翰股份	2015/4/3	福　建	64.88
430120	金润科技	2012/4/27	西　藏	62.61
833072	大江传媒	2015/7/24	江　西	62.39
833529	视纪印象	2015/9/22	湖　北	61.83
837526	明博教育	2016/5/20	北　京	61.70

（七）总结

2016 年我国互联网企业经历了新一轮大发展之后的调整期，从挂牌企业的得分情况来看，整体表现比较平稳。从细分指标来看，财务指标可圈可点，显示出互联网行业有着较强和较为稳定的盈利能力；公司治理结构尚显不足，证明互联网企业多为新兴企业，对公司治理的关注不够；成长性表现尚可，代表互联网行业作为朝阳产业，仍然有着很大的发展空间；创新性与预期有较大出入，一般认为互联网行业是以知识和创新为支撑的，但这项指标得分较低，与朝阳产业的整体定位并不符合，说明互联网企业应更重视产业创新。不同企业需根据自身特点，把握细分行业发展动向，不断深耕市场，积极拓展业务。

七　食品行业*

（一）行业概况

食品行业主要包括食品、饮料与烟草等领域。2016 年食品行业整体运行情况平稳，结构调整形势明显，对国民经济和社会发展的结构平衡发展发挥了积极的支撑作用。

（二）行业挂牌公司质量总体评价

截至 2016 年底，食品行业新三板挂牌公司 507 家，占挂牌公司总数的 5.05%。其中，做市转让 83 家，协议转让 424 家。股份总量 305.38 亿股，资产总额 1391.71 亿元，营业收入合计 1174.04 亿元，净利润 73.89 亿元。

本报告提取食品行业挂牌公司样本 202 家，占食品行业新三板挂牌公司总数的 39.84%。食品行业挂牌公司综合质量评分的平均值为 56.77 分，最

* 朱元甲，经济学博士，特华博士后科研工作站博士后，研究方向为股权投资、公司财务。曾供职于中信证券和金石投资有限公司，负责私募股权基金业务，现为北京茂榕投资有限公司合伙人、执行总经理。

高分72.24分，最低分41.21分，标准差5.45分（见表39）。

从挂牌公司综合质量评价的区间分布来看，大体呈纺锤形分布。处于“好”区间的公司15家，占7.43%；处于“差”区间的公司18家，占8.91%；处于“较差”区间的公司57家，占28.22%；处于“一般”区间的公司74家，占36.63%；处于“较好”区间的公司38家，占18.81%（见表40）。

表39　食品行业挂牌公司质量总体评价

单位：分

项目	平均值	最高分	最低分	标准差
综合质量	56.77	72.24	41.21	5.45
1. 持续经营能力	59.48	78.97	35.52	7.28
1.1 财务质量	55.75	88.33	26.96	11.49
1.2 经营风险	67.32	94.98	18.39	12.00
1.3 公司治理	56.62	88.50	23.75	11.79
2. 信息披露质量	70.28	84.18	46.60	5.17
2.1 准确性	89.43	100.00	—	15.65
2.2 完整性	40.82	81.68	—	12.33
2.3 及时性	51.82	75.43	—	7.57
2.4 规范性	99.06	100.00	—	7.70
3. 成长性	57.66	78.26	33.30	8.37
3.1 成长能力	67.62	98.74	29.55	13.74
3.2 成长空间	47.71	76.70	25.15	8.05
4. 创新性	44.93	71.71	21.49	10.79
4.1 创新投入	42.18	77.15	11.70	13.05
4.2 创新产出	49.06	100.00	10.00	19.39

表40　食品行业挂牌公司质量评价分布

单位：家，%

质量评价	综合质量		持续经营能力		信息披露质量		成长性		创新性	
	数量	占比	数量	占比	数量	占比	数量	占比	数量	占比
差	18	8.91	20	9.90	1	0.50	31	15.35	127	62.87
较差	57	28.22	33	16.34	6	2.97	51	25.25	36	17.82
一般	74	36.63	51	25.25	15	7.43	48	23.76	22	10.89
较好	38	18.81	56	27.72	66	32.67	32	15.84	14	6.93
好	15	7.43	42	20.79	114	56.44	40	19.80	3	1.49

（三）持续经营能力评价

从持续经营能力来说，食品行业挂牌公司平均得分 59.48 分，最高分 78.97 分，最低分 35.52 分，标准差 7.28 分（见表 39）。

从挂牌公司持续经营能力的评价区间分布来看，大体呈纺锤形。表现“一般”和“较好”的企业分别占 25.25% 和 27.72%，9.9% 的企业表现“差”，16.34% 的企业表现“较差”，20.79% 的企业表现“好”（见表 40）。

在 3 个分项指标中，财务质量指标平均得分 55.75 分，最高分 88.33 分，最低分 26.96 分；经营风险指标平均得分 67.32 分，最高分 94.98 分，最低分 18.39 分；公司治理指标平均得分 56.62 分，最高分 88.5 分，最低分 23.75 分（见表 39）。经营风险指标得分高于财务质量和公司治理指标得分，说明挂牌企业具备较强的经营风险抵御能力，但公司治理结构和财务质量仍有较大提升空间。持续经营能力评分最高的 3 家企业分别是江大源、熊猫乳业、联创种业。

财务质量。如表 41 所示，食品行业挂牌公司财务质量指标总体表现“一般”，平均得分为 55.75 分。各公司盈利能力指标表现“一般”，平均得分 57.41 分；偿债能力“一般”，平均得分 55.33 分；运营能力“一般”，平均得分 52.24 分。总的来说，食品行业盈利能力、偿债能力和运营能力都比较稳定，在资产负债率、利息保障倍数、现金比率方面都比较稳定，企业的经营绩效还有提升空间。

经营风险。如表 41 所示，食品行业挂牌公司经营风险指标总体表现“较好”，平均得分 67.32 分。其中，主营业务两项指标表现优异，分别为 83.18 分和 98.22 分，说明挂牌企业主营业务均具有较好的持续性和稳定性。

公司治理。如表 41 所示，食品行业挂牌公司公司治理指标平均得分 56.62 分，表现“一般”。其中，控股股东行为指标得分较高，为 74.11 分，但股权激励和董事会制度指标得分较低，仅为 35.2 分和 45.02 分。说明食品行业挂牌企业较少开展股权激励活动，董事会制度也有待加强。

表 41　食品行业挂牌公司持续经营能力评价

单位：分

项目	平均值	最高分	最低分	标准差
持续经营能力	59.48	78.97	35.52	7.28
A. 财务质量	55.75	88.33	26.96	11.49
盈利能力	57.41	98.92	23.49	15.51
偿债能力	55.33	85.98	24.33	13.94
运营能力	52.24	98.98	26.58	11.41
B. 经营风险	67.32	94.98	18.39	12.00
主营业务突出	83.18	100.00	2.63	23.15
主营业务稳定	98.22	100.00	10.00	12.57
盈利敏感性	43.22	100.00	—	17.65
单一客户依赖程度	58.66	100.00	—	25.25
C. 公司治理	56.62	88.50	23.75	11.79
控股股东行为	74.11	100.00	19.50	19.32
股权激励	35.20	100.00	30.00	18.40
董事会制度	45.02	100.00	25.00	22.52

（四）信息披露质量评价

从信息披露质量来说，食品行业样本挂牌企业平均得分 70.28 分，总体表现“好”（见表 42）。从挂牌公司信息披露质量评价的区间分布来看，呈现倒金字塔形分布。56.44% 的企业得到“好”的评价，32.67% 的企业得到“较好”的评价，7.43% 的企业被评价为“一般”，3.46% 的企业表现“差”或“较差”。

从各分项指标来看，信息披露准确性、完整性和规范性指标表现优异，说明挂牌食品企业能够较好地完成信息披露义务，并且信息准确性较高，很少出现补充或更正情况。行业信息披露量大，说明挂牌企业形成了完善的信息披露体系，能充分履行公开市场企业身份的义务，达到股权系统相关规章制度的要求。信息披露质量得分最高的 3 家食品行业挂牌企业分别为伊赛牛肉、裕国股份和龙凤山。

表 42　食品行业挂牌公司信息披露质量评价

单位：分

项目	平均值	最高分	最低分	标准差
信息披露质量	70.28	84.18	46.60	5.17
A. 准确性	89.43	100.00	—	15.65
是否发布更正或补充报告	89.43	100.00	24.00	15.65
B. 完整性	89.43	100.00	—	15.65
信息披露数量	40.82	81.68	14.20	12.33
C. 及时性	51.82	75.43	—	7.57
公司年报披露时间	51.82	75.43	21.71	7.57
D. 规范性	99.06	100.00	—	7.70
信息披露违规情况	99.06	100.00	30.00	7.70

（五）成长性评价

如表 43 所示，从成长性指标来看，食品行业各样本公司表现“一般”，平均得分 57.66 分，最高分 78.26 分，最低分 33.3 分。其中，成长能力平均得分 67.62 分，成长空间平均得分 47.71 分。

挂牌公司成长性评价的区间分布较为平均，19.8% 的企业得到“好”的评价，15.84% 的企业得到“较好”的评价，23.76% 的企业被评价为“一般”，25.25% 的企业被评价为“较差”，15.35% 的企业被评价为“差”。成长性指标排名最靠前的 3 家挂牌企业分别为联创种业、神之水滴和金润枣业。

从各分项指标来看，体现成长能力的营业收入增长率、净利润增长率和总资产增长率整体表现较好，绝大多数企业实现较快的业绩增长。但是各企业成长空间表现“差”，平均得分仅为 47.71 分。挂牌企业销售毛利率和全要素生产率较低的原因在于，近年来食品行业的高资本收益使得投资规模增量较大，投资扩张，技术效率相对稳定，所以行业全要素生产率表现一般。

表 43　食品行业挂牌公司成长性评价

单位：分

项目	平均值	最高分	最低分	标准差
成长性	57.66	78.26	33.30	8.37
A. 成长能力	67.62	98.74	29.55	13.74
营业收入增长率	65.67	100.00	10.00	21.36
净利润增长率	68.79	100.00	10.00	20.91
总资产增长率	69.05	100.00	10.00	17.84
B. 成长空间	47.71	76.70	25.15	8.05
销售毛利率	31.32	100.00	—	19.20
全要素生产率	64.09	100.00	20.00	11.21

（六）创新性评价

从创新性指标来看，食品行业挂牌公司表现“差”，平均得分仅44.93分，最高分71.71分，最低分21.49分（见表44）。挂牌公司创新性评价的区间分布呈现金字塔形，1.49%的企业得到“好”的评价，6.93%的企业得到“较好”的评价，10.89%的企业被评价为“一般”，17.82%的企业被评价为“较差”，而高达62.87%的企业被评价为“差”。创新性指标排名最靠前的3家挂牌企业分别为龙凤山、华瑞农业和友尼宝。

表 44　食品行业挂牌公司创新性评价

单位：分

项目	平均值	最高分	最低分	标准差
创新性	44.93	71.71	21.49	10.79
A. 创新投入	42.18	77.15	11.70	13.05
研发经费投入强度	25.80	100.00	—	18.31
员工中本科以上学历人数占比	43.77	100.00	—	21.21
人力资本投资回报率	62.45	100.00	10.00	23.90
B. 创新产出	49.06	100.00	10.00	19.39
专利数	49.06	100.00	10.00	19.39

从分项指标来看，创新投入平均得分42.18分，整体表现“差”。主因在于研发经费投入强度整体表现差，平均得分仅为25.8分，食品企业科研投入较低，这也成为全要素生产率得分较低的重要原因。食品行业整体缺乏技术创新。创新产出指标平均得分49.06分，表现“差”。说明各企业专利技术支撑比较弱，后续科研投入不足，制约企业未来发展的潜力，行业创新质量仍有较大提升空间。

（七）总结

2016年，食品行业整体投资情况平稳，内部结构型调整明显，食品行业在整体经济疲软的背景下对经济发展起到一定的稳定作用。该行业新三板挂牌企业总体质量比较均衡，质量好的企业较少。食品行业在创新方面表现欠佳，绝大多数企业对技术研发的支持力度不足，大部分企业成长空间一般。

针对食品行业总体评价情况，本报告认为，首先，企业信息披露主动性有待加强；其次，应适度加大新技术在行业内的运用；最后，需要完善公司治理结构，利用股权激励方式，有效激发企业活力。

八　医药行业*

（一）行业概况

医药行业主要包括医疗保健设备、西药、中药、生物科技、保健护理技术、保健护理产品服务及经销商、生命科学等领域。医药行业是按照国际标准划分的15类国际化产业之一，被称为“永不衰落的朝阳产业”，是国民经济的重要组成部分，与人民群众的生命健康和生活质量等密切相关。在我国居民生活水平和城镇化水平不断提升、医疗保险体制改革全面推进、人口不断趋向老龄化等因素影响下，医药行业保持了稳定增长。

---

* 郭哲宇，金融学博士，特华博士后科研工作站博士后，研究方向为股权投资市场、信托产业。

国家统计局数据显示，2016 年我国医药行业规模总资产达到 28548 亿元，较上年同期增长 16.31%。行业销售收入为 28062.90 亿元，较上年同期增长 9.89%。2016 年行业利润总额为 3002.9 亿元，较上年同期增长 14.30%。2016 年医药行业实现平稳增长，工信部数据显示，医药行业工业增加值同比增长 10.4%，在全部 12 个工业行业里增速最快，医药行业占全部工业的比重从之前的 3% 提高到 3.3%。医药行业销售收入增幅达 6.5%，销售利润率为 10.6%，均实现了大幅增长。2016 年医药行业规模以上企业实现利润总额 3216.43 亿元，同比增长 15.57%，增速较上年同期提高 3.35 个百分点，高于全国工业整体增速 7.07 个百分点。2016 年规模以上医药工业主营业收入利润率为 10.85%，较上年有所提升，高于全国工业整体水平 4.88 个百分点。

2016 年医药制造业完成固定资产投资额 6299 亿元，同比增长 8.4%，增速较上年下降 3.5 个百分点，高于全国工业整体增速 4.8 个百分点。数据显示，医药行业的运行质量是比较高的，为国民经济稳增长做出了贡献。医疗服务增速较快既离不开需求端的持续增长，也离不开国家政策的支持。近年来国家密集出台多项政策促进医疗服务产业发展，在大医改背景下，医药行业保持了较高增速。虽然在医保控费和招标降价等方面，医药制造业面临较大的收入成长压力，但在行业总体发展向好的市场和政策环境下，随着老龄化趋势的日益显著，医药行业的市场需求仍将持续增长，具有竞争力的企业仍将获得很大成长空间。

（二）行业挂牌公司质量总体评价

截至 2016 年底，医药行业新三板挂牌企业 634 家，占总挂牌企业的 6.31%。其中，106 家做市转让，528 家协议转让。股份总量 326.01 亿股，资产总额 1175.71 亿元，营业收入合计 753.22 亿元，净利润 80.6 亿元。

本报告提取医药行业挂牌公司样本 194 家，占样本公司总数的 6.15%。医药行业挂牌公司综合质量评分的平均值为 58.54 分，最高分 74.08 分，最低分 42.51 分，标准差 5.4 分（见表 45）。从挂牌公司综合质量评价的区间分布来看，大体呈现纺锤形分布。处于“好”区间的公司仅有 13 家，占 6.70%；处于“差”区间的公司有 11 家，占 5.67%；处于“较差”区间的公司有 36 家，占 18.56%；处于“一般”区间的公司有 76 家，占 39.18%；处于“较好”区间的公司有 58 家，占 29.9%。

表 45　医药行业挂牌公司质量总体评价

单位：分

项目	平均值	最高分	最低分	标准差
综合质量	58.54	74.08	42.51	5.40
1. 持续经营能力	60.24	83.76	45.23	6.75
1.1 财务质量	54.67	84.87	31.86	10.74
1.2 经营风险	68.38	92.76	38.22	10.28
1.3 公司治理	59.52	93.25	35.75	10.93
2. 信息披露质量	70.97	87.35	56.70	4.88
2.1 准确性	90.35	100.00	32.00	15.61
2.2 完整性	39.83	75.83	11.45	13.27
2.3 及时性	54.33	100.00	26.29	9.51
2.4 规范性	99.38	100.00	40.00	6.06
3. 成长性	62.18	86.30	40.13	8.29
3.1 成长能力	71.78	99.17	29.86	11.71
3.2 成长空间	52.59	79.08	30.19	9.61
4. 创新性	46.12	83.04	14.31	11.85
4.1 投入产出	41.74	77.55	15.41	11.98
4.2 知识产权成果	52.68	100.00	10.00	23.17

表 46　医药行业挂牌公司质量评价分布

单位：家，%

质量评价	综合质量		持续经营能力		信息披露质量		成长性		创新性	
	数量	占比	数量	占比	数量	占比	数量	占比	数量	占比
差	11	5.67	8	4.12	0	0.00	13	6.70	122	62.89
较差	36	18.56	34	17.53	0	0.00	25	12.89	37	19.07
一般	76	39.18	62	31.96	4	2.06	43	22.16	14	7.22
较好	58	29.90	59	30.41	26	13.40	62	31.96	9	4.64
好	13	6.70	31	15.98	164	84.54	51	26.29	12	6.19

（三）持续经营能力评价

从持续经营能力来说，医药行业挂牌公司平均得分60.24分，最高分83.76分，最低分45.23分，标准差6.75分。从挂牌公司持续经营能力评价的区间分布来看，大体呈纺锤形分布。表现“一般”和“较好”的企业分别占31.96%和30.41%，4.12%的企业表现“差”，17.53%的企业表现“较差”，15.98%的企业表现“好”（见表46）。在3个分项指标中，财务质量平均得分54.67分，最高分84.87分，最低分31.86分；经营风险平均得分68.38分，最高分92.76分，最低分38.22分；公司治理平均得分59.52分，最高分93.25分，最低分35.75分（见表45）。经营风险指标得分显著高于财务质量和公司治理指标得分，说明挂牌企业具备较强的经营风险抵御能力，但公司治理结构和财务质量仍有较大提升空间。持续经营能力评分最高的3家企业分别是爱得科技、美创医疗、新产业。

财务质量。如表47所示，医药行业挂牌公司财务质量指标总体表现一般。各公司盈利能力指标表现尚可，平均得分60.06分，偿债能力较弱，平均得分45.29分。说明医药行业虽然具有不错的盈利能力，但企业偿债能力有限，资产负债率、利息保障倍数、现金比率方面表现不佳，也体现了我国非上市企业长期面临的融资环境和经营环境较差问题。运营能力表现“一般”，说明企业整体运营较为平顺，但运营水平仍有待提升。

经营风险。如表47所示，医药行业挂牌公司经营风险指标总体表现“好”。其中，主营业务两项指标表现优异，平均得分分别为84.18分和99.07分，说明挂牌企业主营业务均具有较好的持续性和稳定性。

公司治理。如表47所示，医药行业挂牌公司公司治理指标平均得分59.52分，表现“一般”。其中，控股股东行为指标平均得分较高，为78.53分，但股权激励和董事会制度两项指标表现“差”，平均得分仅为36.86分和46.01分。说明医药行业挂牌企业较少开展股权激励活动，董事会制度也有待加强。

表 47　医药行业挂牌公司持续经营能力评价

单位：分

项目	平均值	最高分	最低分	标准差
持续经营能力	60. 24	83. 76	45. 23	6. 75
A. 财务质量	54. 67	84. 87	31. 86	10. 74
盈利能力	60. 06	98. 13	18. 07	16. 67
偿债能力	45. 29	80. 45	20. 72	11. 02
运营能力	55. 28	99. 30	32. 07	9. 60
B. 经营风险	68. 38	92. 76	38. 22	10. 28
主营业务突出	84. 18	100. 00	1. 65	24. 78
主营业务稳定	99. 07	100. 00	10. 00	9. 09
盈利敏感性	42. 72	100. 00	0. 00	17. 44
单一客户依赖程度	61. 80	100. 00	0. 00	20. 75
C. 公司治理	59. 52	93. 25	35. 75	10. 93
控股股东行为	78. 53	100. 00	28. 50	16. 38
股权激励	36. 86	100. 00	30. 00	20. 81
董事会制度	46. 01	100. 00	25. 00	21. 69

（四）信息披露质量评价

从信息披露质量来说，医药行业样本挂牌企业平均得分 70. 97 分，总体表现“好”（见表 48）。从挂牌公司信息披露质量评价的区间分布来看，呈现倒金字塔形分布，84. 54% 的企业得到“好”的评价，13. 4% 的企业得到“较好”的评价，2. 06% 的企业被评价为“一般”。

从各分项指标来看，信息披露准确性和规范性指标表现优异，说明挂牌医药企业能够较好地完成信息披露义务，并且信息准确性较高，很少出现补充或更正情况。但是信息披露完整性表现差，企业信息披露量较少，一方面说明挂牌企业尚未形成完善的信息披露体系，另一方面也说明挂牌企业尚未完全转变经营思路，未能充分履行公开市场企业身份的义务，信息披露更多是为了达到股权系统相关规章制度的要求。信息披露质量得分最高的 3 家医药行业挂牌企业分别为森萱医药、光谷医药和科源制药。

表 48　医药行业挂牌公司信息披露质量评价

单位：分

项目	平均值	最高分	最低分	标准差
信息披露质量	70.97	87.35	56.70	4.88
A. 准确性	90.35	100.00	32.00	15.61
是否发布更正或补充报告	90.35	100.00	32.00	15.61
B. 完整性	39.83	75.83	11.45	13.27
信息披露数量	39.83	75.83	11.45	13.27
C. 及时性	54.33	100.00	26.29	9.51
公司年报披露时间	54.33	100.00	26.29	9.51
D. 规范性	99.38	100.00	40.00	6.06
信息披露违规情况	99.38	100.00	40.00	6.06

（五）成长性评价

如表 49 所示，从成长性指标来看，医药行业各样本公司表现良好，平均得分 62.18 分，最高分 86.3 分，最低分 40.13 分。其中，成长能力平均得分 71.78 分，成长空间平均得分 52.59 分。挂牌公司成长性评价的区间分布较为平均，26.29%的企业得到“好”的评价，31.96%的企业得到“较好”的评价，22.16%的企业被评价为“一般”，19.59%的企业被评价为“差”或“较差”。成长性指标排名最靠前的 3 家挂牌公司分别为瑞济生物、苏博医学和九生堂。

从各分项指标来看，体现成长能力的营业收入增长率、净利润增长率和总资产增长率整体表现优秀，绝大多数企业实现较快的业绩增长。但是各企业成长空间表现不佳，平均得分仅为 52.59 分。挂牌企业销售毛利率和全要素生产率较低的原因在于，近年来医药行业的高资本收益使得投资规模增量较大，出现了较多盲目投资，但技术效率并未出现显著提升，所以行业全要素生产率较低。

表 49　医药行业挂牌公司成长性评价

单位：分

项目	平均值	最高分	最低分	标准差
成长性	62. 18	86. 30	40. 13	8. 29
A. 成长能力	71. 78	99. 17	29. 86	11. 71
营业收入增长率	69. 25	100. 00	10. 00	16. 43
净利润增长率	71. 44	100. 00	10. 00	19. 90
总资产增长率	75. 48	100. 00	10. 00	15. 70
B. 成长空间	52. 59	79. 08	30. 19	9. 61
销售毛利率	48. 86	100. 00	0. 00	22. 55
全要素生产率	56. 32	100. 00	20. 00	10. 77

（六）创新性评价

从创新性指标来看，医药行业挂牌公司表现“差”，平均得分仅 46. 12 分，最高分 83. 04 分，最低分 14. 31 分（见表 50）。挂牌公司创新性评价的区间分布呈金字塔形分布，6. 19% 的企业得到“好”的评价，4. 64% 企业得到“较好”的评价，7. 22% 的企业被评价为“一般”，19. 07% 的企业被评价为“较差”，而高达 62. 88% 的企业被评价为“差”。创新性指标排名最靠前的 3 家挂牌公司分别为益善生物、辰光医疗和新产业。

从分项指标来看，创新投入平均得分 41. 74 分，整体评价表现“差”。主因在于研发经费投入强度整体表现“差”，平均得分仅为 20. 12 分。医药企业科研投入水平较低，这也成为全要素生产率得分较低的重要原因。医药行业整体缺乏技术创新。创新产出指标平均得分 52. 68 分，表现“较差”。说明各企业大多具有一定的专利技术支撑，但是后续科研投入不足，影响企业未来发展的潜力，行业创新质量仍有较大提升空间。

表 50　医药行业挂牌公司创新性评价状况

单位：分

项目	平均值	最高分	最低分	标准差
创新性	46.12	83.04	14.31	11.85
A. 创新投入	41.74	77.55	15.41	11.98
研发经费投入强度	20.12	100.00	0.00	13.49
员工中本科以上学历人数占比	47.90	100.00	0.00	21.39
人力资本投资回报率	64.42	100.00	10.00	25.58
B. 创新产出	52.68	100.00	10.00	23.17
专利数	52.68	100.00	10.00	23.17

（七）总结

2016 年以来，医药行业保持了平稳增长态势，医药行业挂牌企业质量总体尚可，但是优秀企业仍偏少。从各分项指标来看，医药行业普遍能够遵守信息披露义务，及时进行准确的信息披露。企业持续经营能力表现较好，各企业均在主营业务方面表现优异，但企业内部治理结构仍具有提升空间。企业对技术研发的投入不足，较多进行扩产型资本投入，导致企业营业收入表现良好，但是后续成长空间较小。该行业挂牌企业要提高发展潜力，一方面要加大研发投入，开发出更有竞争力的产品，提升成长性指标；另一方面要加强内部控制体系建设，完善股权结构和内部组织架构。

九　消费品行业*

（一）行业概况

截至 2016 年 12 月，社会消费品零售总额 31757 亿元，同比增长

* 吴迪，法学博士，特华博士后科研工作站博士后，研究方向为金融法律政策、区域金融。

10.9%，扣除价格因素实际增长9.2%。2016年全年，社会消费品零售总额332316亿元，比上年增长10.4%。2016年12月，餐饮收入3352亿元，同比增长10.6%；商品零售28405亿元，同比增长10.9%。2016年全年，餐饮收入35799亿元，比上年增长10.8%；商品零售296518亿元，同比增长10.4%。2016年全年，全国网上零售额51556亿元，比上年增长26.2%。其中，实物商品网上零售额41944亿元，增长25.6%。在实物商品网上零售额中，吃、穿、用类商品分别增长28.5%、18.1%和28.8%。由此，大消费正成为经济增长的重要引擎。世界经济增速放缓，金融市场剧烈震荡，这些因素都对我国经济产生冲击。全年社会消费品零售总额达到30.09亿元，最终消费对GDP的贡献率已经上升到66.4%，成为拉动经济的重要力量。在2016年政府工作报告中，政府再次强调消费对经济增长的基础作用，支持发展养老、健康、家政、教育培训、文化体育等服务类消费。在这样的背景下，作为传统行业的消费品行业面临新的发展机遇与挑战。

（二）行业挂牌公司质量评价

本报告提取消费品行业挂牌公司样本185家。消费品行业挂牌公司综合质量评分的平均值为57.23分，最高分74.99分，最低分42.26分，标准差为5.58分（见表53）。在整体行业中处于中游偏下水平，标准差不大。

表51　消费品行业挂牌公司质量评价分布

单位：家，%

质量评价	综合质量		持续经营能力		信息披露质量		成长性		创新性	
	数量	占比	数量	占比	数量	占比	数量	占比	数量	占比
差	26	14.05	25	13.51	0	0	22	11.89	143	77.30
较差	40	21.62	25	13.51	2	1.08	32	17.30	18	9.73
一般	77	41.62	50	27.03	6	3.24	48	25.95	11	5.95
较好	38	20.54	61	32.97	44	23.78	54	29.19	9	4.86
好	4	2.16	24	12.97	133	71.89	29	15.68	4	2.16

如表 51 和图 10 所示，从挂牌公司综合质量的区间分布来看，分布较为平均，14. 05% 的企业获得“差”的评价，21. 62% 的企业获得“较差”的评价，41. 62% 的企业获得“一般”的评价，20. 54% 的企业获得“较好”的评价，2. 16% 的企业获得“好”的评价。消费品行业挂牌公司综合质量前 10 名见表 52。

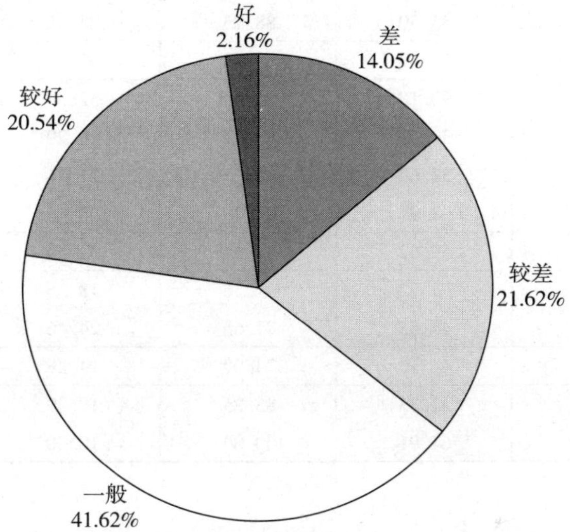

图 10　消费品行业挂牌公司综合质量评价分布

表 52　消费品行业挂牌公司综合质量前 10 名

单位：分

代码	简称	上市日期	省份	得分
870077	小狗电器	2016/12/6	北　京	74. 99
835834	达伦股份	2016/2/19	江　苏	69. 24
834565	特美股份	2015/12/9	浙　江	69. 15
833767	五轮电子	2015/10/14	广　东	68. 19
834520	万 佳 安	2015/12/7	广　东	67. 79
834810	斯 得 福	2015/12/9	江　苏	67. 10
838821	福凯股份	2016/8/16	广　东	66. 06
833258	尚洋科技	2015/8/12	广　东	65. 84
833977	悠派科技	2015/10/26	安　徽	65. 80
833881	一森园林	2015/10/20	河　北	65. 58

表 53　消费品行业挂牌公司质量总体评价

单位：分

项目	平均值	最高分	最低分	标准差
综合质量	57. 23	74. 99	42. 26	5. 58
1. 持续经营能力	59. 93	81. 07	38. 90	7. 56
1. 1 财务质量	58. 94	87. 76	36. 10	11. 22
1. 2 经营风险	65. 89	93. 11	27. 56	12. 04
1. 3 公司治理	55. 30	88. 75	23. 75	12. 28
2. 信息披露质量	70. 07	85. 28	52. 35	4. 75
2. 1 准确性	90. 18	100. 00	32	15. 18
2. 2 完整性	39. 52	83. 17	16. 29	12. 66
2. 3 及时性	51. 66	80	21. 71	7. 65
2. 4 规范性	98. 91	100. 00	30	8. 46
3. 成长性	59. 62	86. 38	32. 50	7. 85
3. 1 成长能力	73. 72	97. 36	18. 35	12. 64
3. 2 成长空间	45. 53	81. 65	24. 46	7. 99
4. 创新性	44. 16	74. 80	14. 28	10. 45
4. 1 创新投入	32. 33	85. 25	12. 29	10. 75
4. 2 创新产出	61. 91	100. 00	10. 00	22. 42

（三）持续经营能力评价

从持续经营能力来说，消费品行业挂牌公司平均得分 59. 93 分，最高分 81. 07 分，最低分 38. 90 分，标准差 7. 56 分（见表 53）。从挂牌公司持续经营能力评价的区间分布来看，大体分布较为平均，12. 97% 的企业获得“好”的评价，32. 97% 的企业获得“较好”的评价，27. 03% 的企业获得“一般”的评价，13. 51% 的企业获得“较差”的评价，13. 51% 的企业获得“差”的评价（见图 11）。消费品行业挂牌公司持续经营能力前 10 名见表 54。

在 3 个分项指标中，财务质量平均得分 58. 94 分，最高分 87. 76 分，最低分 36. 10 分，标准差 11. 22 分；经营风险平均得分 65. 89 分，最高分 93. 11 分，最低分 27. 56 分，标准差 12. 04 分；公司治理平均得分 55. 30 分，最高分 88. 75 分，最低分 23. 75 分，标准差 12. 28 分（见表 53）。消费品行

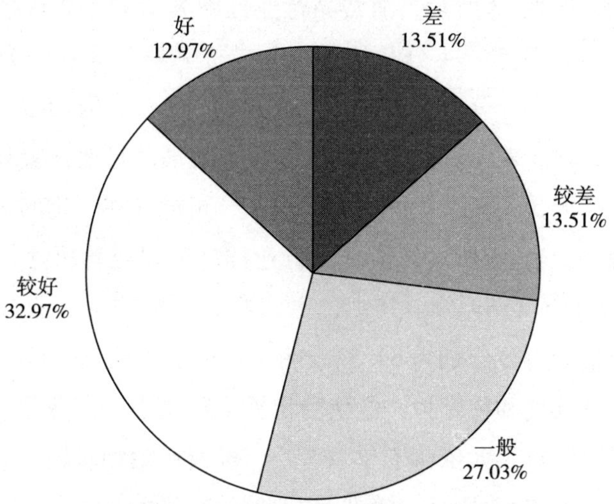

图 11　消费品行业挂牌公司持续经营能力评价分布

业持续经营能力得分均不高，其中财务质量与公司质量平均得分都较低，显示出消费品行业在公司内部治理和盈利能力方面面临一定的压力，经营风险相对尚可，但值得注意的是，3 项分指标标准差都较高，显示出 3 项分指标数据离散程度都较高，行业整体持续经营能力有两极分化的倾向。

表 54　消费品行业挂牌公司持续经营能力前 10 名

单位：分

代码	简称	上市日期	省份	得分
870077	小狗电器	2016/12/6	北　京	81.07
833523	德瑞锂电	2015/9/16	广　东	77.32
837326	同方瑞风	2016/5/5	广　东	77.21
837023	芭薇股份	2016/5/13	广　东	75.76
833767	五轮电子	2015/10/14	广　东	75.30
835455	乐 的 美	2016/1/11	广　东	74.75
833258	尚洋科技	2015/8/12	广　东	74.58
831543	松炀资源	2014/12/22	广　东	73.28
838163	方大股份	2016/8/17	河　北	71.49
834236	伊塔科技	2015/11/12	江　苏	71.45

财务质量。如表53所示，消费品行业挂牌公司财务质量指标总体表现“一般”，平均分达到58.94分。从各项分指标来看，盈利能力和运营能力指标得分较高，平均分分别达到62.77分和61.19分，但偿债能力指标平均得分只有51.15分。表现出消费行业作为成熟发展的行业，盈利能力和公司运营能力尚可，但受到新兴行业的冲击较大，可能存在一定的债务风险。

经营风险。如表53所示，消费品行业挂牌公司经营风险指标总体表现“较好”，平均得分65.89分。其中，主营业务突出和主营业务稳定两项指标表现优异，平均得分分别为82.52分和97.56分。说明挂牌企业主营业务均具有较好的持续性和稳定性，经营稳定性风险较小。消费品行业主营业务比较突出和稳定，也不太依赖于单一客户，经营风险相对较小。

公司治理。如表53所示，消费品行业挂牌公司公司治理指标平均得分55.30分。其中，控股股东行为指标平均得分尚可，为71.50分，但股权激励和董事会制度两项指标平均得分较低，仅为36.05分和43.67分。说明消费品行业挂牌企业较少开展股权激励活动，董事会制度也有待加强。

（四）信息披露质量评价

从信息披露质量来说，消费品行业样本挂牌企业平均得分70.07分，最高分85.28分，最低分52.35分，标准差4.75分，总体表现“好”。1.08%的企业获得“较差”的评价，3.24%的企业获得“一般”的评价，23.78%的企业获得“较差”的评价，71.89%的企业获得“好”的评价（见图12）。

从各分项指标来看，信息披露准确性和规范性表现优异，平均分分别达到90.18分和98.91分。说明挂牌企业能够较好地完成信息披露义务，并且信息准确性较高，很少出现补充或更正情况。但是信息披露完整性和及时性指标则要差得多，平均分只有39.52分和51.66分。一方面说明挂牌企业尚未形成完善的信息披露体系，另一方面也说明挂牌企业尚未完全转变经营思路，未能充分履行公开市场企业身份的义务，信息披露更多是为了达到股权系统相关规章制度的要求。信息披露质量得分最高的10家企业见表55。

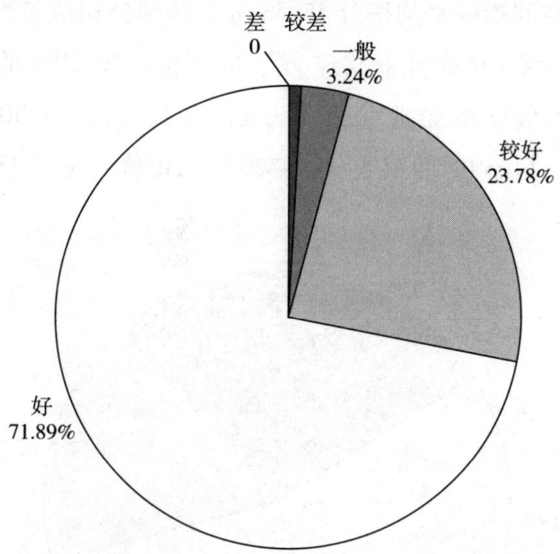

图 12　消费品行业挂牌公司信息披露质量评价分布

表 55　消费品行业挂牌公司信息披露质量评价前 10 名

单位：分

代码	简称	上市日期	省份	得分
837897	洛娃日化	2016/8/2	江　苏	85.28
833977	悠派科技	2015/10/26	安　徽	80.29
430481	吉 瑞 祥	2014/1/24	新　疆	79.21
839275	众信科技	2016/9/26	福　建	78.90
833238	森维园林	2015/8/19	广　东	78.72
430476	海能仪器	2014/1/24	山　东	78.22
838317	明宇科技	2016/8/19	广　东	78.06
835828	尚鑫新材	2016/3/8	广　东	77.69
838601	金 世 缘	2016/8/19	江　苏	77.49
831641	格 利 尔	2015/1/13	江　苏	77.38

（五）成长性评价

从成长性指标来看，消费品行业各样本公司平均得分 59.62 分，最高分 86.38 分，最低分 32.50 分，标准差 7.85 分。其中，成长能力指标平均得

73.72 分，成长空间指标平均得分 45.53 分。挂牌公司成长性评价的区间分布较为平均，15.68% 的企业获得“好”的评价，29.19% 的企业获得“较好”的评价，25.95% 的企业获得“一般”的评价，17.30% 的企业获得“较差”的评价，11.89% 的企业获得“差”的评价（见图 13）。

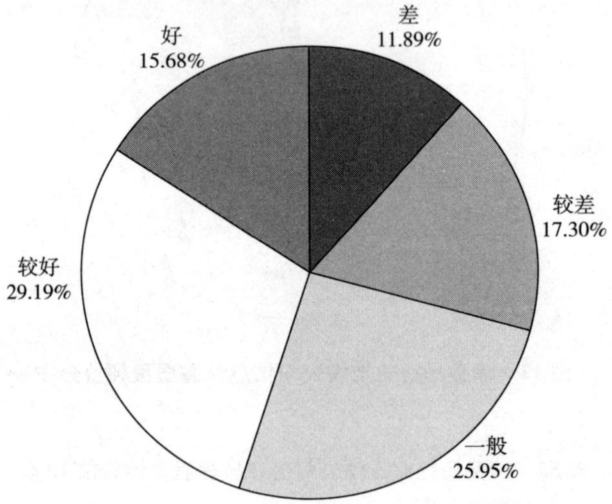

图 13　消费品行业挂牌公司成长性评价分布

从各分项指标来看，体现成长能力的营业收入增长率平均得分 76.67 分，净利润增长率平均得分 69.33 分，总资产增长率平均得分 74.24 分，整体表现较好，绝大多数企业实现较快的业绩增长。但是各企业销售毛利率得分较低，只有 34.38 分，主因在于消费品行业属于成熟行业，行业竞争充分而激烈。价格战是常用竞争手段，销售毛利率自然不会太高。消费品行业挂牌公司成长性评价前 10 名见表 56。

表 56　消费品行业挂牌公司成长性评价前 10 名

单位：分

代码	简称	上市日期	省份	得分
870077	小狗电器	2016/12/6	北　京	86.38
833881	一森园林	2015/10/20	河　北	76.22
831842	名冠股份	2015/1/22	上　海	74.23

续表

代码	简称	上市日期	省份	得分
834565	特美股份	2015/12/9	浙　江	73.87
837023	芭薇股份	2016/5/13	广　东	73.41
834886	久正工学	2015/12/31	江　苏	72.44
835639	砺德光电	2016/1/15	福　建	72.20
838711	韩都电商	2016/12/28	山　东	72.09
834244	星 美 灿	2015/11/16	广　东	71.86
836463	云 中 鹤	2016/3/31	广　东	71.46

（六）创新性评价

从创新性指标来看，消费品行业挂牌公司平均得分仅 44.16 分，最高分 74.80 分，最低分 14.28 分，标准差 10.45 分。从创新性的分指标来看，创新投入指标平均得分 32.33 分，最高分 85.25 分，最低分 12.29 分，标准差 10.75 分。创新产出指标平均分 61.91 分。挂牌公司创新性评价的区间分布呈金字塔形分布。2.16% 的企业得到“好”的评价，4.86% 的企业得到“较好”的评价，5.95% 的企业得到“一般”的评价，9.73% 的企业得到“较差”的评价，77.30% 的企业得到“差”的评价（见图 14）。

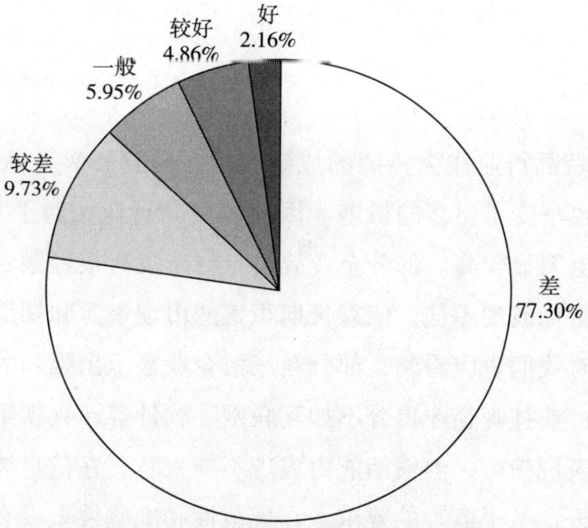

图 14　消费品行业挂牌公司创新性评价分布

从分项指标来看，消费品行业对创新投入不够，但由于是传统成熟行业，保有一定量的知识产权成果。消费品行业挂牌公司创新性评价前10名见表57。

表57　消费品行业挂牌公司创新性评价前10名

单位：分

代码	简称	上市日期	省份	得分
870189	百泰国礼	2016/12/9	广　东	74.80
834520	万 佳 安	2015/12/7	广　东	70.47
835834	达伦股份	2016/2/19	江　苏	69.14
834810	斯 得 福	2015/12/9	江　苏	68.82
430581	八亿时空	2014/1/24	北　京	66.88
831776	中 云 创	2015/1/13	河　南	63.97
835320	诺斯贝尔	2016/1/13	广　东	63.60
430476	海能仪器	2014/1/24	山　东	63.55
832997	盛纺股份	2015/7/29	江　苏	63.25
834565	特美股份	2015/12/9	浙　江	62.66

（七）总结

2016年消费品行业作为传统的成熟行业，受到新兴互联网行业的一定冲击，但同时也享受了更多的机遇。因此消费品行业相对于其他行业来说，在得分标准差上明显较高。部分企业故步自封，没有很好融入新一轮物联网浪潮之中，各指标表现不佳，依靠长期积累的市场资源和知识产权成果维持企业经营。同时我们也应看到，部分新三板企业显示出强劲的势头。整体上来看，消费品行业挂牌企业得分不如互联网、软件等新兴朝阳产业，在持续经营能力方面表现尚可，但偿债能力表现不如人意。在信息披露方面，各行业表现比较相近，基于监管的要求，在规范性和准确性上没有太大问题，但在完整性和及时性上则相距标准甚远，说明消费品行业挂牌企业需要进一步重视信息披露的完整性和及时性。在成长性方面，消费品企业表现一般，说明行业正面临新一轮的改革与洗牌。创新性研发投入得分过低，显示各挂牌企业对研发工作不够重视，说明各消费品行业挂牌企业应更重视创新投入与研发。

十 建筑地产行业*

建筑地产行业共有175家样本公司参与新三板挂牌公司质量评价，占全部3157家入选样本公司总数的5.54%。

建筑业和房地产业是国民经济的支柱产业，对经济增长和人民生活水平提高有着举足轻重的作用。根据住建部的统计公报，2016年全国建筑业完成总产值193566.78亿元，同比增长7.09%；完成竣工产值112892.60亿元，同比增长2.54%；签订合同总额374272.24亿元，同比增长10.79%，其中新签合同额212768.30亿元，同比增长15.42%；完成房屋施工面积126.42亿平方米，同比增长1.98%；完成房屋竣工面积42.24亿平方米，同比增长0.38%；实现利润6745亿元，同比增长4.55%。

2016年，全国房地产开发投资102581亿元，比2015年名义增长6.9%，其中，住宅投资68704亿元，增长6.4%。房地产开发企业房屋施工面积758975万平方米，比2015年增长3.2%，其中，住宅施工面积521310万平方米，增长1.9%。房屋新开工面积166928万平方米，增长8.1%，其中，住宅新开工面积115911万平方米，增长8.7%。房屋竣工面积106128万平方米，增长6.1%，其中，住宅竣工面积77185万平方米，增长4.6%。2016年，商品房销售面积157349万平方米，比2015年增长22.5%，商品房销售额117627亿元，增长34.8%。

2016年我国建材行业规模以上企业实现主营业务收入61863亿元，同

* 王师，特华财经研究所研究员，主要研究领域为资本市场、区域产业规划。

比增长5.4%，与2015年相比提升2.6个百分点；建材行业利润总额突破4000亿元，同比增长11.2%，与2015年相比提升20.2个百分点。

上述3个行业发展状况与宏观经济周期变化密切相关，2016年经济总体企稳回暖，上述行业业绩表现均好于以往。

（一）与2016年底全市场挂牌公司主要指标对比

为了全面反映建筑地产行业175家样本挂牌公司基础数据形态和分布特点，本部分将建筑地产行业175家样本公司与截至2017年6月20日新三板市场10035家挂牌公司的主要披露指标进行横向对比，从中了解样本公司的形态特征（见表58）。

表58　2016年建筑地产行业样本公司与全市场挂牌公司主要指标均值对比

指标类型	建筑地产行业175家公司	截至2017年6月20日的10035家公司
总市值(万元)	47367.67	61109.5
总资产(万元)	26696.07	27735.28
营业收入(万元)	19346.5	17027.2
净利润(万元)	1308.25	1130.04
员工数量(人)	176	253
员工中受高等教育比重(%)	48.88	30.27
人均营业收入(万元)	109.92	67.30
人均净利润(万元)	7.43	4.47
资产负债率(%)	67.11	40.35
净资产收益率(%)	17.8	6.61
销售毛利率(%)	57.75	34.74
总营业收入年化增长率(%)	11.27	12.42
销售净利率(%)	6.76	6.64
五大客户收入占比(%)	50.98	36.92

续表

指标类型	建筑地产行业 175 家公司	截至 2017 年 6 月 20 日的 10035 家公司
研发投入占营业收入的比例(%)	4.47	3.58
平均股东数量(户)	30.95	37.1
十大股东持股比例(%)	92.72	95.07

*本部分基础数据来自万得咨询系统终端，10035 家挂牌公司中有部分公司的指标数据缺失，因此测算均值过程中忽略了缺省值样本公司，各指标有效数据样本数量为 8000 ~ 10000 个（总市值除外）。

1. 规模指标

从总市值对比来看，无论是建筑地产行业的 175 家样本挂牌公司还是全市场 10035 家挂牌公司，都存在部分公司没有连续竞价交易记录的情况。其中建筑地产行业共有 80 多家公司有市值记录，而全市场有 4000 多家公司有市值记录。将这两个样本公司群体进行市值均值对比，可以看出建筑地产行业样本公司的平均市值要低于全市场 4000 多家有市值记录的挂牌公司。这从中可以看出两个问题：其一，建筑地产行业有市值记录的公司总体规模分布较为均匀，而全市场有市值记录的公司中有很多金融保险及其他大盘股；其二，可能是建筑地产行业样本挂牌公司总体质地较好，很多体量并不大的公司也因其企业投资价值而受到投资者关注，从而实现成交。

在总资产方面，建筑地产行业 175 家挂牌公司和全市场 10035 家公司的平均资产规模差距不大，属于正常区间。

2. 营业指标

从营业收入对比来看，建筑地产行业 175 家样本挂牌公司的平均值要略高于全市场 10035 家公司，建筑地产公司作为经过筛选的具有一定规模和盈利增长表现的优质公司，营业收入高于全市场公司平均水平是正常状态。同时，建筑地产行业中数量最多的是施工工程企业，其平均营业收入规模普遍较大，拉高了平均水平。在净利润方面，两者的对比情况与营业收入一致，建筑地产行业样本挂牌公司的净利润水平略高于全市场公司平均水平。

3. 用工和劳动生产率指标

从员工数量来看，建筑地产行业 175 家样本挂牌公司的平均值要显著低于全市场 10035 家公司。这种反差与传统概念上建筑行业劳动密集型的特点十分不相符。同时，建筑地产行业的人均营业收入也远远高于全市场 10035 家公司的平均水平。造成这种情况的原因可能有：建筑地产行业样本公司属于细分行业龙头企业或区域性龙头企业，市场竞争力很强；很多工程类公司获得总包订单再对外进行分包作业，变相拉高了总体营业收入。从人均劳动生产率指标来看，建筑地产行业的样本挂牌公司无论是人均创收还是人均创利方面都高出全市场公司一大截，甚至超过很多 A 股上市的非金融实业公司。

从人员构成来看，建筑地产行业样本挂牌公司的员工受教育水平远远高于全市场公司总体水平，更高出社会劳动者平均受教育水平。这些样本挂牌公司是行业先进生产力的代表，代表建筑地产领域各个前沿技术领域的佼佼者。

4. 资产负债状况和盈利表现

从资产负债率来看，建筑地产行业样本挂牌公司的平均值要明显高于全市场 10035 家挂牌公司的均值，当然这与行业本身特点相关。除了设计服务等轻资产细分行业公司外，大部分工程类公司以及部分定制化生产的制造企业，都存在在建工程和存货占压资金的问题，因此非上市建筑类企业的资产负债率普遍偏高，建筑地产行业样本挂牌公司的指标应该还在合理的区间内。建筑地产行业样本挂牌公司的净资产收益率要远远高出全市场挂牌公司，但这与全市场挂牌公司没有进行样本筛选有着很大关系。同时表中净资产收益率数值是简单代数均值的结果，没有考虑净利润规模的差异性。如果用全市场公司净利润总额除以全市场公司净资产总额，则得出全市场样本公司加权平均净资产报酬率为 8.93%，也低于建筑地产行业均值将近一半，这说明建筑地产行业样本挂牌公司作为优中选优的样板，盈利水平远远高于整个新三板市场平均水平。特别值得注意的是，建筑地产行业175家公司的销售毛利率竟然高达57.75%，不仅远高于市场平均值，也与建筑地产行业总体低毛利率（地产开发的年化毛利率也很低）的行业状况相去甚远。

5. 产权关系

从股东数量来看，建筑地产行业样本挂牌公司的平均股东数量要略微少于全市场10035家挂牌公司，但两者差异不大。主要原因可能是建筑地产类挂牌公司挂牌时间普遍偏晚，因此新三板市场公开投资者介入不多，导致股东构成以原有股东为主，公众股东人数少。从股权集中程度来看，建筑地产行业样本挂牌公司的十大股东持股比例要低于全市场公司平均水平。这可能是由于建筑地产行业（不包括房地产开发）都是人力资本密集的行业，所以需要大范围的管理层核心技术人员员工持股以巩固公司业务团队，导致持股比例集中度降低。

（二）与其他13个设定行业样本公司得分和数据形态对比

从表59可以清晰地看到建筑地产行业样本公司平均得分在所有设定行业中的位次。在总分排名方面，建筑地产行业排名第5。总体上看，建筑地产行业样本挂牌公司处于所有3157家样本公司中的中上游水平。

从4项一级指标得分均值排名结果来看，只有成长性一项指标的排名比总分排名靠前。持续经营能力和信息披露质量两项一级指标的排名均比总分排名靠后，而创新性指标的排名则在14个设定行业的倒数位置。

从表60可以看出，建筑地产行业挂牌公司只在成长性一级指标方面有着明显领先优势，而持续经营能力和信息披露质量两个一级指标相对劣势不显著。

此外，按照所有3157家样本公司的总分高低，将其分为a、b、c、d四区间。从建筑地产行业175家样本挂牌公司的总分四区间分布来看，总体上呈现“两边高、中间低”的态势，主要是得分最高的a区间和得分最低

表 59　14 个设定行业总分均值排行和 4 个一级指标得分均值对比

单位：分

设定行业	持续经营能力得分	排名	信息披露质量得分	排名	成长性得分	排名	创新性得分	排名	总分	排名
电气设备	58.64	11	70.27	13	58.03	10	51.70	2	58.15	8
电子信息	60.51	5	70.47	10	57.05	14	48.56	5	57.97	9
互联网	65.08	1	71.80	1	62.28	2	46.12	7	60.63	2
机械	57.72	13	70.33	11	62.25	3	49.79	3	58.46	7
建筑地产	59.84	8	70.58	7	63.59	1	45.23	11	58.54	5
金属矿冶	57.54	14	71.00	5	59.68	6	48.99	4	57.65	10
能源化工	59.73	9	70.48	9	58.13	9	42.86	14	56.45	14
软件信息	63.94	4	71.35	4	60.48	5	45.30	10	59.41	3
生产服务	58.36	12	70.54	8	57.85	11	45.67	9	56.67	13
生活服务	64.05	3	71.51	3	57.43	13	46.99	6	59.15	4
食品	59.48	10	70.28	12	57.66	12	44.93	12	56.77	12
文化	64.16	2	71.76	2	58.56	8	53.89	1	61.28	1
消费品	59.94	7	70.07	14	59.63	7	44.16	13	57.24	11
医药	60.24	6	70.97	6	62.18	4	46.12	8	58.54	6
全行业	60.45		70.74		59.68		46.89		58.20	

表 60　14 个设定行业总分均值和 4 个一级指标得分均值对全行业对应指标均值的相对数

单位：分

设定行业	持续经营能力	信息披露质量	成长性	创新性	总分
电气设备	97.01	99.34	97.24	110.25	99.90
电子信息	100.10	99.62	95.60	103.56	99.59
互联网	107.66	101.51	104.37	98.35	104.17
机械	95.49	99.43	104.31	106.18	100.45
建筑地产	99.00	99.77	106.55	96.47	100.58
金属矿冶	95.18	100.37	100.00	104.48	99.06
能源化工	98.82	99.63	97.40	91.41	96.99
软件信息	105.77	100.86	101.35	96.61	102.08
生产服务	96.55	99.73	96.93	97.39	97.37
生活服务	105.97	101.09	96.23	100.22	101.62
食品	98.40	99.36	96.62	95.83	97.54
文化	106.14	101.44	98.12	114.92	105.28
消费品	99.16	99.06	99.92	94.18	98.34
医药	99.66	100.33	104.19	98.35	100.57
全行业	100.00	100.00	100.00	100.00	100.00

的 d 区间样本公司数量较多，而居中两个区间的样本公司相对较少（见表 61）。这也可以看出建筑地产行业样本公司的得分分化情况较为严重，总体上，前半段区间样本公司数量略多于后半段区间。

表 61　14 个设定行业样本公司四区间数量分布

设定行业	总计	区间 a	区间 b	区间 c	区间 d	前半段	后半段
电气设备	151	27	51	34	39	78	73
电子信息	377	86	99	93	99	185	192
互联网	217	91	51	52	23	142	75
机械	390	108	101	91	90	209	181
建筑地产	175	48	43	38	46	91	84

续表

设定行业	总计	区间 a	区间 b	区间 c	区间 d	前半段	后半段
金属矿冶	120	25	32	32	31	57	63
能源化工	283	34	62	90	97	96	187
软件信息	338	117	78	90	53	195	143
生产服务	315	52	73	78	112	125	190
生活服务	92	30	24	18	20	54	38
食品	202	35	38	61	68	73	129
文化	118	57	33	13	15	90	28
消费品	185	35	50	45	55	85	100
医药	194	45	54	54	41	99	95
全行业	3157	790	789	789	789	1579	1578

（三）建筑地产行业得分排名靠前样本公司

在建筑地产行业175家样本挂牌公司中，总分排名前10的公司名单和得分情况如表62所示。

表62　建筑地产行业样本挂牌公司总分排名前10公司

单位：分

代码	简称	省份	万得三级行业	持续经营能力	信息披露质量	成长性	创新性	总分	总分排行
836646	博德维	广东	建筑装饰和其他建筑业	74.03	78.75	76.91	70.21	74.64	7
835908	仁创生态	安徽	非金属矿物制品业	72.06	75.00	80.85	68.23	73.80	11
839431	顶上智能	浙江	其他制造业	76.30	65.61	74.86	60.44	70.86	20
835086	房米网	福建	房地产业	70.46	74.13	81.98	54.36	70.01	30
831517	凯伦建材	江苏	非金属矿物制品业	67.88	83.77	72.95	61.73	69.99	32
833015	瑞朗净化	北京	建筑装饰和其他建筑业	71.89	68.96	68.08	66.18	69.32	47
833427	同济设计	江西	专业技术服务业	73.42	68.25	72.58	56.00	68.59	80
832709	达特照明	广东	建筑装饰和其他建筑业	64.14	69.13	79.42	64.91	68.58	81
833685	天元信息	山东	专业技术服务业	65.29	74.00	73.26	60.01	67.33	149
837130	中环互联	江西	房地产业	73.12	72.13	82.19	41.60	67.12	158

4 项一级指标得分排名前 10 的样本挂牌公司名单及对应指标得分如表 63所示。

表 63　建筑地产行业样本挂牌公司 4 项一级指标得分排名前 10 样本公司

单位：分

序号	代码	简称	持续经营能力	代码	简称	信息披露质量
1	834209	正合股份	79.10	831562	山水环境	84.43
2	839431	顶上智能	76.30	831517	凯伦建材	83.77
3	836646	博 德 维	74.03	430355	沃特能源	81.53
4	836926	神洁环保	73.98	830949	中窑股份	79.88
5	839584	君旺股份	73.94	837781	重交再生	79.77
6	838384	新港联行	73.49	832377	创 一 佳	79.30
7	833427	同济设计	73.42	836646	博 德 维	78.75
8	837149	远洋亿家	73.28	835235	翌成创意	78.44
9	837130	中环互联	73.12	833041	网信安全	77.69
10	834669	美 易 家	72.77	837149	远洋亿家	77.53
序号	代码	简　　称	成长性	代码	简　　称	创新性
1	837130	中环互联	82.19	430068	纬纶环保	71.23
2	835086	房 米 网	81.98	836646	博 德 维	70.21
3	835908	仁创生态	80.85	835908	仁创生态	68.23
4	838384	新港联行	79.97	832184	陆特能源	67.42
5	832709	达特照明	79.42	834472	盛世园林	67.29
6	836699	海 达 尔	78.85	833015	瑞朗净化	66.18
7	832814	昌耀新材	78.65	832709	达特照明	64.91
8	839869	中广通业	78.25	430678	蓝波绿建	64.60
9	833654	能拓股份	77.76	831092	乾元泽孚	64.37
10	430662	罗曼股份	77.75	831484	久盛生态	63.25

（四）行业内部分类解析

从细分行业构成来看，本部分研究的建筑地产行业 175 家样本公司，彼此之间行业属性差异极大。本报告采用万得四级行业划分信息进行整理加工以获得行业分类信息，万得行业划分的逻辑主要是产品服务终端形态和消费主体，而并没有从企业所在行业特征进行分析。虽然建筑地产行业样本公司都是从事建筑物建设施工和房地产开发相关领域的业务，但按照产品服务形态进一步划分，可以具体划分为7个细分子行业，分别为地产服务、环保园林、机电设备、建材、普通建安工程、设计技术服务、装修工程（见表64）。

表64　建筑地产行业7个细分子行业及样本数量情况

单位：家，%

细分子行业名称	样本公司数量	数量比重	具体业务构成
地产服务	18	10.29	从事房地产开发销售和后期物业管理服务各环节的业务，样本公司中没有地产开发商
环保园林	28	16.00	从事环境保护、污染治理、清洁能源开发利用等项目中工程施工设备安装环节业务，从事园林绿化、室外景观、户外娱乐场所设施等施工（不含建筑立面工程）
机电设备	19	10.86	从事建筑物和构筑物的附属机械电气设备生产制造，包括专属建筑用的节能环保机电产品，不含工程机械制造，也不包括阀门管件、紧固件、小开关、弱电线缆等建筑用低值易耗品（该项属于表下一行中建材部分）
建材	52	29.71	水泥、玻璃、陶瓷等无机非金属材料及制品，建筑用五金制品，各类沙土石材，建筑用塑料型材、门窗等建筑部件，卫生洁具、涂料胶带等建筑用化工产品，脚手架滑膜板等施工用具
普通建安工程	16	9.14	从事节能环保、园林景观和室内装修项目之外的其他土建、房建、公建和工业建筑工程施工作业和设备安装工程
设计技术服务	15	8.57	从事各类建筑、园林、景观、装修装饰、规划以及建筑地产相关水利、电气、环保等领域的设计、规划、制图、特效处理以及研究和咨询服务
装修工程	27	15.43	从事各类建筑物内部装修装饰施工，包括楼宇自动化、安防监控和弱电工程，以及楼宇广告等建筑物立面装饰工程

通过上述7个细分子行业分类来看，建筑地产行业作为一个设定行业，实际横跨了工业制造业（机电设备、建材）、工程施工行业（环保园林、普通建安工程、装修工程）以及生产性服务业或专业技术服务业（地产服务和设计技术服务）。当然由于兼业的情况，以上划分也并不完全到位，很多从事工程施工的企业也兼营建筑用品材料生产，很多制造业企业（特别是机电制造企业）也从事工程施工，而很多工程施工企业也提供设计技术服务。

1. 细分子行业样本数量对比

从7个细分子行业样本公司数量比重来看，数量最多的是建材行业，占比接近30%，这主要是由于建材行业本身细分领域多而杂，行业集中度极低且地域性强。其他6个细分子行业公司数量分布较为均匀，比较多的是环保园林、装修工程行业，同样是市场集中度低、地域分散，样本数量最少的细分子行业是设计技术服务行业。值得注意的是，建筑设计类公司在A股市场也十分少见，[①] 可能与该类公司融资需求不迫切、高度依赖人才、人合性强于资合性的特殊行业属性有关。

2. 建筑地产行业样本公司区域分布特点

建筑地产行业的175家样本公司，从区域分布上看，基本与新三板市场总体分布规律相一致，东部沿海发达地区比重较高，中西部省份相对较少，但分布较为分散，除了青海、西藏外几乎所有内地省都有样本公司分布。

从样本公司注册地具体数量比重看，广东当之无愧成为第一大省，接下来是江苏和浙江，再就是上海、山东以及北京，这6个东部省份样本挂牌公司数量占比接近六成（见图15）。样本公司地域集中度要远高于整个新三板挂牌公司的地域集中度。这种情况不难理解，一方面是上述省份本身挂牌公司数量领先，另一方面也是产业地理格局造成的。广东和山东是全国建材家居产业（特别是陶瓷、铝材家具等）的生产重镇，广东还是国内装修装潢

① 实际上，国际知名的设计机构如SOM、Gensler、RTKL、KPF等也没有上市。

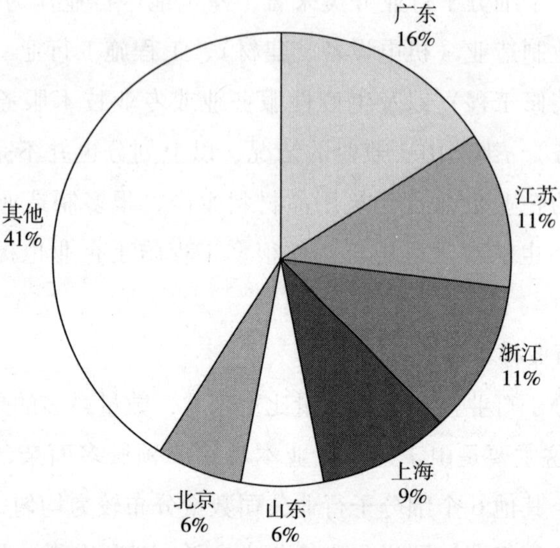

图 15　建筑地产行业样本挂牌公司注册数量分布

行业和园林绿化行业的发源地；江苏和浙江是建筑大省，国内大型龙头民营建筑集团悉数分布于此；上海和北京是国内房地产业超一线城市，坐拥高层次人才和市场的优势。

在中西部地区，样本公司也主要分布于少数几个省会和中心城市。在所有样本挂牌公司中，除了少数制造业企业外，基本上没有分布于县级及以下行政区域的。特别是设计和商务服务类企业，主要集中于百万人口以上特大城市。

3.7个细分子行业总分排名和一级指标对比

从7个细分子行业的排名数据来看，总分排名次序依次是：设计技术服务、地产服务、机电设备、装修工程、普通建安工程、环保园林和建材行业（见表65）。如果将其中排名第四的装修工程行业和排名第六的环保园林行业调换位置，基本上就可以看出，细分子行业得分排名与技术知识密集程度完全正相关，与样本数量呈现显著的负相关。这也与本书总体评价结果相吻合，即越是轻资产、越是依靠人力资本的挂牌公司或者行业得分越高。

表65　建筑地产行业7个细分子行业总分排名和4个一级指标得分对比

单位：家，分

细分行业	数量	持续经营能力得分	排名	信息披露质量得分	排名	成长性得分	排名	创新性得分	排名	总分	排名
地产服务	18	66.43	1	72.09	1	68.25	1	41.19	7	61.23	2
环保园林	28	57.41	6	71.78	2	62.08	6	45.97	3	57.59	6
机电设备	19	59.54	5	70.52	4	63.86	3	47.03	1	58.89	3
建材	52	57.22	7	70.44	5	62.78	5	45.18	5	57.31	7
普通建安工程	16	61.54	3	68.49	7	59.85	7	45.24	4	57.93	5
设计技术服务	15	62.97	2	71.30	3	68.12	2	46.94	2	61.44	1
装修工程	27	60.51	4	69.46	6	63.12	4	45.06	6	58.59	4
总计	175	59.84		70.58		63.59		45.23		58.54	

从4个一级指标得分排名来看，持续经营能力得分排名与总分排名基本一致，不同的是地产服务行业获得了第一名，普通建安工程行业超过机电设备行业排名第三。信息披露质量得分排名与总分排名差别较大，总体特征是，业务管理复杂程度越低的细分行业，总体得分越高。在成长性方面，地产服务受惠于房地产销售回暖，因此业绩增长最好，普通建安工程作为相对传统的落后产业，增长速度有限。在创新性方面，这个一级指标是整个建筑地产行业的相对弱项，其中表现相对突出的是机电设备和设计技术服务行业，这也与细分行业技术密集特点密切相关，而地产服务行业不涉及科技研发内容，所以得分最低。

4.7个细分子行业4类二级指标对比

对7个细分子行业挂牌公司而言，造成上述4个一级指标得分出现分化的原因正是4大类11项二级指标数据的差异，二级指标相比一级指标更加接近现实情况，每个二级指标均代表了样本挂牌公司某一层面的信息，因此有必要按照细分子行业对11个二级指标逐一进行分析。

（1）持续经营能力方面的3项二级指标

持续经营能力项下的3个指标，分别反映了挂牌公司截然不同的3个方面，但财务质量和经营风险两个二级指标之间可以看出明显的关联性。特别是财务质量指标得分，细分行业排名与总分排名关联度很高。

如表66所示，在财务质量指标方面，作为轻资产运作的地产和设计技术服务行业，财务报表数据表现最为理想，分列前两位。装修工程行业，相比其他工程施工行业，面对更多的是零售客户，较少存在垫资或回款问题，现金流状况良好，得分也很高。[①] 建材行业作为制造业，同时也是样本公司最多的子行业，财务业绩较为平庸，得分排名居中。机电设备作为制造业，与建材行业有着一定共性，但建筑用机电设备很多是定制化生产，因此资金、存货占压较为严重，在一定程度上影响了样本挂牌公司的财务业绩表现。普通建安工程和环保园林行业作为两个面向对公客户的工程施工行业，

① 当然，这也与国内家装行业价格不透明、装修企业利润率高有关。

普遍存在严重的资金周转问题，因此得分最低。

在经营风险指标方面，轻资产的地产服务行业依然位居细分子行业榜首；第二名是普通建安工程行业，这与该行业固定资产比重不高有着很大关系；同样轻资产的设计技术服务行业排名第三。后四位排序基本上就是按照细分行业资本密集程度的升序排列，建材行业作为制造业，设备投入比重较大，受下游市场需求波动敏感，因此经营风险最高。

在公司治理方面，这一指标得分受公司所有制性质、创始人经历背景、企业历史沿革、股东构成、管理层教育水平、地域文化等多重因素影响，与公司行业业务关系不大，故此处不具体展开论述。

表 66　建筑地产行业 7 个细分子行业持续经营能力二级指标得分对比

单位：家，分

细分行业	数量	财务质量得分	排名	经营风险得分	排名	公司治理得分	排名
地产服务	18	65.84	1	75.32	1	58.32	4
环保园林	28	51.41	7	67.50	5	55.30	7
机电设备	19	53.66	5	68.97	4	57.96	5
建材	52	53.91	4	62.40	7	56.46	6
普通建安工程	16	52.51	6	73.08	2	62.03	2
设计技术服务	15	60.18	2	67.09	3	62.57	1
装修工程	27	54.96	3	69.65	6	58.76	3

（2）信息披露质量方面的 4 项二级指标

信息披露质量指标得分以及旗下 4 个二级指标项目得分，是与总分关系最不密切的部分。而 4 个二级指标之间也存在较大差异。具体而言，如表 67 所示，在准确性方面，机电设备、环保园林和设计技术服务 3 个细分子行业的表现最好，这与 3 个行业技术密集、从业人员专业素质高有关。在完整性方面，地产服务、普通建安工程、设计技术服务 3 个细分子行业表现最好，这说明作为项目导向的业务模式，需要较为频繁地进行信息披露。在及时性方面，情况有些不同，设计技术服务、普通建安工程和装修工程 3 个细分子行业，财务核算较为复杂，影响了挂牌公司年报的发布时间。在规范性方面，没有得到满分的子行业都是因为有个别公司受到股转公司处罚，因此个案没有普遍研究意义。

表 67　建筑地产行业 7 个细分子行业信息披露质量二级指标得分对比

单位：家，分

细分行业	数量	准确性得分	排名	完整性得分	排名	及时性得分	排名	规范性得分	排名
地产服务	18	89.33	5	45.01	1	54	1	100	1
环保园林	28	92.71	2	41.80	4	52.59	3	100	1
机电设备	19	95.58	1	37.35	7	52.84	2	96.32	6
建材	52	90.77	4	38.93	5	52.08	4	100	1
普通建安工程	16	83.50	7	43.26	2	50.96	6	96.25	7
设计技术服务	15	91.47	3	42.75	3	50.97	5	100	1
装修工程	27	89.33	5	37.62	6	50.88	7	100	1

（3）成长性方面的 2 项二级指标

如表 68 所示，作为建筑地产行业相对所有样本公司表现最好的一级指标，7 个细分子行业之间也有较大的差距。成长能力得分子项，7 个细分子行业排名与一级指标排名基本一致，只不过是设计技术服务行业和装修工程行业换了位置，显然房地产销售市场火热，面向终端市场的装修行业受益最为直接。从成长空间得分排名来看，设计技术服务和地产服务行业得分最高，技术含量不高、依靠廉价劳动力投入的传统行业普通建安工程和装修工程得分最低。

表 68　建筑地产行业 7 个细分子行业成长性二级指标得分对比

单位：家，分

细分行业	数量	成长能力得分	排名	成长空间得分	排名
地产服务	18	78.45	1	58.04	2
环保园林	28	69.81	6	54.35	5
机电设备	19	72.65	3	55.07	4
建材	52	69.84	5	55.72	3
普通建安工程	16	67.81	7	51.88	7
设计技术服务	15	71.90	4	64.33	1
装修工程	27	73.52	2	52.73	6

（4）创新性方面的 2 项二级指标

相比于被列入战略新兴产业范畴的其他设定行业，建筑地产行业在创新性一级指标得分方面存在一定程度的劣势。具体到两个二级指标得分上，需要大规模技术和创意研发投入的设计技术服务、环保园林和装修工程行业得分较高；而属于传统制造业的建材行业得分最低。在创新产出方面，建材和机电设备两个制造业，由于产品销售、品牌推广需要专利技术的保护，所以平均申请专利数量最多，得分最高；以提供服务为主要收入来源的设计技术服务和装修工程行业，则对申请专利并不迫切，同时也没有实物产品可以用于申请专利，所以得分最低。①

表 69　建筑地产行业 7 个细分子行业创新性二级指标得分对比

单位：家，分

细分行业	数量	创新投入得分	排名	创新产出得分	排名
地产服务	18	32.86	6	53.69	3
环保园林	28	42.05	2	51.84	5
机电设备	19	36.39	5	62.99	2
建材	52	32.07	7	64.84	1
普通建安工程	16	40.40	4	52.50	4
设计技术服务	15	44.33	1	50.86	6
装修工程	27	41.47	3	50.44	7

十一　电气设备行业*

（一）行业概况

近年来，随着能源互联网的发展，电气行业受到一定的冲击，尤其是

① 该项二级指标得分排名中，地产服务行业排名较靠前，虽然该细分子行业也是服务行业，但有大半企业开展网上业务平台建设，因此申请了很多与在线地产业务相关的技术专利。

* 孙舒宁，法学博士，特华博士后科研工作站博士后，主要研究领域为中东欧经济、转型经济学。

2016年来，面对需求放缓的国内市场，电气产品厂家效益时好时坏。对发电设备行业来说，国家实行更加严格的环保标准和考核制度，使得发电设备市场进一步加快向高效清洁能源和新能源方向发展。多年以来火电在我国发电设备中一直占很大比重，资源环境的压力越来越大，无论是从资源供应角度还是从环境承载能力角度分析，作为耗煤大户的发电设备行业“转型升级，结构调整”的压力都较大。对输变电设备行业来说，特高压电网建设和城网、农网改造为其提供了广阔的市场空间，智能化已经成为电网建设的常态化要求。全行业要直面产能严重过剩、产品售价持续走低以及企业盈利能力普遍下降等共性问题，加强创新能力，实现结构调整和转型升级。输变电设备行业要从跟随用户需求制造产品的“被动创新”向积极引导用户需求研制新产品的“主动创新”转变，从制造单一设备向提供输变电成套设备、承建输变电工程转变。

（二）行业挂牌公司质量评价

本报告提取电气行业挂牌公司样本151家。电气行业综合质量评分的平均值为58.15分，最高分71.17分，最低分45.1分，标准差为5.26分。在整体行业中处于中游偏下水平，标准差不大，综合质量上数据离散程度不强。

表70　电气行业挂牌公司质量评价分布

单位：家，%

质量评价	综合质量		持续经营能力		信息披露质量		成长性		创新性	
	数量	占比	数量	占比	数量	占比	数量	占比	数量	占比
差	13	8.61	24	15.89	0	0	27	17.88	76	50.33
较差	39	25.83	28	18.54	1	0.66	22	14.57	22	14.57
一般	62	41.06	42	27.81	5	3.31	51	33.77	18	11.92
较好	29	19.21	43	28.48	30	19.87	30	19.87	22	14.57
好	8	5.30	14	9.27	115	76.16	21	13.91	13	8.61

从挂牌公司综合质量评价的区间分布来看，分布呈现纺锤形，8.61%企业得到“差”的评价，25.83%的企业得到“较差”的评价，41.06%的企

业得到“一般”的评价，19.21%的企业得到“较好”的评价，5.30%的企业得到“好”的评价（见表70和图16）。

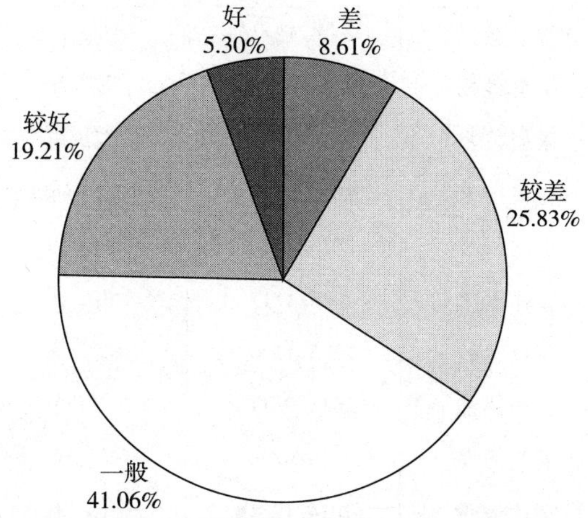

图16 电气行业挂牌公司综合质量评价分布

表71 电气行业挂牌公司质量总体评价

单位：分

项目	平均值	最高分	最低分	标准差
综合质量	58.15	71.17	45.1	5.26
1. 持续经营能力	58.64	75.90	39.69	6.82
1.1 财务质量	55.64	86.37	29.67	10.14
1.2 经营风险	62.98	92	32.31	10.8
1.3 公司治理	58.29	88.5	23.75	12.72
2. 信息披露质量	70.27	79.45	55.05	4.34
2.1 准确性	89.74	100.00	12	17.06
2.2 完整性	39.38	76.07	10.54	12.31
2.3 及时性	51.95	81.71	23.43	7.01
2.4 规范性	100	100.00	100	0
3. 成长性	58.03	78.72	31.10	8.77
3.1 成长能力	69.76	98.15	25.64	13.39
3.2 成长空间	46.31	74.47	21.11	9.01
4. 创新性	51.70	87.54	21.90	11.95
4.1 创新投入	41.70	80.30	16.73	12.56
4.2 创新产出	66.70	100.00	10.00	21.38

表 72　电气行业挂牌公司综合质量前 10 名

单位：分

代码	简称	上市日期	省份	得分
870229	特通电气	2016/12/16	黑龙江	71.17
835481	锦浪科技	2016/1/20	浙　江	70.18
430425	乐创技术	2014/1/24	四　川	69.00
833333	科雷斯普	2015/8/18	江　苏	68.98
832714	思晗科技	2015/7/14	四　川	68.94
831681	智洋电气	2015/1/12	山　东	68.79
834106	亚派科技	2015/11/9	江　苏	68.63
833452	星辰热能	2015/9/11	广　东	68.56
836945	紫光照明	2016/5/20	广　东	67.98
831533	绩优股份	2014/12/18	上　海	67.61

（三）持续经营能力评价

从持续经营能力来说，电气行业挂牌公司平均得分 58.64 分，最高分 75.90 分，最低分 39.69 分，标准差 6.82 分（见表 71）。从挂牌公司持续经营能力评价的区间分布来看，大体分布较为平均，9.27% 的企业得到“好”的评价，28.48% 的企业得到“较好”的评价，27.81% 的企业得到“一般”的评价，18.54% 的企业得到“较差”的评价，15.89% 的企业得到“差”的评价（见图 17）。

在 3 个分项指标中，财务质量平均得分 55.64 分，最高分 86.37 分，最低分 29.67 分，标准差 10.14 分；经营风险平均得分 62.98 分，最高分 92 分，最低分 32.31 分，标准差 10.8 分；公司治理平均得分 58.29 分，最高分 88.5 分，最低分 23.75 分，标准差 12.72 分。电气行业挂牌公司持续经营能力得分均不高，其中财务质量与公司治理得分都较低，说明电气行业挂牌公司在公司治理方面仍有加强的空间，财务质量在 3 个分指标中得分最

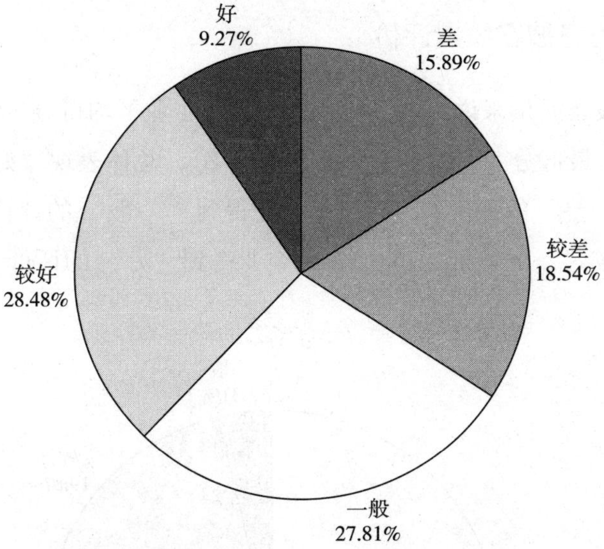

图 17　电气行业挂牌公司持续经营能力评价分布

低，显示电气行业挂牌公司在财务方面面临一定的压力，经营风险尚可。电气行业挂牌公司持续经营能力前 10 名见表 73。

表 73　电气行业挂牌公司持续经营能力前 10 名

单位：分

代码	简称	上市日期	省份	得分
430674	巴 兰 仕	2014/4/10	上　海	75.90
835481	锦浪科技	2016/1/20	浙　江	75.63
836493	和信瑞通	2016/3/23	北　京	72.73
838585	智能科技	2016/8/16	北　京	71.52
836945	紫光照明	2016/5/20	广　东	71.40
833452	星辰热能	2015/9/11	广　东	71.39
832977	伊 斯 曼	2015/7/30	上　海	70.68
831533	绩优股份	2014/12/18	上　海	70.54
870229	特通电气	2016/12/16	黑龙江	70.47
834262	康富科技	2015/11/11	江　西	69.64

（四）信息披露质量评价

从信息披露质量来说，电气行业样本挂牌企业平均得分70.27分，最高分79.45分，最低分55.05分，标准差4.34分，总体表现“好”。0.66%的企业得到“较差”的评价，3.31%的企业得到“一般”的评价，19.87%的企业得到“较好”的评价，76.16%的企业得到“好”的评价（见图18）。

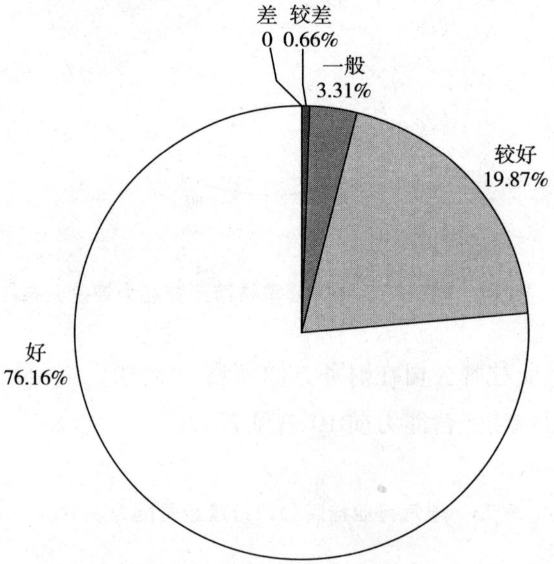

图18　电气行业挂牌公司信息披露质量评价分布

从各分项指标来看，信息披露准确性和规范性表现优异，平均分分别达到89.74分和100分。说明挂牌企业能够较好地完成信息披露义务，并且信息准确性较高，很少出现补充或更正情况。但是信息披露完整性和及时性表现则要差得多，平均分只有39.38分和51.95分。一方面说明挂牌企业尚未形成完善的信息披露体系，另一方面也说明挂牌企业尚未完全转变经营思路，未能充分履行公开市场企业身份的义务，信息披露更多是为了达到股权系统相关规章制度的要求。信息披露质量得分最高的10家企业见表74。

表 74　电气行业挂牌公司信息披露质量前 10 名

单位：分

代码	简称	上市日期	省份	得分
835751	华天成	2016/2/2	广东	79.45
870341	振华新材	2016/12/28	广东	79.11
831396	许昌智能	2014/12/3	河南	78.29
830776	帕特尔	2014/6/9	黑龙江	78.01
831385	大地和	2014/12/8	广东	77.77
870014	金牛电气	2016/12/8	安徽	77.41
870270	大西科技	2016/12/9	福建	76.96
835544	万盛智能	2016/1/14	浙江	76.60
430263	蓝天环保	2013/7/22	北京	76.09
831269	博凡动力	2014/11/5	浙江	75.86

（五）成长性评价

从成长性来看，电气行业各样本公司表现“一般”，平均得分 58.03 分，最高分 78.72 分，最低分 31.10 分，标准差 8.77 分。其中，成长能力平均得分 69.76 分，成长空间平均得分 46.31 分。挂牌公司成长性评价的区间分布较为平均，13.91%的企业得到“好”的评价，19.87%的企业得到“较好”的评价，33.77%的企业得到“一般”的评价，14.57%的企业得到“较差”的评价，17.88%的企业得到“差”的评价（见图 19）。

从各分项指标来看，体现成长能力的营业收入增长率平均得分 68.72 分，净利润增长率平均得分 71.97 分，总资产增长率平均得分 68.93 分，整体表现较好，绝大多数企业均实现较快的业绩增长。但是各企业销售毛利率得分较低，只有 32.82 分，主因在于电气行业属于成熟行业，行业竞争充分而激烈。价格战是常用竞争手段，销售毛利率自然不会太高。电气行业挂牌公司成长性评价前 10 名见表 75。

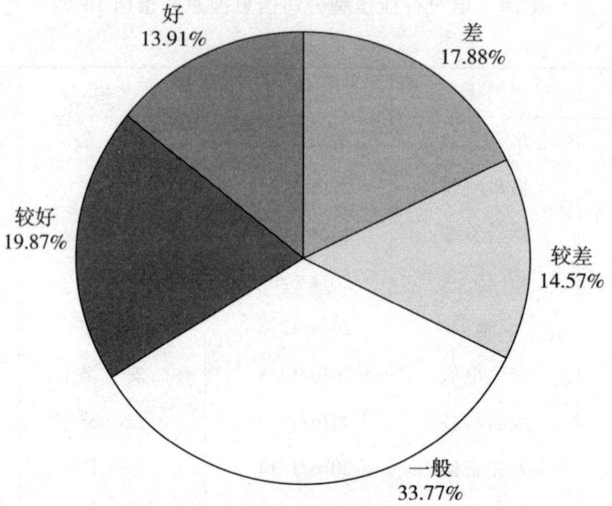

图 19 电气行业挂牌公司成长性评价分布

表 75 电气行业挂牌公司成长性评价前 10 名

单位：分

代码	简称	上市日期	省份	得分
832714	思晗科技	2015/7/14	四川	78.72
833333	科雷斯普	2015/8/18	江苏	77.99
833492	奇石缘	2015/9/10	四川	77.73
836945	紫光照明	2016/5/20	广东	74.52
833616	金锂科技	2015/9/25	江西	72.43
832977	伊斯曼	2015/7/30	上海	71.29
838585	智能科技	2016/8/16	北京	70.96
838232	加勒股份	2016/8/11	江苏	70.86
837276	明瑞智能	2016/5/18	安徽	70.77
833452	星辰热能	2015/9/11	广东	70.10

（六）创新性评价

从创新性指标来看，电气行业挂牌公司平均得分仅 51.70 分，最高分

87.54分，最低分21.90分，标准差11.95分。从创新性的分指标来看，创新投入指标平均得分41.70分，最高分80.30分，最低分16.73分，标准差12.56分。创新产出指标平均分66.70分，最高分100分，最低分10分，标准差21.38分。挂牌公司创新性评价的区间分布呈现金字塔形，8.61%的企业得到"好"的评价，14.57%的企业得到"较好"的评价，11.92%的企业得到"一般"的评价，14.57%的企业得到"较差"的评价，50.33%的企业得到"差"的评价（见图20）。电气行业挂牌公司创新性评价前10名见表76。

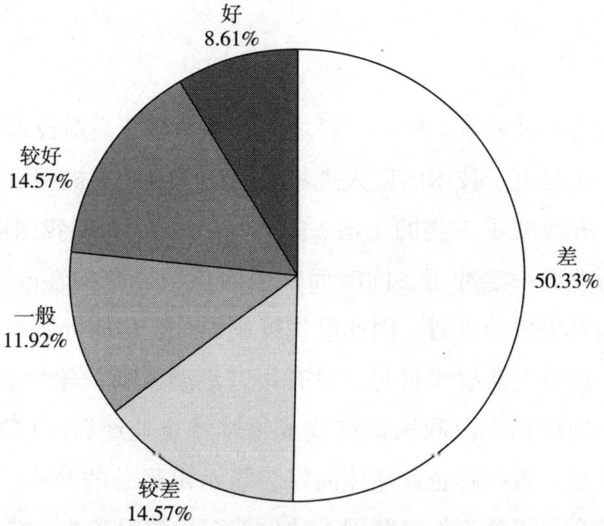

图20　电气行业挂牌公司创新性评价分布

表76　电气行业挂牌公司创新性评价前10名

单位：分

代码	简称	上市日期	省份	得分
834626	弗尔赛	2015/12/4	江　苏	87.54
430425	乐创技术	2014/1/24	四　川	77.40
831681	智洋电气	2015/1/12	山　东	77.36

续表

代码	简称	上市日期	省份	得分
835629	华伟股份	2016/1/25	广 东	72.79
839165	捷宝科技	2016/9/5	广 东	72.19
832414	精湛光电	2015/5/19	江 苏	71.59
832292	曙光电缆	2015/4/22	江 苏	71.42
835490	易 司 拓	2016/1/15	江 苏	71.01
870229	特通电气	2016/12/16	黑龙江	70.97
836411	川铁电气	2016/3/23	天 津	69.31

（七）总结

电气是现代科技领域的核心学科之一，更是当今高新技术领域不可或缺的关键学科。正是电子技术的巨大进步才推动了以计算机网络为基础的信息时代的到来，并改变了人类的生活、工作模式。2016 年我国电气行业受到新兴互联网行业的一定冲击，同时面临国内供给侧结构性改革的压力和影响，但同时拥有更多的机遇。因此电气行业相对于其他行业来说，得分标准差明显较高。部分企业故步自封，没有很好地融入新一轮物联网浪潮之中，依靠长期积累的市场资源和知识产权成果维持企业经营。但同时我们也看到，电气行业新三板挂牌企业整体向好，显示出强劲的势头。整体上来看，电气行业挂牌企业得分不如互联网、软件等新兴朝阳产业，在持续经营能力方面表现尚可，但财务状况并不尽如人意。在信息披露规范性和准确性上没有太大问题，但在完整性和及时性上表现不佳，说明电气行业挂牌企业需要进一步重视信息披露的完整性和及时性。在成长性方面电气企业表现一般，由于电力行业属于发展时间长的成熟行业，新的增长点不多、成长空间不大是各电力行业企业所面临的共同问题。创新性指标中研发投入得分过低，显示各挂牌企业对研发工作不够重视，但基于长期积累的知识产权成果，在这方面取得相对尚可的得分，说明各电气行业挂牌企业应更为重视创新投入与研发。

十二 金属矿冶行业*

（一）行业概况

金属矿冶行业属于制造业，主要包括金属、非金属和采矿等行业。这些行业领域均与黑色金属和有色金属关系紧密。金属为工业和建筑业的基本材料，是生产的重要前提。金属业市场受国家政策、下游工业生产和固定资产投资的影响很大，其运营情况成为国民经济形势的重要指标。

2016 年，随着国家生态文明建设的不断进步，金属行业尤其是传统的钢铁冶炼行业产量下降明显。但是，一些技术创新为该行业的发展指出了新的出路，特别是催化剂等新材料方面，已被纳入国家发展的重点支持领域。

（二）行业挂牌公司质量总体评价

在金属矿冶行业新三板挂牌企业中，民营企业占主体。作为典型的资源加工型行业，金属矿冶行业挂牌公司主要分布在辽宁、山东、江苏等重工业发达省份，以及湖南、云南等金属资源产区，大部分企业远离中心城市。

从挂牌企业的经营时间看，大部分企业经营时间较长。2016 年，金属矿冶行业作为传统制造业，整体运营状况不佳，较难获得资本市场和投资者的认可，在新三板市场上不是上市的主要行业。

截至 2016 年底，金属矿冶行业新三板挂牌企业为 626 家。本报告提取样本公司 120 家，占比较小。金属矿冶行业综合质量评分的平均值为 57. 65 分，最高分 70. 13 分，最低分 40. 71 分，标准差 5. 36 分（见表 77）。从挂牌公司综合质量评价的区间分布来看，整体情况可观，“一般”及“较好”占主体。其中处于“好”区间的公司 0 家，处于“差”区间的公司 0 家，

---

* 夏陆然，助理研究员，特华博士后科研工作站博士后，现就职于交通运输部路网监测与应急处置中心，主要研究方向为“一带一路”、政府政策等。

处于“较差”区间的公司0家，处于“一般”区间的公司80家，占66.67%，处于“较好”区间的公司40家，占33.33%（见表78）。

表77　金属矿冶行业挂牌公司质量总体评价

单位：分

项目	平均值	最高分	最低分	标准差
综合质量	57.65	70.13	40.71	5.36
1. 持续经营能力	57.54	76.59	40.65	6.95
1.1 财务质量	53.29	84.02	22.66	11.75
1.2 经营风险	63.33	88.80	24.21	12.61
1.3 公司治理	57.40	81.75	23.75	10.61
2. 信息披露质量	38.62	81.39	14.77	13.00
2.1 准确性	92.70	100.00	24.00	13.12
2.2 完整性	38.62	81.39	14.77	13.00
2.3 及时性	52.68	86.29	21.71	8.81
2.4 规范性	100.00	100.00	100.00	0
3. 成长性	59.68	83.10	31.05	7.76
3.1 成长能力	72.36	98.71	36.06	12.04
3.2 成长空间	47.00	74.91	21.54	7.48
4. 创新性	48.99	75.12	22.77	11.11
4.1 创新投入	39.78	84.88	11.96	12.55
4.2 创新产出	61.73	100.00	10.00	21.80

表78　金属矿冶行业挂牌公司质量评价分布

单位：家，%

质量评价	综合质量		持续经营能力		信息披露质量		成长性		创新性	
	数量	占比	数量	占比	数量	占比	数量	占比	数量	占比
差	0	0.00	0	0.00	0	0.00	0	0.00	0	0.00
较差	0	0.00	0	0.00	0	0.00	1	0.83	24	20.00
一般	80	66.67	77	64.17	1	0.83	62	51.67	75	62.50
较好	40	33.33	43	35.83	116	96.67	56	46.67	21	17.50
好	0	0.00	0	0.00	3	2.50	1	0.83	0	0.00

（三）持续经营能力评价

从持续经营能力来说，金属矿冶行业挂牌公司平均得分 57. 54 分，最高分 76. 59 分，最低分 40. 65 分，标准差 6. 95 分。从挂牌公司持续经营能力评价的区间分布来看，与综合质量情况基本一致，表现“较好”和“一般”的企业分别占 35. 83% 和 64. 17%，没有表现“好”、“差”或“较差”的企业。在 3 个分项指标中，财务质量平均得分 53. 29 分，最高分 84. 02 分，最低分 22. 66 分；经营风险平均得分 63. 33 分，最高分 88. 80 分，最低分 24. 21 分；公司治理平均得分 57. 40 分，最高分 81. 75 分，最低分 23. 75 分（见表 79）。经营风险指标平均得分高于财务质量和公司治理指标平均得分，说明挂牌企业具备较强的经营风险抵御能力，同时公司治理结构和财务质量仍有较大的提升空间。持续经营能力评分最高的 3 家企业分别是天盛股份、泰和股份、皓业彩瓷。

财务质量。如表 79 所示，金属矿冶行业挂牌公司财务质量指标总体表现“一般”，平均得分 53. 29 分。其中，各公司盈利能力指标表现“一般”，平均得分 52. 37 分，偿债能力“一般”，平均得分仅为 52. 68 分，说明金属矿冶行业 2016 年在财务管理、盈利、偿债方面表现中规中矩，较为平稳。在 120 家公司中，资产负债率平均得分为 64. 32 分，利息保障倍数平均得分为 63. 46 分，现金比率表现“较好”，说明相对于挂牌的其他行业，金属矿冶行业的融资环境和经营环境还是较为不错的。运营能力指标平均得分 56. 53 分，表现“一般”，表明企业整体运转较为稳定，当前还有较大提升空间。

经营风险。如表 79 所示，金属矿冶行业挂牌公司经营风险指标总体表现“较好”，平均得分 63. 33 分。其中，主营业务突出指标平均得分 74. 07 分，主营业务稳定指标平均得分 98. 50 分，两项指标分别为“较好”和“好”，说明挂牌企业主营业务均具有较好的持续性和稳定性。

公司治理。如表 79 所示，金属矿冶行业挂牌公司公司治理指标平均得分

57.40 分，表现“一般”。其中控股股东行为指标平均得分较高，为 76.03 分；股权激励和董事会制度指标平均得分较低，分别为 30.17 分和 50.17 分，说明金属矿冶行业挂牌企业股权激励活动较少，董事会制度也亟待加强。

表 79　金属矿冶行业挂牌公司持续经营能力评价

单位：分

项目	平均值	最高分	最低分	标准差
持续经营能力	57.54	76.59	40.65	6.95
A. 财务质量	53.29	84.02	22.66	11.75
盈利能力	52.37	99.83	20.26	16.39
偿债能力	52.68	86.61	20.36	14.25
运营能力	56.53	99.50	32.07	11.49
B. 经营风险	63.33	88.80	24.21	12.61
主营业务突出	74.07	100.00	0.65	28.05
主营业务稳定	98.50	100.00	10.00	11.57
盈利敏感性	45.42	100.00	0.00	24.43
单一客户依赖程度	50.83	100.00	0.00	23.45
C. 公司治理	57.40	81.75	23.75	10.61
控股股东行为	76.03	100.00	19.50	18.80
股权激励	30.17	100.00	30.00	9.00
董事会制度	50.17	100.00	25.00	22.88

（四）信息披露质量评价

从信息披露质量来说，金属矿冶行业挂牌公司平均得分 71.00 分，总体表现“较好”（见表 80）。从挂牌公司信息披露质量评价的区间分布来看，基本分布于“较好”区间，2.50% 的企业得到“好”的评价，96.67% 的企业得到“较好”的评价，0.83% 的企业被评价为“一般”。

从各分项指标来看，信息披露准确性和规范性表现比较突出，说明挂牌企业能够较好地完成信息披露义务，并且信息准确性较高，很少出现补充或更正情况。但是行业信息披露完整性表现差，企业信息披露量较少，这说明挂牌企业尚未形成完善的信息披露体系，也说明挂牌企业尚未完全转变经营思路，未能充分履行公开市场企业身份的义务，信息披露的主要目的是为了履行股权系统相关规章制度规定的基础义务。信息披露质量得分最高的3家企业分别为联瑞新材、宁新新材和新时股份。

表80 金属矿冶行业挂牌公司信息披露质量评价

单位：分

项目	平均值	最高分	最低分	标准差
信息披露质量	71.00	81.14	59.52	3.90
A. 准确性	92.70	100.00	24.00	13.12
是否发布更正或补充报告	92.70	100.00	24.00	13.12
B. 完整性	38.62	81.39	14.77	13.00
信息披露数量	38.62	81.39	14.77	13.00
C. 及时性	52.68	86.29	21.71	8.81
公司年报披露时间	52.68	86.29	21.71	8.81
D. 规范性	100.00	100.00	100.00	0.00
信息披露违规情况	100.00	100.00	100.00	0.00

（五）成长性评价

从成长性指标来看，金属矿冶行业各样本公司表现“一般”，平均得分59.68分，最高分83.10分，最低分31.05分（见表81）。其中，成长能力平均得分72.36分，成长空间平均得分47.00分。成长性指标排名最靠前的3家企业分别为泰和股份、盈博莱和鑫亿鼎。

从各分项指标来看，体现成长能力的营业收入增长率、净利润增长率和总资产增长率整体表现较好，绝大多数企业实现较快的业绩增长。但是各企业成长空间表现“差”，平均得分仅为47.00分。挂牌企业的销售毛利率和全要素生产率较低，原因在于近年来金属行业整体情况一般，且技术效率未有显著提升，因此整个行业的全要素生产率较低。

表 81　金属矿冶行业挂牌公司成长性评价

单位：分

项目	平均值	最高分	最低分	标准差
成长性	59.68	83.10	31.05	7.76
A. 成长能力	72.36	98.71	36.06	12.04
营业收入增长率	76.04	100.00	10.00	16.18
净利润增长率	68.84	100.00	10.00	21.96
总资产增长率	70.97	100.00	10.00	15.94
B. 成长空间	47.00	74.91	21.54	7.48
销售毛利率	41.14	100.00	0.00	17.88
全要素生产率	52.86	100.00	20.00	9.50

（六）创新性评价

从创新性指标来看，金属矿冶行业挂牌表现“差”，平均得分仅 48.99 分，最高分 75.12 分，最低分 22.77 分。挂牌公司创新性评价的区间分布呈现纺锤形，没有得到“好”的评价的企业，17.50% 的企业得到“较好”的评价，62.50% 的企业被评价为“一般”，20.00% 的企业被评价为“较差”，没有被评价为“差”的企业。创新性指标排名最靠前的 3 家企业分别为科得新材、中天引控和泰力松。

从分项指标来看，创新投入指标平均得分 40.49 分，整体表现接近“较差”，主因在于研发经费投入强度整体表现差，平均得分仅为 26.96 分（见表 82）。体现出传统的金属企业科研经费投入很少，这也成为全要素生产率指标得分较低的重要原因。可以说，金属矿冶行业企业整体缺乏技术创新度。创新产出指标平均得分 61.73 分，情况一般，说明金属矿冶行业各企业一般具有一定的专利技术支撑，但是后续科研投入不足，制约了企业未来的发展，行业整体创新质量亟待大幅提升。

表 82　金属矿冶行业挂牌公司创新性评价

单位：分

项目	平均值	最高分	最低分	标准差
创新性	48.99	75.12	22.77	11.11
A. 创新投入	40.49	78.38	11.96	12.55
研发经费投入强度	26.96	100.00	0.00	14.65
员工中本科以上学历人数占比	34.50	100.00	0.00	18.18
人力资本投资回报率	64.53	100.00	10.00	25.79
B. 创新产出	61.73	100.00	10.00	21.80
专利数	61.73	100.00	10.00	21.80

（七）总结

2016 年，金属矿冶行业仍处于投资较快增长时期，在工业经济疲软背景下保持了平稳增长。该行业新三板挂牌企业总体质量呈现平均态势，但质量优异的企业较少。值得关注的是，金属矿冶行业整体在创新能力方面表现一般，绝大多数企业对研发的支持力度较小，对企业持续发展不利。

本报告认为，该行业总体情况为：首先，绝大部分公司处在正常运转过程中，企业信息披露主动性有待加强，需要进一步构建良好的内部控制体系；其次，研发力度亟须加大，以保持核心竞争力；最后，作为传统行业，在完善内部控制体系过程中，也需善用股权激励方式，有效激发企业活力。

十三　文化行业*

（一）行业概况

文化行业主要包括出版、发行、印刷、新媒体等领域。2016 年文化、

* 朱元甲，经济学博士，特华博士后科研工作站博士后，研究方向为股权投资、公司财务。曾供职于中信证券和金石投资有限公司，负责私募股权基金业务，现为北京茂榕投资有限公司合伙人、执行总经理。

体育和娱乐业固定资产投资额达7830亿元，比上年增长16.4%。2016年，全国共出版图书、期刊、报纸、音像制品和电子出版物513.08亿册（份、盒、张），较2015年降低6.81%。其中，出版图书90.37亿册，增长4.32%，占全部数量的17.61%；期刊26.97亿册，降低6.29%，占5.26%；报纸390.07亿份，降低9.31%，占76.03%；音像制品2.76亿盒，降低6.12%，占0.53%；电子出版物2.91亿张，增长35.57%，占0.57%。全国出版图书、期刊、报纸总印张为2196.43亿印张，折合用纸量508.73万吨，与上年相比降低10.83%。其中：图书用纸量占总量的35.90%，提高5.28个百分点；期刊用纸量占总量的6.80%，提高0.11个百分点；报纸用纸量占总量的57.30%，降低5.39个百分点。

截至2016年底，全国共有出版社584家（包括副牌社33家），其中中央级出版社219家（包括副牌社13家），地方出版社365家（包括副牌社20家）。

2016年，全国共出版期刊10084种，平均期印数13905万册，总印数26.97亿册，总印张151.95亿印张，定价总金额232.42亿元。与上年相比，种数增长0.70%，平均期印数下降4.94%，总印数下降6.29%，总印张下降9.43%，定价总金额下降4.34%。

2016年，全国共出版报纸1894种，平均期印数19494.94万份，总印数390.07亿份，总印张1267.27亿印张，折合用纸量291.48万吨，定价总金额408.20亿元。与上年相比，种数下降0.63%，平均期印数下降7.03%，总印数下降9.31%，总印张下降18.50%，定价总金额下降6.00%。

截至2016年底，全国共有音像制品出版单位372家，电子出版物出版单位309家。

2016年，全国共有出版物发行网点163102处，与上年相比下降0.33%。其中新华书店及其发行网点8996处，与上年相比增长0.87%；供销社发行网点75处，与上年相比下降86.03%；出版社自办发行网点420处，与上年相比下降1.18%；邮政系统发行网点39358处；上述系统外批发网点8381处；集个体零售网点105872处。2016年，全国出版物发行网点从业人员 66.03 万人，与上年相比下降 3.60%。其中新华书店及其发行网点从业人员 12.86 万人，与上年相比下降 1.23%；邮政系统发行网点从业人员 9.62 万人；上述系统外批发点从业人员 16.07 万人；集个体零售网点从业人员 27.48 万人。

（二）行业挂牌公司质量总体评价

截至 2016 年底，文化行业新三板挂牌企业 402 家，其中，52 家做市转让，350 家协议转让。股份总量 152.63 亿股，资产总额 612.37 亿元，营业收入合计 431.02 亿元，净利润 43.71 亿元。

本报告提取文化行业挂牌公司样本 118 家。文化行业挂牌公司综合质量评分的平均值为 61.28 分，最高分 74.07 分，最低分 45.81 分，标准差 5.51 分（见表 83）。

从挂牌公司综合质量评价的区间分布来看，大体符合正态分布。处于“好”区间的公司较少，仅有 5 家，占 4.24%；处于“差”区间的公司 17 家，占 14.41%；处于“较差”区间的公司 28 家，占 23.73%；处于“一般”区间的公司 44 家，占 37.29%；处于“较好”区间的公司 24 家，占 20.34%（见表 84）。

表 83　文化行业挂牌公司质量总体评价

单位：分

项目	平均值	最高分	最低分	标准差
综合质量	61.28	74.07	45.81	5.51
1. 持续经营能力	64.16	78.62	48.31	6.24
1.1 财务质量	64.36	86.78	42.02	10.07
1.2 经营风险	68.25	88.18	36.40	10.66
1.3 公司治理	59.80	88.50	31.75	10.95
2. 信息披露质量	71.76	85.57	56.77	4.82
2.1 准确性	90.95	100.00	32.00	15.71
2.2 完整性	43.07	91.23	16.30	12.92
2.3 及时性	53.01	86.86	41.71	9.18
2.4 规范性	100.00	100.00	100.00	—

续表

项目	平均值	最高分	最低分	标准差
3. 成长性	58.56	80.55	32.10	9.64
3.1 成长能力	68.25	98.19	12.33	15.90
3.2 成长空间	48.87	79.81	25.05	9.40
4. 创新性	53.89	86.20	21.61	9.47
4.1 创新投入	46.80	86.44	13.20	12.18
4.2 创新产出	64.52	100.00	10.00	16.02

表 84 文化行业挂牌公司质量评价分布

单位：家，%

质量评价	综合质量		持续经营能力		信息披露质量		成长性		创新性	
	数量	占比	数量	占比	数量	占比	数量	占比	数量	占比
差	17	14.41	10	8.47	0	0.00	21	17.80	38	32.20
较差	28	23.73	20	16.95	9	7.63	24	20.34	26	22.03
一般	44	37.29	32	27.12	25	21.19	23	19.49	29	24.58
较好	24	20.34	38	32.20	63	53.39	34	28.81	16	13.56
好	5	4.24	18	15.25	21	17.80	16	13.56	9	7.63

（三）持续经营能力评价

从持续经营能力来说，文化行业挂牌公司平均得分 64.16 分，最高分 78.62 分，最低分 48.31 分，标准差 6.24 分（见表 85）。从挂牌公司持续经营能力评价的区间分布来看，大体呈现纺锤形分布。表现“一般”和“较好”的企业分别占 27.12% 和 32.2%，8.47% 的企业表现“差”，16.95% 的企业表现“较差”，15.26% 的企业表现“好”。在 3 个分项指标中，财务质量平均得分 64.36 分，最高分 86.78 分，最低分 42.02 分；经营风险平均得分 68.25 分，最高分 88.18 分，最低分 36.4 分；公司治理平均得分 59.80 分，最高分 88.5 分，最低分 31.75 分（见表 85）。经营风险指标得分高于财务质量和公司治理指标得分，说明挂牌企业具备较强的经营风险抵御能力，但公司治理结构和财务质量仍有较大提升空间。持续经营能力评分最高的 3 家企业分别是艾德韦宣、妈妈网、江南传媒。

财务质量。如表 85 所示，文化行业挂牌公司财务质量指标总体表现“较好”，平均得分 64.36 分。其中，各公司盈利能力指标表现“较好”，平均得分 65.2 分，偿债能力指标表现“差”，平均得分仅为 41.82 分。说明文化行业挂牌公司虽然具有不错的盈利能力，但企业偿债能力有限，资产负债率、利息保障倍数、现金比率方面表现不佳，也体现了我国非上市企业长期面临的融资环境和经营环境较差问题。运营能力指标表现“一般”，说明企业整体运营较为平顺，但运营水平仍有待提升。

经营风险。如表 85 所示，文化行业挂牌公司经营风险指标总体表现“较好”，平均得分 68.25 分。其中，主营业务两项指标表现优异，说明挂牌企业主营业务均具有较好的持续性和稳定性。

公司治理。如表 85 所示，文化行业挂牌公司公司治理指标平均得分 59.80 分，其中，控股股东行为指标平均得分较高，但股权激励和董事会制度指标平均得分较低，说明文化行业挂牌企业较少开展股权激励活动，董事会制度也有待加强。

表 85　文化行业挂牌公司持续经营能力评价

单位：分

项目	平均值	最高分	最低分	标准差
持续经营能力	64.16	78.62	48.31	6.24
A. 财务质量	64.36	86.78	42.02	10.07
盈利能力	65.20	97.91	23.04	17.86
偿债能力	41.82	86.50	48.33	8.29
运营能力	55.72	90.94	40.74	9.07
B. 经营风险	68.25	88.18	36.40	10.66
主营业务突出	84.87	100.00	1.31	26.18
主营业务稳定	99.24	100.00	10.00	8.29
盈利敏感性	52.12	100.00	—	14.24
单一客户依赖程度	49.09	100.00	—	26.36
C. 公司治理	59.80	88.50	31.75	10.95
控股股东行为	78.85	100.00	19.50	18.28
股权激励	39.49	100.00	30.00	24.07
董事会制度	42.63	100.00	25.00	21.94

（四）信息披露质量评价

从信息披露质量来说，文化行业挂牌企业平均得分 71.76 分，总体表现“好”。从挂牌公司信息披露质量评价的区间分布来看，17.8% 的企业得到“好”的评价，53.39% 的企业得到“较好”的评价，21.19% 的企业被评价为“一般”，7.62% 的企业表现“较差”。

如表 86 所示，从各分项指标来看，信息披露准确性和规范性两个指标表现优异，说明文化行业挂牌企业能够较好地完成信息披露义务，并且信息准确性较高，很少出现补充或更正情况。但是信息披露完整性表现差，企业信息披露量较少，一方面说明挂牌企业尚未形成完善的信息披露体系，另一方面也说明挂牌企业尚未完全转变经营思路，未能充分履行公开市场企业身份的义务，信息披露更多是为了达到股权系统相关规章制度的要求。信息披露质量得分最高的 3 家挂牌企业分别为德纳影业、黄河文化和朗朗教育。

表 86　文化行业挂牌公司信息披露质量评价

单位：分

项目	平均值	最高分	最低分	标准差
信息披露质量	71.76	85.57	56.77	4.82
A. 准确性	90.95	100.00	32.00	15.71
是否发布更正或补充报告	90.95	91.23	16.30	12.92
B. 完整性	43.07	91.23	16.30	12.92
信息披露数量	43.07	91.23	16.30	12.92
C. 及时性	53.01	86.86	41.71	9.18
公司年报披露时间	53.01	86.86	41.71	9.18
D. 规范性	100.00	100.00	100.00	—
信息披露违规情况	100.00	100.00	100.00	—

（五）成长性评价

如表 87 所示，从成长性指标来看，文化行业挂牌公司表现“一般”，平均得分58.56分，最高分80.55分，最低分32.1分。其中，成长能力平均得分68.25分，成长空间平均得分48.87分。挂牌公司成长性评价的区间分布较为平均，13.56%的企业得到“好”的评价，28.81%的企业得到“较好”的评价，19.49%的企业被评价为“一般”，20.34%的企业被评价为“较差”，17.8%的企业被评价为“差”。成长性指标排名最靠前的3家挂牌公司分别为天戏互娱、方金影视和米乐星。

从各分项指标来看，体现成长能力的营业收入增长率、净利润增长率和总资产增长率整体表现较好，绝大多数企业实现较快的业绩增长。但是各企业成长空间表现“差”，挂牌企业销售毛利率和全要素生产率较低的原因在于，近年来文化行业的高资本收益使投资规模增量较大，出现了较多盲目投资，但技术效率并未出现显著提升，所以行业全要素生产率较低。

表87　文化行业挂牌公司成长性评价

单位：分

项目	平均值	最高分	最低分	标准差
成长性	58.56	80.55	32.10	9.64
A. 成长能力	68.25	98.19	12.33	15.90
营业收入增长率	69.43	100.00	10.00	21.67
净利润增长率	64.15	100.00	10.00	23.18
总资产增长率	70.77	100.00	10.00	18.70
B. 成长空间	48.87	79.81	25.05	9.40
销售毛利率	39.79	100.00	—	22.62
全要素生产率	57.94	100.00	20.00	12.90

（六）创新性评价

如表88所示，从创新性指标来看，文化行业挂牌公司表现“一般”，平均得分53.89分，最高分86.2分，最低分21.61分。挂牌公司创新性评价的区间分布呈现金字塔形，7.63%的企业得到“好”的评价，13.56%的企业得到“较好”的评价，24.58%的企业被评价为“一般”，22.03%的企业被评价为“较差”，32.2%的企业被评价为“差”。创新性指标排名最靠前的3家挂牌公司分别为虎符智能、朋万科技和北教传媒。

从分项指标来看，创新投入指标平均得分46.8分，整体表现“较差”，主因在于研发经费投入强度整体表现差，平均得分仅为23.33分，文化企业科研投入较少，这也成为全要素生产率得分较低的重要原因，文化行业整体缺乏技术创新。创新产出平均得分64.52分，各企业专利技术支撑程度还是不够，后续科研投入不足，制约了企业未来发展的潜力，行业创新质量仍有较大提升空间。

表88　文化行业挂牌公司创新性评价

单位：分

项目	平均值	最高分	最低分	标准差
创新性	53.89	86.20	21.61	9.47
A. 创新投入	46.80	86.44	13.20	12.18
研发经费投入强度	23.33	100.00	—	15.99
员工中本科以上学历人数占比	59.66	100.00	—	22.24
人力资本投资回报率	65.24	100.00	10.00	25.54
B. 创新产出	64.52	100.00	10.00	16.02
专利数	64.52	100.00	10.00	16.02

（七）总结

2016年，出版传媒上市公司经营规模持续扩大，产出和利润保持平稳增长，新媒体公司涨势强劲。报业公司传统业务持续萎缩，产出和利润全面下滑。融合发展不断深化，数字化转型趋势日益显现。出版传媒公司大力推动融合发展和数字化转型，积极探索在内容、渠道、平台、经营、管理等方面的融合。资产重组更趋活跃。出版传媒上市公司借助资本工具，积极开展跨行业、跨媒体资产重组，整合优质资产，优化现有业务布局，努力开拓互联网金融、在线教育、大数据等新业态，深化产业融合。在线教育、网络游戏、影视文化等渐成多元化发展热点方向。

2016年，文化行业仍处于投资快速增长和资源整合时期，在工业经济疲软背景下保持了较快增长。该行业新三板挂牌企业总体质量呈现三层平均态势，质量优异的企业较少。文化行业整体在创新能力方面表现欠佳，绝大多数企业对研发的支持力度较小，基于行业快速发展特性，这可能导致企业难以持续发展，大部分企业缺乏成长空间。

针对文化行业总体评价情况，本报告认为：首先，该行业企业的信息披露主动性有待加强，需要构建良好的内部控制体系；其次，必须加大创新技术研发力度，保持核心竞争力；最后，作为技术驱动型企业，在完善内部控制体系过程中，也需善用股权激励方式，有效激发企业活力。

十四　生活服务行业*

（一）行业概况

生活服务行业主要包括酒店、餐馆与休闲、综合消费者服务、消费品经销商、专营零售、多元化零售等领域。2016 年全年，社会消费品零售总额 332316 亿元，比上年增长 10.4%。12 月份，餐饮收入 3352 亿元，同比增长 10.6%；商品零售收入 28405 亿元，增长 10.9%。2016 年全年，餐饮收入 35799 亿元，比上年增长 10.8%；商品零售收入 296518 亿元，增长 10.4%。2016 年全年，全国网上零售额 51556 亿元，比上年增长 26.2%。其中，实物商品网上零售额 41944 亿元，增长 25.6%。在实物商品网上零售额中，吃、穿、用类商品分别增长 28.5%、18.1% 和 28.8%。

当前我国经济正处于转型期，供给侧改革将会对经济增长造成压力，经济增速将换挡，由过去的快速增长转换为适度增长。在人口基数庞大、居民储蓄率高企等多重因素的作用下，我国居民消费增速稳定，成为拉动经济增长的重要推动力。2016 年 4 月 15 日，国家发改委等 24 个部委印发了《关于促进消费带动转型升级行动方案》，围绕 10 个主攻方向，出台实施“十大扩消费行动”，带动消费转型升级，刺激消费。在政策刺激与社会需求激

* 胡啸兵，金融学博士，特华博士后科研工作站博士后，研究方向为大数据、互联网金融。

增的多重作用下，我国消费市场迸发巨大能量，特别是“互联网 +”为相关服务行业创造出巨大的产业升级空间。

（二）行业挂牌公司质量总体评价

截至 2016 年底，生活服务行业新三板挂牌企业 319 家，其中，35 家做市转让，284 家协议转让。股份总量 154. 45 亿股，资产总额 851. 80 亿元，营业收入合计 952. 39 亿元，净利润 28. 35 亿元。

本报告提取生活服务行业挂牌公司样本 92 家。生活服务行业挂牌公司综合质量评分的平均值为 59. 15 分，最高分 74. 77 分，最低分 43. 10 分，标准差 5. 96 分（见表 89）。从挂牌公司综合质量评价的区间分布来看，大体呈纺锤形分布。处于“好”区间的公司仅有 7 家，占 7. 61%；处于“差”区间的公司 7 家，占 7. 61%；处于“较差”区间的公司 15 家，占 16. 30%；处于“一般”区间的公司 31 家，占 33. 70%；处于“较好”区间的公司 32 家，占 34. 78%（见表 90）。

表 89　生活服务行业挂牌公司质量总体评价

单位：分

项目	平均值	最高分	最低分	标准差
综合质量	59. 15	74. 77	43. 10	5. 96
1. 持续经营能力	64. 05	84. 06	45. 94	7. 41
1. 1 财务质量	62. 77	84. 30	44. 66	10. 54
1. 2 经营风险	71. 24	90. 88	35. 75	11. 03
1. 3 公司治理	58. 58	88. 50	31. 75	11. 38
2. 信息披露质量	71. 51	83. 63	56. 38	4. 04
2. 1 准确性	92. 91	100. 00	16. 00	12. 40
2. 2 完整性	40. 49	95. 08	14. 05	11. 82
2. 3 及时性	52. 63	73. 71	21. 71	7. 79
2. 4 规范性	100. 00	100. 00	100. 00	0. 00
3. 成长性	57. 43	76. 93	31. 90	9. 88

续表

项目	平均值	最高分	最低分	标准差
3.1 成长能力	69.20	97.11	30.56	14.53
3.2 成长空间	45.66	68.13	21.19	10.69
4. 创新性	46.99	75.36	18.77	10.39
4.1 创新投入	41.78	82.00	16.72	12.90
4.2 创新产出	54.81	100.00	10.00	18.59

表 90　生活服务行业挂牌公司质量评价分布

单位：家，%

质量评价	综合质量		持续经营能力		信息披露质量		成长性		创新性	
	数量	占比	数量	占比	数量	占比	数量	占比	数量	占比
差	7	7.61	3	3.26	0	0.00	22	23.91	57	61.96
较差	15	16.30	6	6.52	0	0.00	12	13.04	16	17.39
一般	31	33.70	19	20.65	1	1.09	20	21.74	10	10.87
较好	32	34.78	29	31.52	10	10.87	25	27.17	6	6.52
好	7	7.61	35	38.04	81	88.04	13	14.13	3	3.26

（三）持续经营能力评价

如表 91 所示，从持续经营能力来说，生活服务行业平均得分 64.05 分，最高分 84.06 分，最低分 45.94 分，标准差 7.41 分。从挂牌公司持续经营能力评价的区间分布来看，大体呈现倒金字塔形分布。38.04% 的企业表现“好”，31.52% 的企业表现“较好”，20.65% 的企业表现“一般”，6.52% 的企业表现“较差”，3.27% 的企业表现“差”。在 3 个分项指标中，财务质量平均得分 62.77 分，最高分 84.30 分，最低分 44.66 分；经营风险平均得分 71.24 分，最高分 90.88 分，最低分 35.75 分；公司治理平均得分 58.58 分，最高分 88.5 分，最低分 31.75 分。经营风险指标得分高于财务质量和公司治理指标得分，说明挂牌企业具备较强的经营风险抵御能力，但公司治理结构和财务质量仍有较大提升空间。持续经营能力评分最高的 3 家企业分别是老鹰教育、华图教育和传智播客。

财务质量。由表91所示，生活服务行业挂牌公司财务质量指标总体得分表现“较好”，各分项指标也表现较好，盈利能力指标、偿债能力、运营能力平均得分分别为61.15分、64.32分和64.5分。说明随着经济稳定增长，在消费升级的大背景下，生活服务行业挂牌企业整体财务表现良好。

经营风险。由表91所示，生活服务行业挂牌公司经营风险指标总体表现“好”，平均得分71.24分。其中，主营业务两项指标表现优异，分别为82.90分和96.09分。说明挂牌企业主营业务均具有较好的持续性和稳定性，且各家公司客户相对分散，并未依赖单一大客户资源，经营稳定性风险较小。

公司治理。由表91所示，生活服务行业挂牌公司公司治理指标平均得分58.58分，表现“一般”。其中，控股股东行为指标平均得分较高，为76.03分，但股权激励和董事会制度指标平均得分较低，仅为37.61分和46.41分。说明生活服务行业挂牌企业较少开展股权激励活动，董事会制度也有待加强。

表91　生活服务行业挂牌公司持续经营能力评价

单位：分

项目	平均值	最高分	最低分	标准差
持续经营能力	64.05	84.06	45.94	7.41
A. 财务质量	62.77	84.30	44.66	10.54
盈利能力	61.15	96.84	24.96	19.24
偿债能力	64.32	83.66	47.14	9.07
运营能力	64.50	97.68	45.97	7.90
B. 经营风险	71.24	90.88	35.75	11.03
主营业务突出	82.90	100.00	9.37	21.91
主营业务稳定	96.09	100.00	10.00	18.35
盈利敏感性	51.44	100.00	0.00	17.76
单一客户依赖程度	66.11	100.00	0.00	27.75
C. 公司治理	58.58	88.50	31.75	11.38
控股股东行为	76.03	100.00	19.50	17.72
股权激励	37.61	100.00	30.00	21.79
董事会制度	46.41	100.00	25.00	21.15

（四）信息披露质量评价

如表92所示，从信息披露质量来说，生活服务行业挂牌企业平均得分71.51分，总体表现“好”。从挂牌公司信息披露质量评价的区间分布来看，呈现倒金字塔形分布。88.04%的企业得到“好”的评价，10.87%的企业得到“较好”的评价，1.09%的企业被评价为“一般”。

从各分项指标来看，信息披露准确性和规范性表现优异，说明挂牌企业能够较好地完成信息披露义务，并且信息准确性较高，很少出现补充或更正情况。但是信息披露完整性表现“差”，企业信息披露量较少，一方面说明挂牌企业尚未形成完善的信息披露体系，另一方面也说明挂牌企业尚未完全转变经营思路，未能充分履行公开市场企业身份的义务，信息披露更多是为了达到股权系统相关规章制度的要求。信息披露质量得分最高的3家挂牌企业分别为汇智光华、海莱云视和正保育才。

表92　生活服务行业挂牌公司信息披露质量评价

单位：分

项目	平均值	最高分	最低分	标准差
信息披露质量	71.51	83.63	56.38	4.04
A. 准确性	92.91	100.00	16.00	12.40
是否发布更正或补充报告	92.91	100.00	16.00	12.40
B. 完整性	40.49	95.08	14.05	11.82
信息披露数量	40.49	95.08	14.05	11.82
C. 及时性	52.63	73.71	21.71	7.79
公司年报披露时间	52.63	73.71	21.71	7.79
D. 规范性	100.00	100.00	100.00	0.00
信息披露违规情况	100.00	100.00	100.00	0.00

（五）成长性评价

如表93所示，从成长性指标来看，生活服务行业挂牌公司表现“一般”，平均得分57.43分，最高分76.93分，最低分31.90分。其中，成长能力平均得分69.20分，成长空间平均得分45.66分。挂牌公司成长性评价的区间分布较为平均，14.13%的企业得到“好”的评价，27.17%的企业得到“较好”的评价，21.74%的企业被评价为“一般”，13.04%的企业被评价为“较差”，23.92%的企业被评价为“差”。成长性指标排名最靠前的3家挂牌公司分别为厚大股份、光华教育和传智播客。

从各分项指标来看，体现成长能力的营业收入增长率、净利润增长率和总资产增长率整体表现较好，绝大多数企业实现较快的业绩增长。但是各企业成长空间表现“差”，平均得分仅为45.66分。挂牌企业销售毛利率较低的主因在于生活服务行业的特性，其进入门槛相对较低，市场竞争饱和，获客成本难以有效降低，行业整体销售毛利率和全要素生产率较低。

表93 生活服务行业挂牌公司成长性评价

单位：分

项目	平均值	最高分	最低分	标准差
成长性	57.43	76.93	31.90	9.88
A. 成长能力	69.20	97.11	30.56	14.53
营业收入增长率	71.14	100.00	10.00	17.91
净利润增长率	66.79	100.00	10.00	21.55
总资产增长率	69.02	100.00	10.00	19.42
B. 成长空间	45.66	68.13	21.19	10.69
销售毛利率	42.06	100.00	0.00	26.07
全要素生产率	49.26	100.00	20.00	12.09

（六）创新性评价

如表94所示，从创新性指标来看，生活服务行业挂牌公司表现“差”，平均得分仅46.99分，最高分75.36分，最低分18.77分。挂牌公司创新性评价的区间分布呈现金字塔形分布，3.24%的企业得到“好”的评价，6.52%的企业得到“较好”的评价，10.87%的企业被评价为“一般”，

17.39%的企业被评价为“较差”，而高达61.98%的企业被评价为“差”。创新性指标排名最靠前的3家挂牌企业分别为鑫日科、差旅天下和亿童文教。

从分项指标来看，创新投入指标平均得分41.78分，整体表现“差”，主因在于研发经费投入强度整体表现差，平均得分仅为17.26分。生活服务属于传统行业领域，实际技术研发环节投入较少，所以创新性指标评价较低。

表94 生活服务行业挂牌公司创新性评价

单位：分

项目	平均值	最高分	最低分	标准差
创新性	46.99	75.36	18.77	10.39
A. 创新投入	41.78	82.00	16.72	12.90
研发经费投入强度	17.26	100.00	0.00	14.48
员工中本科以上学历人数占比	53.06	100.00	0.00	25.31
人力资本投资回报率	63.20	100.00	10.00	24.01
B. 创新产出	54.81	100.00	10.00	18.59
专利数	54.81	100.00	10.00	18.59

（七）总结

2016年，生活服务行业仍处于投资快速增长和资源整合时期，在工业经济疲软背景下保持了稳定增长，部分企业业绩成长可圈可点。总体来看，生活服务行业挂牌企业仍存在两方面的问题：一是企业信息披露质量有待提升，内部组织架构仍有待完善；二是由于行业竞争激烈，技术门槛不高，企业创新能力和持续成长能力更多体现于综合服务升级环节，需要通过多种途径保持市场竞争力。未来，生活服务行业需要从以上两方面提升行业整体质量，面对“互联网+”带来的机遇与挑战，不同企业需根据自身特点，把握细分行业发展动向，不断深耕市场，积极拓展业务。

B.3
分地域挂牌公司质量评价

杨利峰*

摘　要：　新三板市场作为我国多层次资本市场中的重要市场层次，主要服务于全国范围内创新、创业、成长型中小微企业，为各地区尚无法达到上市公司准入标准的广大企业敞开了对接资本市场的大门，也引起各地政府的普遍关注。自2013年底新三板市场扩容至全国开始，各地区陆续出台了区域性的鼓励企业到新三板市场挂牌的政策，内容包括金额不等的挂牌成本补贴。本报告从地域维度对质量评价结果进行讨论，对地方政府在更广泛的视阈范围内了解本地区新三板挂牌公司的发展和质量有积极的参考作用。

关键词：　质量评价结果　挂牌公司　分省份

一　各省份新三板挂牌企业质量评价总体情况

本报告在国内首次对全国各省份（不含港澳台）新三板挂牌公司的质量进行评价（见表1）。

* 杨利峰，理学博士，特华博士后科研工作站博士后，研究方向为物权融资、土地金融等。

表1　全国各省份新三板挂牌企业质量总体评价

单位：分

省份	持续经营能力得分	信息披露质量得分	成长性得分	创新性得分	挂牌公司质量评价总分
北　京	62.80	71.29	60.83	48.85	59.99
海　南	60.21	70.62	67.07	46.05	59.74
上　海	61.80	70.34	60.59	48.31	59.26
西　藏	59.17	72.16	60.41	52.02	59.22
青　海	62.70	68.59	56.53	50.69	58.99
广　东	62.14	70.70	60.80	45.52	58.78
福　建	60.77	70.91	60.27	47.76	58.73
吉　林	59.34	70.52	61.97	49.07	58.67
四　川	60.27	71.09	60.06	47.97	58.51
黑龙江	61.20	71.26	56.62	49.08	58.47
江　西	59.25	70.92	60.50	48.21	58.29
贵　州	60.79	72.20	61.00	44.15	58.19
江　苏	60.02	70.35	60.15	47.10	58.15
陕　西	57.86	70.38	58.79	50.82	57.88
甘　肃	53.57	70.21	60.16	56.10	57.72
山　东	59.21	71.43	58.98	47.28	57.66
湖　北	59.67	71.95	58.59	45.78	57.53
安　徽	59.30	70.95	59.07	45.75	57.37
重　庆	58.59	72.19	58.66	45.84	57.31
河　南	57.29	71.55	58.37	49.02	57.29
云　南	59.30	71.19	55.73	47.57	57.17
浙　江	59.80	69.63	58.43	45.22	57.10
天　津	57.70	69.41	59.60	45.90	56.68
辽　宁	58.43	71.10	56.09	46.84	56.66
湖　南	58.44	70.23	58.18	45.40	56.63
河　北	59.30	71.35	56.21	45.53	56.58
广　西	57.76	69.64	58.03	45.00	56.18
山　西	57.31	72.74	57.08	44.41	56.03
新　疆	55.61	68.90	56.89	44.83	54.99
内蒙古	58.30	68.81	56.70	39.25	54.48
宁　夏	53.99	71.49	55.73	42.81	53.75

挂牌公司质量总评价。总评分前5名为北京、海南、上海、西藏和青海，倒数5名为宁夏、内蒙古、新疆、山西和广西。样品数量最多的广东、江苏、北京、浙江、上海分别排名第6、第13、第1、第22和第3。根据新三板挂牌公司质量评价模型，挂牌公司质量评价由4个一级指标进行度量，包括持续经营能力、信息披露质量、成长性与创新性。以下将对4个一级指标进行分项评价。

持续经营能力评价。北京（得分62.80）、青海（得分62.70）、广东（得分62.14）、上海（得分61.80）和黑龙江（得分61.20）居前5名，其中北京、上海、广东也是入选挂牌公司最多的地区，表明这3个地区的挂牌公司在持续经营能力方面在量和质上都全国领先。倒数5名为甘肃（得分53.57）、宁夏（得分53.99）、新疆（得分55.61）、河南（得分57.29）和山西（得分57.31）。其中甘肃省不仅入选企业数量排名倒数第二，而且挂牌公司的持续经营能力排名倒数第一，说明甘肃挂牌企业在持续经营能力方面从全国角度来看数量和质量都处于落后水平。

信息披露质量评价。山西（得分72.74）、贵州（得分72.20）、重庆（得分72.19）、西藏（得分72.16）和湖北（得分71.95）位居前五，这些省份全部为非东部和沿海省份。而倒数5名为青海（得分68.59）、内蒙古（得分68.81）、新疆（得分68.90）、天津（得分69.41）和浙江（得分69.63），它们大多数为沿海和边疆省份。数据从一定程度上说明，非边疆省份的挂牌公司在信息披露方面做得比沿海和边疆省份的挂牌公司要好。

成长性评价。海南（得分67.07）、吉林（得分61.97）、贵州（得分61.00）、北京（得分60.83）和广东（得分60.80）位居前五，其中北京和广东同时属于入选挂牌企业数量最多的前5个省份，这表明从成长性角度来看，北京和广东的挂牌公司在数量和质量上都领先全国。排名倒数5名为云南（得分55.73）、宁夏（得分55.73）、辽宁（得分56.09）、河北（得分56.21）和青海（得分56.53），这些省份都是非东南沿海省份。

创新性评价。甘肃（得分56.10）、西藏（得分52.02）、陕西（得分50.82）、青海（得分50.69）和黑龙江（得分49.08）位居前五，创新性强的省份大部分来自西北地区，这和一般的认识有些偏差。排名最后的5个省份为内蒙古（得分39.25）、宁夏（得分42.81）、贵州（得分44.15）、山西（得分44.41）和新疆（得分44.83），这些省份也绝大多数是西北省份。而绝大多数东部、中部省份，创新性都居中游水平。

二 广东省

（一）广东省挂牌公司质量总体评价

广东省新三板挂牌企业质量总体评价见表2。广东省挂牌企业综合质量平均分为58.78分，最高分为75.75分，最低分为42.72分，标准差为5.38分。从一级分项指标来看，持续经营能力得分为62.14分，信息披露质量得分为70.70分，成长性得分为60.80分，创新性得分为45.52分。下面我们具体分析4个一级指标对应的二级指标得分情况。

表2 广东省挂牌企业质量总体评价

单位：分

项目	平均值	最高分	最低分	标准差
综合质量	58.78	75.75	42.72	5.38
1. 持续经营能力	62.14	84.43	38.95	6.96
1.1 财务质量	59.50	88.33	33.62	10.54
1.2 经营风险	67.84	94.98	32.86	11.30
1.3 公司治理	59.96	100.00	23.75	12.27
2. 信息披露质量	70.70	88.66	45.37	4.90
2.1 准确性	89.48	100.00	16.00	15.96
2.2 完整性	41.85	87.82	13.40	12.73
2.3 及时性	52.09	98.86	22.86	7.94
2.4 规范性	99.40	100.00	0.00	6.72
3. 成长性	60.80	83.47	25.95	8.40
3.1 成长能力	73.94	98.74	12.33	13.29
3.2 成长空间	47.67	84.03	29.18	9.29

续表

项目	平均值	最高分	最低分	标准差
4. 创新性	45. 52	83. 04	14. 28	10. 87
4. 1 创新投入	37. 69	85. 26	12. 20	11. 98
4. 2 创新产出	57. 27	100. 00	10. 00	22. 31

持续经营能力二级指标评价。持续经营能力包含财务质量、经营风险和公司治理。经营风险平均得分 67. 84 分，最高分和最低分分别为 94. 98 分和 32. 86 分，标准差为 11. 30 分。财务质量平均得分为 59. 50 分，最高分和最低分分别为 88. 33 分和 33. 62 分，标准差为 10. 54 分。公司治理平均得分为 59. 96 分，最高分和最低分分别为 100 分和 23. 75 分。

信息披露质量二级指标评价。信息披露质量包括准确性、完整性、及时性和规范性 4 个二级指标。准确性平均得分 89. 48 分，最高分 100 分，最低分 16. 00 分，标准差 15. 96 分，表明广东省挂牌企业信息披露的准确性比较高。完整性平均得分 41. 85 分，最高分 87. 82 分，最低分 13. 40 分。及时性平均得分 52. 09 分，最高分 98. 86 分，最低分 22. 86 分，标准差 7. 94 分，表明广东挂牌公司信息披露的完整性和及时性比较差。规范性平均得分 99. 40 分，最高分 100 分，最低分 0 分，标准差 6. 72 分，表明广东挂牌公司信息披露具有很高的规范性。

成长性二级指标评价。成长性包含成长能力和成长空间两个二级指标。成长能力平均得分为 73. 94 分，最高分 98. 74 分，最低分 12. 33 分。成长空间平均得分为 47. 67 分，最高分 84. 03 分，最低分 29. 18 分，标准差 9. 29 分。这些数据表明，广东挂牌公司在成长能力方面的得分超过成长空间。

创新性二级指标。创新性包括创新投入和创新产出两项二级指标。创新投入平均得分 37. 69 分，最高分 85. 26 分，最低分 12. 20 分，标准差 11. 98 分。创新产出平均得分 57. 27 分，最高分 100 分，最低分 10 分，标准差 22. 31 分。

（二）广东省 TOP10 企业质量评价

广东省 TOP10 挂牌企业得分情况见表 3。从表中可以发现质量评价总分超过 70 分的有 7 家，前 3 名为互联网行业的傲基电商和价之链，以及生活服务行业的鑫日科。10 强中另外 7 家分别是医药行业的新产业和菲鹏生物，软件信息行业的多元世纪、景心科技和明源软件，以及建筑地产行业的博德维和文化行业的西码股份。

表 3　广东省挂牌企业 TOP10 得分情况

单位：分

排名	代码	企业名称	设定行业	持续经营能力	信息披露质量	成长性	创新性	综合质量评价
1	834206	傲基电商	互联网	75.01	79.66	83.47	65.91	75.75
2	838599	价之链	互联网	84.43	78.26	82.47	53.03	75.62
3	836672	鑫日科	生活服务	75.86	72.47	73.99	75.36	74.77
4	836646	博德维	建筑地产	74.03	78.75	76.91	70.21	74.64
5	830838	新产业	医药	76.64	72.23	71.98	73.13	74.08
6	838391	菲鹏生物	医药	70.48	73.36	74.47	68.21	71.42
7	839053	多元世纪	软件信息	78.55	72.45	69.02	56.23	70.27
8	832727	景心科技	软件信息	75.51	74.93	71.30	54.79	69.73
9	838185	西码股份	文化	73.48	67.81	68.26	64.68	69.48
10	832498	明源软件	软件信息	72.44	75.98	69.19	58.95	69.21

从二级指标挂牌公司质量评价来看，持续经营能力评价前 3 名为价之链、多元世纪和新产业，得分分别为 84.43 分、78.55 分和 76.64 分。信息披露质量前 3 强为傲基电商、博德维和价之链。创新性前 3 强为鑫日科、新产业和博德维，得分分别为 75.36 分、73.13 分和 70.21 分。

（三）总结

广东省挂牌企业总数在全国排名第 1，综合质量评分排名全国第 6（得分 58.78），企业持续经营能力排名全国第 3（得分 62.14），信息披露能力全国排名第 18（得分 70.70），成长性排名全国第 5（得分 60.80），创新性全国排名第 26（得分 45.52）。广东省挂牌公司在数量、综合质量评分、持续经营能力和成长性方面位居全国前列，但在信息披露质量和创新性方面落后于全国平均水平。

全省前10强企业中，互联网、医药和软件信息3个行业占主导，排名前三的挂牌企业为傲基电商、价之链和鑫日科，其中傲基电商在持续经营能力、信息披露质量和成长性方面表现优异，总评分在广东省位居第1。

三　江苏省

（一）江苏省挂牌公司质量总体评价

江苏省新三板挂牌企业质量总体评价见表4。江苏省综合质量平均分为58.15分，最高分为75.45分，最低分为42.26分，标准差为5.49分。从一级分项指标来看，持续经营能力得分为60.02分，信息披露质量平均得分为70.35分，成长性得分为60.15分，创新性得分为47.10分。下面我们具体分析4个一级指标对应的二级指标评价得分情况。

持续经营能力二级指标评价。持续经营能力包含财务质量、经营风险和公司治理。财务质量平均得分为57.50分，最高分、最低分分别为88.02分和30.94分，标准差为10.88分。经营风险平均得分65.36分，最高分和最低分分别为95.01分和27.46分。公司治理平均得分58.04分，最高分100分，最低分23.75分，标准差11.91分。这些数据表明，江苏省挂牌企业在经营风险控制能力上要好于财务质量管理和公司治理。

信息披露质量二级指标评价。信息披露质量包括准确性、完整性、及时性和规范性4个二级指标。准确性平均得分92.12分，最高分100分，最低分24分，标准差14.10分，这表明江苏省挂牌企业信息披露的准确性比较高。完整性平均得分35.76分，最高分69.72分，最低分9.83分。及时性平均得分54.01分，最高分100分，最低分21.71分，标准差9.11分，这表明江苏省挂牌公司信息披露的完整性和及时性比较差。规范性平均得分99.52分，最高分100分，最低分30分，标准差5.53分，这表明江苏省挂牌公司信息披露具有极强的规范性。

表4　江苏省挂牌企业质量总体评价

单位：分

项目	平均值	最高分	最低分	标准差
综合质量	58.15	75.45	42.26	5.49
1. 持续经营能力	60.02	83.76	38.91	7.53
1.1 财务质量	57.50	88.02	30.94	10.88
1.2 经营风险	65.36	95.01	27.46	12.09
1.3 公司治理	58.04	100.00	23.75	11.91
2. 信息披露质量	70.35	87.35	45.48	4.88
2.1 准确性	92.12	100.00	24.00	14.10
2.2 完整性	35.76	69.72	9.83	11.80
2.3 及时性	54.01	100.00	21.71	9.11
2.4 规范性	99.52	100.00	30.00	5.53
3. 成长性	60.16	83.05	32.18	8.60
3.1 成长能力	71.80	99.02	24.78	12.53
3.2 成长空间	48.49	79.81	21.11	9.46
4. 创新性	47.10	87.54	19.82	11.17
4.1 创新投入	59.07	100	10.00	22.06
4.2 创新产出	39.13	80.30	10.32	11.74

成长性二级指标评价。成长性包含成长能力和成长空间两个二级指标。成长能力平均得分71.80分，最高分99.02分，最低分24.78分。成长空间平均得分为48.49分，最高分79.81分，最低分21.11分，标准差9.46分。这些数据表明，江苏省挂牌公司在成长能力方面超过成长空间。

创新性二级指标。创新性包括创新投入和创新产出两项二级指标。创新投入平均得分59.07分，最高分100分，最低分10分，标准差22.06分。创新产出平均得分39.13分，最高分80.30分，最低分10.32分，标准差11.74分。从数据可以看出，江苏省挂牌公司的创新投入得分较高，但创新产出得分较低。

（二）江苏省TOP10企业质量评价

江苏省TOP10挂牌企业得分情况见表5。从表中可以发现质量评价总分超过70分的有3家，前三名为医药行业的爱得科技、金属矿冶行业的天盛股份，以及电子信息行业的固德威。10 强中另外 7 家分别是建筑地产行业的凯伦建材、电子信息行业的中感微、消费品行业的达伦股份、机械行业的开信精工、互联网行业的闻道网络、医药行业的林华医疗和电气设备行业的科雷斯普。数据表明，江苏挂牌公司的 10 强质量总体较好。持续经营能力、信息披露质量、成长性和创新性 4 个二级指标的得分均超过平均得分，表明上榜公司总体质量较好。

表 5　江苏省挂牌企业 TOP10 得分情况

单位：分

排名	代码	企业名称	设定行业	持续经营能力	信息披露质量	成长性	创新性	综合质量评价
1	834286	爱得科技	医　　药	83.76	71.87	73.22	52.17	72.00
2	838547	天盛股份	金属矿冶	76.59	59.52	73.86	62.33	70.13
3	835209	固 德 威	电子信息	73.80	73.26	72.00	58.80	70.01
4	831517	凯伦建材	建筑地产	67.88	83.77	72.95	61.73	69.99
5	835399	中 感 微	电子信息	71.27	70.32	60.87	79.63	69.91
6	835834	达伦股份	消 费 品	67.02	73.27	70.62	69.14	69.25
7	838241	开信精工	机　　械	71.04	81.62	69.69	57.58	69.22
8	836261	闻道网络	互 联 网	72.17	78.83	70.06	56.24	69.06
9	835637	林华医疗	医　　药	69.34	81.22	72.38	57.00	69.01
10	833333	科雷斯普	电气设备	64.46	71.52	77.99	65.95	68.98

从二级指标质量评价来看，持续经营能力评价前 3 名挂牌公司为爱得科技、天盛股份和固德威，得分分别为 83.76 分、76.59 分和 73.80 分。信息披露质量前 3 强为凯伦建材、开信精工和林华医疗，得分分别为 83.77 分、81.62 分和 81.22 分。成长性前 3 强为科雷斯普、天盛股份和爱得科技。创新性前 3 强为中感微、达伦股份和科雷斯普，得分分别为 79.63 分、69.14 分和 65.95 分。

总体而言，江苏省前 10 名挂牌企业具有较强的持续经营能力，但比广东略弱。

（三）总结

江苏省挂牌企业的总数在全国排名第 3，综合质量评分在全国排名第 13

（得分 58. 15），企业持续经营能力在全国排名第 10（得分 60. 02），信息披露质量在全国排名第 22（得分 70. 35），成长性在全国排名第 11（得分 60. 15），创新性在全国排名第 15（得分 47. 10）。江苏挂牌公司在数量、持续经营能力、成长性和创新性方面高于全国平均水平，但是综合质量评分和信息披露质量两方面低于全国平均水平。在全省前 10 强企业中，医药、金属矿冶和电子信息 3 个行业位居前三，对应挂牌企业分别为爱得科技、天盛股份和固德威。

四　北京市

（一）北京市挂牌企业质量总体评价

北京市新三板挂牌企业质量总体评价见表 6。综合质量平均分为 59. 99 分，最高分为 75 分，最低分为 42. 21 分，计算的标准差为 5. 18 分。从一级分项指标来看，持续经营能力平均得分为 62. 80 分，信息披露质量平均得分为 71. 29 分，成长性平均得分为 60. 83 分，创新性平均得分为 48. 85 分。下面我们具体分析 4 个一级指标对应的二级指标评价得分情况。

表 6　北京市挂牌企业质量总体评价

单位：分

项目	平均值	最高分	最低分	标准差
综合质量	59. 99	75. 00	42. 21	5. 18
1. 持续经营能力	62. 80	81. 57	38. 44	6. 94
1. 1 财务质量	58. 68	89. 51	25. 59	11. 15
1. 2 经营风险	69. 78	91. 01	34. 02	9. 80
1. 3 公司治理	61. 31	92. 00	23. 75	11. 87
2. 信息披露质量	71. 29	87. 65	50. 16	4. 90
2. 1 准确性	90. 43	100. 00	20. 00	15. 45
2. 2 完整性	41. 91	95. 08	0. 00	12. 92
2. 3 及时性	52. 99	86. 86	21. 71	8. 58
2. 4 规范性	99. 81	100. 00	30. 00	3. 60

续表

项目	平均值	最高分	最低分	标准差
3. 成长性	60. 83	86. 39	34. 52	9. 18
3. 1 成长能力	70. 85	98. 56	18. 36	14. 54
3. 2 成长空间	50. 82	81. 65	30. 55	9. 21
4. 创新性	48. 85	76. 67	22. 50	10. 18
4. 1 创新投入	46. 61	82. 46	14. 97	11. 00
4. 2 创新产出	52. 21	100. 00	10. 00	20. 03

持续经营能力二级指标评价。在持续经营能力的财务质量、经营风险和公司治理的3个方面中，经营风险平均得分69. 78分，最高分和最低分分别为91. 01分和34. 02分，标准差为9. 80分。财务质量平均得分为58. 68分，最高分、最低分分别为89. 51分和25. 59分，标准差为11. 15分。

信息披露质量二级指标评价。信息披露质量包括准确性、完整性、及时性和规范性4个二级指标。准确性平均得分90. 43分，最高分100分，最低分20分，标准差15. 45分，这表明北京市挂牌企业信息披露的准确性比较高。完整性平均得分41. 91，最高分95. 08分，最低分0分。及时性平均得分52. 99分，最高分86. 86分，最低分21. 71分，标准差8. 58分。这表明北京挂牌公司信息披露的完整性和及时性比较差。规范性平均得分99. 81分，最高分100分，最低分30分，标准差3. 6分，这表明北京挂牌公司信息披露具有很高的规范性。

成长性二级指标评价。成长性包含成长能力和成长空间两个二级指标。成长能力平均得分为70. 85分，最高分为98. 56分，最低分为18. 36分。成长空间平均得分为50. 82分，最高分为81. 65分，最低分为30. 55分，标准差为9. 21分。这些数据表明，北京挂牌公司在成长能力方面超过成长空间。

创新性二级指标。创新性包括创新投入和创新产出两项二级指标。创新投入平均得分46. 61分，最高分82. 46分，最低分14. 97分，标准差11分。创新产出平均得分52. 21分，最高分100分，最低分10分，标准差20. 03分。从数据看出，北京市挂牌公司的创新投入得分不高，但创新产出得分较高。

（二）北京市 TOP10企业质量评价

北京市 TOP10 挂牌企业得分情况见表 7。从表中可以发现综合质量评价超过 70 分的有 6 家，前 3 名为消费品行业的小狗电器、食品行业的联创种业和互联网行业的森途教育。10 强中另外 7 家分别是机械行业的中际联合和博科股份、软件信息行业的臻迪科技、医药行业的天助畅运、文化行业的云畅游戏、生活服务行业的华图教育以及互联网行业的三态股份。

表 7　北京市挂牌企业 TOP10 得分情况

单位：分

排名	代码	企业名称	设定行业	持续经营能力	信息披露质量	成长性	创新性	综合质量评价
1	870077	小狗电器	消费品	81.08	63.87	86.39	60.65	75.00
2	430625	联创种业	食品	75.94	66.11	78.26	63.23	72.24
3	837329	森途教育	互联网	75.78	77.67	76.80	55.58	71.73
4	831344	中际联合	机械	69.16	75.40	68.90	76.35	71.40
5	430069	天助畅运	医药	69.11	71.67	71.27	71.17	70.44
6	834785	云畅游戏	文化	67.49	74.13	72.52	70.55	70.31
7	830858	华图教育	生活服务	81.57	76.58	70.18	46.96	69.68
8	838652	博科股份	机械	68.83	69.85	82.19	57.72	69.62
9	837335	臻迪科技	软件信息	68.49	72.17	79.22	59.22	69.53
10	430754	三态股份	互联网	75.91	72.23	79.65	47.73	69.50

表 7 也给出了北京市挂牌企业 TOP10 的二级指标得分情况。10 家企业的持续经营能力得分均高于北京企业平均得分，其中有 5 家超过 75 分，甚至有两家超过 80 分。10 家企业的成长性也均高于北京市企业的平均水平。就创新性而言，有两家企业没达到北京市企业的平均水平。就信息披露质量来说，有 3 家企业未达到北京市企业的平均水平。从行业来看，消费品行业

的小狗电器排名第 1，食品和互联网行业位列第 2 和第 3，10 家企业中有 2 家属于互联网行业，2 家属于机械行业，食品、医药、文化、生活服务、软件信息和消费品行业各 1 家。

从二级指标挂牌公司质量评价来看，持续经营能力评价前 3 名挂牌公司为华图教育、小狗电器、联创种业，信息披露质量前 3 强为森途教育、华图教育和中际联合，成长性前 3 强为小狗电器、博科股份以及三态股份，创新能力前 3 强为中际联合、天助畅运和云畅游戏。

（三）总结

北京挂牌企业总数在全国排名第 3，综合质量评价在全国排名第 1（得分 59.99），企业持续经营能力在全国排名第 1（得分 62.80），信息披露质量在全国排名第 18（得分 71.29），成长性在全国排名第 5（得分 60.83），创新性在全国排名第 26（得分 48.85）。北京市挂牌公司在数量、综合质量评价、持续经营能力和成长性方面位居全国前列，但在信息披露质量和创新性方面表现不佳。在全市前 10 强企业中，互联网、机械行业各占两家，排名前三的挂牌企业为小狗电器、联创种业和森途教育。

五　浙江省

（一）浙江省挂牌企业质量总体评价

浙江省新三板挂牌企业质量总体评价见表 8。浙江省挂牌公司的综合质量评分为 57.10 分，最高分为 70.86 分，最低分为 40.72 分，计算的标准差为 5.38 分。从分项指标来看，浙江企业信息披露质量得分 69.63 分，创新性得分 45.22 分，持续经营能力和成长性得分分别为 59.80 分和 58.43 分。数据表明，浙江省挂牌公司的信息披露能力较强，在持续经营能力、成长性和创新性 3 个方面较弱。

表8 浙江省挂牌企业质量总体评价

单位：分

项目	平均值	最高分	最低分	标准差
综合质量	57.10	70.86	40.72	5.38
1. 持续经营能力	59.80	84.06	34.01	7.49
1.1 财务质量	56.91	86.37	32.22	10.59
1.2 经营风险	65.93	91.63	31.42	11.84
1.3 公司治理	57.52	93.25	23.75	13.09
2. 信息披露质量	69.63	85.57	54.05	4.56
2.1 准确性	88.95	100.00	32.00	15.86
2.2 完整性	37.81	93.31	10.54	12.34
2.3 及时性	52.03	83.43	45.71	7.22
2.4 规范性	99.74	100.00	30.00	4.23
3. 成长性	58.43	83.19	32.50	8.18
3.1 成长能力	70.07	99.19	38.06	11.88
3.2 成长空间	46.78	71.72	24.62	8.16
4. 创新性	45.22	72.94	15.24	10.56
4.1 创新投入	35.57	63.69	10.54	10.83
4.2 创新产出	59.70	100.00	10.00	23.59

持续经营能力二级指标评价。在持续经营能力的财务质量、经营风险和公司治理的3个方面中，财务质量平均得分为56.91分，最高分86.37分，最低分32.22分，标准差为10.59分。经营风险平均得分65.93分，最高分和最低分分别为91.63分和31.42分，标准差为11.84分。公司治理平均得分为57.52分，最高分93.25分，最低分为23.75分，标准差为13.09分。

信息披露质量二级指标评价。信息披露质量包括准确性、完整性、及时性和规范性4个二级指标。准确性平均得分88.95分，最高分100分，最低分32分，标准差15.86分，这表明浙江省挂牌企业信息披露的准确性比较高。完整性平均得分37.81分，最高分93.31分，最低分10.54分。及时性平均得分52.03分，最高分83.43分，最低分45.71分，标准差7.22分，这表明浙江省挂牌公司信息披露的完整性和及时性比较差。规范性平均得分99.74分，最高分100分，最低分30分，标准差3.6分，表明浙江省挂牌公司信息披露具有较强的规范性。

成长性二级指标评价。成长性包含成长能力和成长空间两个二级指标。成长能力平均得分为70.07分，最高分为99.19分，最低分为38.06分。成长空间平均得分46.78分，最高分为71.72分，最低分为24.62分，标准差为8.16分。这些数据表明，浙江省挂牌公司在成长能力方面超过成长空间。

创新性二级指标。创新性包括创新投入和创新产出两项二级指标。创新投入平均得分35.57分，最高分63.69分，最低分10.54分，标准差10.83分。创新产出平均得分59.70分，最高分100分，最低分10分，标准差23.59分。从数据可以看出，浙江省挂牌公司的创新投入得分不高，但创新产出得分较高。

（二）浙江省 TOP10企业质量评价

浙江省挂牌企业10强得分情况见表9。浙江省挂牌公司10强覆盖建筑地产、生活服务、电气设备、互联网、消费品、食品、电子信息、文化、机械九大行业。从表中可以发现综合质量评价超过70分的挂牌企业有3家，为建筑地产行业的顶上智能、生活服务行业的老鹰教育，以及电气设备行业的锦浪科技，综合质量评价分别为70.86分、70.66分、70.18分。

表9　浙江省 TOP10 企业质量评价

单位：分

排名	代码	企业名称	设定行业	持续经营能力	信息披露质量	成长性	创新性	综合质量评价
1	839431	顶上智能	建筑地产	76.30	65.61	74.86	60.44	70.86
2	838254	老鹰教育	生活服务	84.06	71.02	63.30	57.06	70.66
3	835481	锦浪科技	电气设备	75.63	67.17	69.84	62.85	70.18
4	831557	中呼科技	互联网	66.03	76.31	67.88	72.94	69.31
5	834565	特美股份	消费品	69.30	70.25	73.87	62.66	69.15
6	832559	熊猫乳业	食品	78.13	75.00	61.62	57.60	68.85
7	836188	品茗股份	电子信息	78.15	59.53	83.19	46.92	68.81
8	837073	喜悦动漫	文化	68.03	71.04	73.25	60.86	68.21
9	832772	银都股份	机械	68.99	70.51	68.50	64.26	68.12
10	831762	和达科技	电子信息	77.75	71.60	65.67	51.41	67.77

从二级指标来看，持续经营能力评价前3名为老鹰教育、品茗股份和熊猫乳业，得分分别为84.06分、78.15分和78.13分。信息披露质量前3强为中呼科技、熊猫乳业、和达科技。成长性得分前3强为品茗股份、顶上智能和特美股份。

（三）总结

浙江省挂牌企业总数在全国排名第4，质量评分在全国排名第23（得分57.10），企业持续经营能力在全国排名第11（得分59.80），信息披露质量在全国排名第27（得分69.63），成长性在全国排名第19（得分58.43），创新性在全国排名第25（得分45.22）。浙江挂牌企业在数量和持续经营能力方面居前，但在综合质量评分、信息披露质量、成长性和创新性方面比较靠后。全省前3强挂牌公司分别为建筑地产行业的顶上智能、生活服务行业的老鹰教育以及电气设备行业的锦浪科技。

六　上海市

（一）上海市挂牌企业质量总体评价

上海市新三板挂牌企业质量总体评价状况见表10。上海市挂牌公司的综合质量评分为59.26分，最高分为74.08分，最低分为45.71分，计算的标准差为4.98分。从分项指标来看，上海企业信息披露质量得分70.34分，持续经营能力和成长性得分分别为61.80分和60.59分，创新性得分48.31分。数据表明，上海挂牌公司在信息披露质量、持续经营能力、成长性3个方面较强，而在创新性方面很弱。

持续经营能力二级指标评价。在持续经营能力的财务质量、经营风险和公司治理3个方面，财务质量平均得分为57.93分，最高分82.61分，最低分为29.67分，标准差为11.01分。经营风险平均得分为68.92分，最高分和最低分分别为92.76分和30.96分，标准差为10.97分。公司治理平均得分为 59.86 分，最高分 92 分，最低分为 23.75 分，标准差为 11.33 分。

信息披露质量二级指标评价。信息披露质量包括准确性、完整性、及时性和规范性 4 个二级指标。准确性平均得分 89.31 分，最高分 100 分，最低分 8 分，标准差 17.21 分。完整性平均得分 40.35 分，最高分 75.59 分，最低分 8.54 分。及时性平均得分 52.20 分，最高分 79.43 分，最低分 21.71 分，标准差 7.86 分。规范性平均得分 99.48 分，最高分 100 分，最低分 30 分，标准差 5.82 分。

成长性二级指标评价。成长性包含成长能力和成长空间两个二级指标。成长能力平均得分为 70.74 分，最高分为 98.42 分，最低分为 28.96 分。成长空间平均得分为 50.45 分，最高分为 80.25 分，最低分为 14.32 分，标准差为 9.71 分。

创新性二级指标。创新性包括创新投入和创新产出两项二级指标。创新投入平均得分为 43.69 分，最高分为 88.05 分，最低分为 13.08 分，标准差为 11.69 分。创新产出平均得分为 55.24 分，最高分为 98.54 分，最低分为 10 分，标准差为 20.78 分。

表 10 上海市挂牌企业质量总体评价

单位：分

项目	平均值	最高分	最低分	标准差
综合质量	59.26	74.08	45.71	4.98
1. 持续经营能力	61.80	81.05	45.59	6.93
1.1 财务质量	57.93	82.61	29.67	11.01
1.2 经营风险	68.92	92.76	30.96	10.97
1.3 公司治理	59.86	92.00	23.75	11.33
2. 信息披露质量	70.34	82.55	52.40	4.78
2.1 准确性	89.31	100.00	8.00	17.21
2.2 完整性	40.35	75.59	8.54	12.62
2.3 及时性	52.20	79.43	21.71	7.86

续表

项目	平均值	最高分	最低分	标准差
2.4 规范性	99.48	100.00	30.00	5.82
3. 成长性	60.59	81.52	35.63	8.61
3.1 成长能力	70.74	98.42	28.96	13.10
3.2 成长空间	50.45	80.25	14.32	9.71
4. 创新性	48.31	86.53	15.47	10.75
4.1 创新投入	43.69	88.05	13.08	11.69
4.2 创新产出	55.24	98.54	10.00	20.78

（二）上海市 TOP10企业质量评价

上海市挂牌企业 10 强得分情况见表 11。上海市挂牌公司 10 强覆盖机械、文化、生产服务、电子信息、软件信息、电气设备六大行业。从表中可以发现质量评价总分超过 70 分的挂牌企业仅有 2 家，分别是机械行业的开勒环境和文化行业的天戏互娱，综合质量评价得分分别为 74.08 分、70.61 分。

表 11　上海市 TOP10 企业质量评价

单位：分

排名	代码	企业名称	设定行业	持续经营能力	信息披露质量	成长性	创新性	综合质量评价
1	832365	开勒环境	机　械	81.05	71.16	77.13	60.65	74.08
2	836576	天戏互娱	文　化	68.26	74.67	80.55	61.45	70.61
3	832473	欧泰科	机　械	66.63	72.45	78.00	65.65	69.97
4	839015	耀宇文化	文　化	73.43	69.39	71.20	56.56	68.58
5	837297	中晨电商	生产服务	69.83	70.90	71.45	60.49	68.40
6	833448	灵动微电	电子信息	67.43	76.42	65.79	65.23	67.83
7	830799	艾融软件	软件信息	74.61	70.90	72.31	49.60	67.70
8	831533	绩优股份	电气设备	70.54	72.27	59.73	69.01	67.61
9	837354	威派格	机　械	62.66	68.54	72.99	70.35	67.52
10	832768	爱可生	软件信息	64.69	74.55	70.13	65.09	67.51

持续经营能力评价前3名为开勒环境、艾融软件和耀宇文化，得分分别为81.05分、74.61分和73.43分。挂牌公司10强的持续经营能力得分全部超过上海市挂牌企业的平均分，这表明10强公司相对具有明显的持续经营能力方面的优势。

从信息披露质量得分来看，前3名为灵动微电、天戏互娱、爱可生。

成长性前3强为天戏互娱、欧泰科和开勒环境。

从创新性来看，前3强为威派格、绩优股份、欧泰科。10强挂牌公司创新性得分全部超过上海市挂牌企业的平均分，表明10强公司相对具有明显的创新优势。

（三）总结

上海市挂牌企业的总数在全国排名第5，质量评分在全国排名第3（得分59.26），企业持续经营能力在全国排名第4（得分61.80），信息披露质量在全国排名第23（得分70.34），成长性在全国排名第6（得分60.59），创新性在全国排名第9（得分48.31）。上海市挂牌企业在数量、质量评分、持续经营能力、成长性和创新性方面居全国前列，但在信息披露质量方面比较靠后。全市前3强挂牌公司分别为开勒环境、天戏互娱和欧泰科。

榜　　单

Ranking Lists

B.4 不同行业挂牌公司质量评价榜单

王　师*

摘　要：按照万得数据库三级行业分类标准进行样本数据分类汇集，3157 家样本公司共涉及 63 个三级行业，其中样本公司数量排名前 20 的行业如表 1 所示，剩余 43 个行业有 549 家样本公司。分行业对其中前 1/4（四舍五入取 5 的整数倍）的样本公司得分及其他信息进行展示，样本数少于 40 的其他 43 个杂类行业统一作为一个行业集中排名展示。

关键词：细分行业榜单　质量评价　新三板

* 王师，特华财经研究所研究员，主要研究领域为资本市场、区域产业规划。

按照万得数据库三级行业分类标准进行样本数据分类汇集，其中样本公司数量排名前20的行业如表1所示。

表1 所有样本挂牌公司按照万得三级行业分类数量分布

单位：个

序号	万得三级行业	样本公司数	附表中列示样本数
1	电气设备	151	40
2	电子设备、仪器和元件	280	70
3	纺织品、服装与奢侈品	44	10
4	互联网软件与服务Ⅲ	190	50
5	化工	235	60
6	机械	262	65
7	家庭耐用消费品	66	15
8	建筑产品Ⅲ	40	10
9	建筑与工程Ⅲ	88	20
10	金属、非金属与采矿	120	30
11	媒体Ⅲ	103	25
12	汽车零配件	105	25
13	软件	146	35
14	商业服务与用品	133	35
15	食品	173	45
16	通信设备Ⅲ	58	15
17	信息技术服务	192	50
18	医疗保健设备与用品	56	15
19	制药	68	20
20	专业服务	98	25
	其他43个三级行业	549	150
	总计	3157	810

一 电气设备行业总分排名靠前样本挂牌公司名单

该行业共有151家样本挂牌公司，表2列示总分排名前40家。

表2　电气设备行业总分排名前40家样本挂牌公司名单

单位：分

代码	简称	设定行业	省份	万得三级行业	万得四级行业	持续经营能力得分	信息披露质量得分	成长性得分	创新性得分	总分	全样本排名	行业内排名
870229	特通电气	电气设备	黑龙江	电气设备	电气部件与设备	70.47	75.41	70.02	70.97	71.17	19	1
835481	锦浪科技	电气设备	浙　江	电气设备	重型电气设备	75.63	67.17	69.84	62.85	70.18	28	2
430425	乐创技术	电气设备	四　川	电气设备	电气部件与设备	68.13	71.71	62.77	77.40	69.00	63	3
833333	科雷斯普	电气设备	江　苏	电气设备	电气部件与设备	64.46	71.52	77.99	65.95	68.98	64	4
832714	思晗科技	电气设备	四　川	电气设备	电气部件与设备	62.31	72.14	78.72	69.12	68.94	66	5
831681	智洋电气	电气设备	山　东	电气设备	电气部件与设备	65.80	73.87	64.44	77.36	68.79	75	6
834106	亚派科技	电气设备	江　苏	电气设备	电气部件与设备	69.28	69.46	68.12	67.34	68.63	79	7
833452	星辰热能	电气设备	广　东	电气设备	电气部件与设备	71.39	63.90	70.10	64.83	68.56	84	8
836945	紫光照明	电气设备	广　东	电气设备	电气部件与设备	71.40	67.73	74.52	55.09	67.98	112	9
831533	绩优股份	电气设备	上　海	电气设备	电气部件与设备	70.54	72.27	59.73	69.01	67.61	129	10
833492	奇石缘	电气设备	四　川	电气设备	电气部件与设备	64.35	72.81	77.73	58.59	67.45	140	11
831994	中冀联合	电气设备	广　东	电气设备	电气部件与设备	68.67	71.68	68.68	60.49	67.38	145	12
834262	康富科技	电气设备	江　西	电气设备	电气部件与设备	69.64	73.72	58.11	65.24	66.26	211	13
430674	巴兰仕	电气设备	上　海	电气设备	电气部件与设备	75.90	67.41	61.49	54.54	66.22	214	14
835490	易司拓	电气设备	江　苏	电气设备	电气部件与设备	66.81	69.62	59.61	71.01	66.14	221	15
835629	华伟股份	电气设备	广　东	电气设备	电气部件与设备	67.49	62.62	59.65	72.79	65.69	263	16
831396	许昌智能	电气设备	河　南	电气设备	电气部件与设备	64.21	78.29	66.34	57.56	65.25	298	17
830776	帕特尔	电气设备	黑龙江	电气设备	电气部件与设备	66.75	78.01	60.15	54.59	63.95	461	18
832977	伊斯曼	电气设备	上　海	电气设备	电气部件与设备	70.68	68.58	71.29	43.08	63.87	480	19
836493	和信瑞通	电气设备	北　京	电气设备	电气部件与设备	72.73	55.05	61.22	56.57	63.54	530	20

续表

代码	简称	设定行业	省份	万得三级行业	万得四级行业	持续经营能力得分	信息披露质量得分	成长性得分	创新性得分	总分	全样本排名	行业内排名
838012	同益科技	电气设备	广　东	电气设备	电气部件与设备	63. 45	70. 74	66. 74	55. 21	63. 52	533	21
835277	达森灯光	电气设备	广　东	电气设备	电气部件与设备	62. 74	69. 61	57. 46	64. 73	62. 73	649	22
835721	豪恩光电	电气设备	广　东	电气设备	电气部件与设备	64. 90	66. 46	60. 08	57. 01	62. 25	716	23
835351	智恒科技	电气设备	福　建	电气设备	电气部件与设备	57. 00	75. 11	63. 64	62. 33	62. 17	725	24
836411	川铁电气	电气设备	天　津	电气设备	电气部件与设备	57. 40	73. 96	57. 47	69. 31	61. 93	755	25
839165	捷宝科技	电气设备	广　东	电气设备	电气部件与设备	59. 10	63. 62	57. 90	72. 19	61. 88	763	26
839301	中直电气	电气设备	湖　北	电气设备	电气部件与设备	54. 98	75. 10	67. 98	59. 54	61. 73	787	27
837276	明瑞智能	电气设备	安　徽	电气设备	电气部件与设备	62. 47	71. 50	70. 77	45. 32	61. 68	797	28
831872	宏微科技	电气设备	江　苏	电气设备	电气部件与设备	57. 75	73. 20	59. 39	64. 60	61. 63	809	29
430101	泰诚信	电气设备	北　京	电气设备	电气部件与设备	62. 90	69. 78	60. 94	54. 61	61. 62	812	30
834474	里得电科	电气设备	湖　北	电气设备	电气部件与设备	60. 49	72. 43	58. 69	59. 74	61. 53	834	31
831521	汉龙科技	电气设备	江　苏	电气设备	电气部件与设备	61. 55	71. 76	68. 21	47. 82	61. 44	851	32
836184	和远智能	电气设备	山　东	电气设备	电气部件与设备	56. 68	71. 90	63. 16	61. 38	61. 32	877	33
839644	七星电气	电气设备	福　建	电气设备	电气部件与设备	58. 69	68. 32	67. 88	54. 26	61. 30	883	34
835895	华慧能源	电气设备	湖　南	电气设备	电气部件与设备	62. 44	67. 55	66. 58	49. 27	61. 23	894	35
838232	加勒股份	电气设备	江　苏	电气设备	电气部件与设备	58. 60	73. 67	70. 86	47. 77	61. 05	925	36
831224	沈氏节能	电气设备	浙　江	电气设备	电气部件与设备	54. 13	73. 06	68. 84	58. 16	61. 00	941	37
831945	安泽电工	电气设备	安　徽	电气设备	电气部件与设备	62. 62	67. 84	57. 74	57. 02	60. 95	951	38
830922	裕荣光电	电气设备	上　海	电气设备	电气部件与设备	64. 27	72. 87	63. 76	45. 32	60. 95	952	39
830880	火凤凰	电气设备	江　苏	电气设备	电气部件与设备	59. 98	66. 96	61. 45	56. 87	60. 70	1010	40

二　电子设备仪器和元件行业总分排名靠前样本挂牌公司名单

电子设备仪器和元件行业共有280家样本挂牌公司，表3中列示总分排名前70家。

三　纺织服装与奢侈品行业总分排名靠前样本挂牌公司名单

纺织服装与奢侈品行业共有44家样本挂牌公司，表4中列示总分排名前10家。

四　互联网软件与服务行业总分排名靠前样本挂牌公司名单

互联网软件与服务行业共有190家样本挂牌公司，表5中列示总分排名前50家。

五　化工行业总分排名靠前样本挂牌公司名单

化工行业共有235家样本挂牌公司，表6中列示总分排名前60家。

六　机械行业总分排名靠前样本挂牌公司名单

机械行业共有262家样本挂牌公司，表7中列示总分排名前65家。

表3 电子设备仪器和元件行业总分排名前70家样本挂牌公司名单

单位：分

代码	简称	设定行业	省份	万得三级行业	万得四级行业	持续经营能力得分	信息披露质量得分	成长性得分	创新性得分	总分	全样本排名	行业内排名
835053	帝尔激光	电子信息	湖　北	电子设备、仪器和元件	电子设备和仪器	68. 89	72. 04	76. 04	66. 77	70. 64	22	1
835399	中感微	电子信息	江　苏	电子设备、仪器和元件	电子元件	71. 27	70. 32	60. 87	79. 63	69. 91	34	2
835288	贝特莱	电子信息	广　东	电子设备、仪器和元件	电子设备和仪器	66. 66	74. 63	66. 85	71. 67	68. 84	73	3
836188	品茗股份	电子信息	浙　江	电子设备、仪器和元件	电子元件	78. 15	59. 53	83. 19	46. 92	68. 81	74	4
838234	亚华电子	电子信息	山　东	电子设备、仪器和元件	电子设备和仪器	71. 82	69. 29	68. 94	62. 29	68. 72	77	5
837171	亿道信息	电子信息	广　东	电子设备、仪器和元件	电子制造服务	71. 39	78. 49	74. 67	50. 27	68. 27	92	6
835185	贝特瑞	电子信息	广　东	电子设备、仪器和元件	电子设备和仪器	66. 24	81. 59	55. 02	81. 52	68. 01	110	7
833448	灵动微电	电子信息	上　海	电子设备、仪器和元件	电子元件	67. 43	76. 42	65. 79	65. 23	67. 83	116	8
831762	和达科技	电子信息	浙　江	电子设备、仪器和元件	电子设备和仪器	77. 75	71. 60	65. 67	51. 41	67. 77	119	9
430642	映翰通	电子信息	北　京	电子设备、仪器和元件	电子设备和仪器	74. 82	73. 12	63. 65	56. 75	67. 76	121	10

续表

代码	简称	设定行业	省份	万得三级行业	万得四级行业	持续经营能力得分	信息披露质量得分	成长性得分	创新性得分	总分	全样本排名	行业内排名
838249	邦德激光	电子信息	山　东	电子设备、仪器和元件	电子制造服务	70.39	70.51	73.30	53.44	67.31	151	11
834742	麦克韦尔	电子信息	广　东	电子设备、仪器和元件	电子元件	68.19	77.81	68.51	55.63	66.86	170	12
832110	雷特科技	电子信息	广　东	电子设备、仪器和元件	电子设备和仪器	71.15	68.26	74.25	50.72	66.79	174	13
838280	盛世华安	电子信息	江　苏	电子设备、仪器和元件	电子设备和仪器	64.69	74.80	72.45	58.33	66.62	180	14
832389	睿思凯	电子信息	江　苏	电子设备、仪器和元件	电子设备和仪器	80.74	80.17	61.91	42.75	66.46	193	15
831427	信通电子	电子信息	山　东	电子设备、仪器和元件	电子设备和仪器	69.04	74.31	58.96	65.77	66.46	194	16
430461	视威科技	电子信息	江　苏	电子设备、仪器和元件	电子设备和仪器	76.42	67.28	58.38	58.40	66.42	196	17
832966	道尔智控	电子信息	广　东	电子设备、仪器和元件	电子设备和仪器	68.89	76.63	63.61	57.95	66.28	210	18
839148	升拓检测	电子信息	四　川	电子设备、仪器和元件	电子设备和仪器	67.02	69.36	68.59	59.60	66.18	216	19
835937	迈测科技	电子信息	广　东	电子设备、仪器和元件	电子设备和仪器	73.22	73.38	66.88	49.07	66.10	226	20

续表

代码	简称	设定行业	省份	万得三级行业	万得四级行业	持续经营能力得分	信息披露质量得分	成长性得分	创新性得分	总分	全样本排名	行业内排名
430259	华宿电气	电子信息	上　海	电子设备、仪器和元件	电子设备和仪器	67. 88	72. 33	65. 46	59. 06	66. 05	235	21
832432	科列技术	电子信息	广　东	电子设备、仪器和元件	电子设备和仪器	69. 58	69. 07	66. 29	56. 04	65. 76	253	22
838092	安晶龙	电子信息	安　徽	电子设备、仪器和元件	电子设备和仪器	67. 16	67. 99	63. 02	64. 16	65. 62	267	23
834930	奥视股份	电子信息	北　京	电子设备、仪器和元件	电子设备和仪器	67. 58	65. 61	60. 34	67. 02	65. 29	294	24
430234	翼捷股份	电子信息	上　海	电子设备、仪器和元件	电子设备和仪器	68. 54	71. 04	64. 56	56. 13	65. 23	301	25
834110	灵信视觉	电子信息	上　海	电子设备、仪器和元件	电子设备和仪器	70. 01	77. 98	63. 79	50. 36	65. 08	316	26
837100	阿李股份	电子信息	广　东	电子设备、仪器和元件	电子设备和仪器	57. 02	80. 14	72. 44	62. 92	64. 97	329	27
832193	宏晶科技	电子信息	安　徽	电子设备、仪器和元件	电子制造服务	64. 39	75. 55	65. 23	58. 15	64. 83	344	28
870299	灿能电力	电子信息	江　苏	电子设备、仪器和元件	电子设备和仪器	69. 39	70. 98	68. 89	48. 96	64. 82	348	29
833854	远望信息	电子信息	浙　江	电子设备、仪器和元件	电子设备和仪器	62. 55	72. 93	73. 39	54. 52	64. 81	349	30

续表

代码	简称	设定行业	省份	万得三级行业	万得四级行业	持续经营能力得分	信息披露质量得分	成长性得分	创新性得分	总分	全样本排名	行业内排名
835633	世纪福	电子信息	江　苏	电子设备、仪器和元件	电子设备和仪器	67. 30	65. 32	65. 21	58. 47	64. 63	372	31
430480	辰维科技	电子信息	河　南	电子设备、仪器和元件	电子设备和仪器	63. 97	69. 38	64. 44	62. 17	64. 50	395	32
839077	奇华智慧	电子信息	北　京	电子设备、仪器和元件	技术产品经销商	59. 59	75. 57	72. 12	57. 81	64. 38	405	33
430305	维珍创意	电子信息	北　京	电子设备、仪器和元件	电子设备和仪器	68. 36	72. 66	55. 23	62. 69	64. 28	415	34
831509	中科英泰	电子信息	山　东	电子设备、仪器和元件	电子设备和仪器	68. 65	69. 14	61. 34	56. 01	64. 15	435	35
837303	西默电气	电子信息	广　东	电子设备、仪器和元件	电子设备和仪器	68. 77	68. 23	66. 47	50. 85	64. 12	439	36
838411	云网科技	电子信息	重　庆	电子设备、仪器和元件	电子设备和仪器	65. 28	75. 97	73. 47	45. 43	63. 98	458	37
430152	思银股份	电子信息	北　京	电子设备、仪器和元件	电子设备和仪器	62. 73	69. 80	54. 05	76. 67	63. 93	466	38
838636	观为监测	电子信息	江　苏	电子设备、仪器和元件	电子设备和仪器	66. 68	66. 27	70. 66	50. 38	63. 90	473	39
832188	科安达	电子信息	广　东	电子设备、仪器和元件	电子设备和仪器	65. 53	73. 55	56. 89	63. 18	63. 89	474	40

续表

代码	简称	设定行业	省份	万得三级行业	万得四级行业	持续经营能力得分	信息披露质量得分	成长性得分	创新性得分	总分	全样本排名	行业内排名
833426	先控电气	电子信息	河　北	电子设备、仪器和元件	电子设备和仪器	66. 57	75. 24	64. 02	51. 17	63. 70	505	41
834813	佛山青松	电子信息	广　东	电子设备、仪器和元件	电子设备和仪器	68. 67	75. 39	52. 31	60. 95	63. 52	534	42
835460	尊宝智控	电子信息	广　东	电子设备、仪器和元件	电子设备和仪器	69. 89	66. 64	64. 52	49. 39	63. 46	541	43
837970	英内物联	电子信息	上　海	电子设备、仪器和元件	电子设备和仪器	62. 85	76. 75	60. 24	59. 59	63. 40	553	44
833671	邦诚电信	电子信息	上　海	电子设备、仪器和元件	电子设备和仪器	66. 89	72. 04	66. 54	48. 60	63. 37	559	45
831002	飞鱼星	电子信息	四　川	电子设备、仪器和元件	电子设备和仪器	66. 59	68. 28	53. 98	65. 97	63. 31	575	46
838035	朗驰欣创	电子信息	广　东	电子设备、仪器和元件	电子设备和仪器	60. 51	71. 95	59. 57	67. 79	63. 28	579	47
832911	正方股份	电子信息	黑龙江	电子设备、仪器和元件	电子设备和仪器	59. 88	71. 94	63. 88	63. 46	63. 28	580	48
430512	芯朋微	电子信息	江　苏	电子设备、仪器和元件	电子元件	66. 80	60. 10	55. 33	69. 37	63. 20	590	49
836844	柯林电气	电子信息	浙　江	电子设备、仪器和元件	电子设备和仪器	57. 37	67. 12	72. 08	61. 98	63. 15	593	50

续表

代码	简称	设定行业	省份	万得三级行业	万得四级行业	持续经营能力得分	信息披露质量得分	成长性得分	创新性得分	总分	全样本排名	行业内排名
839823	科睿坦	电子信息	江　苏	电子设备、仪器和元件	电子设备和仪器	65.96	72.82	67.84	47.51	63.14	597	51
837821	则成电子	电子信息	广　东	电子设备、仪器和元件	电子设备和仪器	69.23	65.45	67.98	45.84	62.93	620	52
831724	信而泰	电子信息	北　京	电子设备、仪器和元件	电子设备和仪器	67.11	77.57	68.22	42.60	62.88	626	53
833779	奥科斯特	电子信息	广　东	电子设备、仪器和元件	电子设备和仪器	66.80	66.60	70.97	45.68	62.82	638	54
833960	华发教育	电子信息	河　北	电子设备、仪器和元件	电子制造服务	64.96	75.62	61.51	51.99	62.70	653	55
834419	沃镭智能	电子信息	浙　江	电子设备、仪器和元件	电子设备和仪器	55.29	67.21	65.00	72.21	62.53	682	56
839456	好女人	电子信息	广　东	电子设备、仪器和元件	电子元件	61.36	74.38	66.14	53.10	62.52	684	57
836431	美思特	电子信息	浙　江	电子设备、仪器和元件	电子设备和仪器	66.88	71.92	55.77	56.62	62.50	689	58
839390	飞通科技	电子信息	福　建	电子设备、仪器和元件	电子设备和仪器	59.27	67.39	60.48	66.85	62.21	720	59
835771	嘉泰激光	电子信息	浙　江	电子设备、仪器和元件	电子设备和仪器	63.01	79.97	58.74	53.63	62.13	730	60

续表

代码	简称	设定行业	省份	万得三级行业	万得四级行业	持续经营能力得分	信息披露质量得分	成长性得分	创新性得分	总分	全样本排名	行业内排名
833331	爱夫卡	电子信息	广　东	电子设备、仪器和元件	电子设备和仪器	70. 07	82. 76	73. 02	32. 03	62. 07	737	61
839805	中德生物	电子信息	江　西	电子设备、仪器和元件	电子元件	55. 19	74. 02	72. 89	56. 08	62. 02	742	62
834948	晨泰科技	电子信息	浙　江	电子设备、仪器和元件	电子设备和仪器	65. 90	75. 68	52. 22	58. 28	61. 94	752	63
836850	嘉东光学	电子信息	安　徽	电子设备、仪器和元件	电子元件	64. 41	74. 26	60. 04	51. 44	61. 81	773	64
832189	科瑞达	电子信息	河　北	电子设备、仪器和元件	电子设备和仪器	61. 55	73. 18	54. 57	63. 64	61. 71	790	65
836172	中迪医疗	电子信息	重　庆	电子设备、仪器和元件	技术产品经销商	62. 77	74. 10	63. 94	49. 49	61. 65	805	66
870259	易捷通	电子信息	广　东	电子设备、仪器和元件	电子设备和仪器	68. 17	71. 17	58. 97	47. 84	61. 65	806	67
835172	鼎能开源	电子信息	北　京	电子设备、仪器和元件	电子元件	55. 56	76. 98	64. 03	61. 03	61. 60	821	68
831661	金马科技	电子信息	北　京	电子设备、仪器和元件	电子制造服务	68. 56	74. 37	60. 44	44. 19	61. 59	822	69
839832	鑫磊新材	电子信息	江　西	电子设备、仪器和元件	电子元件	56. 80	71. 21	64. 04	61. 47	61. 51	839	70

表4　纺织服装与奢侈品行业总分排名前10家样本挂牌公司名单

单位：分

代码	简称	设定行业	省份	万得三级行业	万得四级行业	持续经营能力得分	信息披露质量得分	成长性得分	创新性得分	总分	全样本排名	行业内排名
834810	斯得福	消费品	江苏	纺织品、服装与奢侈品	纺织品	71.11	66.86	60.06	68.83	67.10	161	1
831568	张铁军	消费品	上海	纺织品、服装与奢侈品	服装、服饰与奢侈品	65.50	71.95	61.46	59.63	64.17	434	2
831842	名冠股份	消费品	上海	纺织品、服装与奢侈品	纺织品	70.09	70.38	74.24	40.61	63.79	491	3
832997	盛纺股份	消费品	江苏	纺织品、服装与奢侈品	纺织品	68.12	61.71	56.31	63.25	63.06	606	4
870178	旭平首饰	消费品	广西	纺织品、服装与奢侈品	服装、服饰与奢侈品	64.22	71.82	62.98	49.21	61.62	813	5
838077	优依购	消费品	广东	纺织品、服装与奢侈品	服装、服饰与奢侈品	57.60	76.70	69.20	50.17	61.24	893	6
837942	金尔豪	消费品	广东	纺织品、服装与奢侈品	服装、服饰与奢侈品	62.16	66.06	68.50	48.68	61.20	900	7
838711	韩都电商	消费品	山东	纺织品、服装与奢侈品	服装、服饰与奢侈品	59.70	69.25	72.09	43.97	60.20	1120	8
839275	众信科技	消费品	福建	纺织品、服装与奢侈品	纺织品	56.10	78.90	63.50	50.45	59.62	1262	9
833649	宝美户外	消费品	江苏	纺织品、服装与奢侈品	服装、服饰与奢侈品	64.30	76.46	61.31	40.97	59.59	1272	10

表5 互联网软件与服务行业总分排名前50家样本挂牌公司名单

单位：分

代码	简称	设定行业	省份	万得三级行业	万得四级行业	持续经营能力得分	信息披露质量得分	成长性得分	创新性得分	总分	全样本排名	行业内排名
832148	云媒股份	互联网	山东	互联网软件与服务Ⅲ	互联网软件与服务	71.41	70.81	86.76	79.18	76.44	1	1
837329	森途教育	互联网	北京	互联网软件与服务Ⅲ	互联网软件与服务	75.78	77.67	76.80	55.58	71.73	15	2
836610	铠甲网络	互联网	福建	互联网软件与服务Ⅲ	互联网软件与服务	74.26	76.36	74.92	53.13	69.90	35	3
430754	三态股份	互联网	北京	互联网软件与服务Ⅲ	互联网软件与服务	75.91	72.23	79.65	47.73	69.50	43	4
831557	中呼科技	互联网	浙江	互联网软件与服务Ⅲ	互联网软件与服务	66.03	76.31	67.88	72.94	69.31	48	5
831142	易讯通	互联网	北京	互联网软件与服务Ⅲ	互联网软件与服务	70.34	83.97	76.33	51.51	69.27	51	6
836261	闻道网络	互联网	江苏	互联网软件与服务Ⅲ	互联网软件与服务	72.17	78.83	70.06	56.24	69.06	58	7
832953	创识科技	互联网	福建	互联网软件与服务Ⅲ	互联网软件与服务	76.25	72.20	60.14	61.25	68.22	96	8
834845	华腾教育	互联网	广东	互联网软件与服务Ⅲ	互联网软件与服务	70.04	76.38	76.98	50.85	68.14	102	9
837043	中联网盟	互联网	北京	互联网软件与服务Ⅲ	互联网软件与服务	74.11	66.47	73.86	52.07	67.89	115	10

续表

代码	简称	设定行业	省份	万得三级行业	万得四级行业	持续经营能力得分	信息披露质量得分	成长性得分	创新性得分	总分	全样本排名	行业内排名
831560	盈建科	互联网	北京	互联网软件与服务Ⅲ	互联网软件与服务	75.54	64.53	71.76	52.02	67.60	130	11
838413	易名科技	互联网	福建	互联网软件与服务Ⅲ	互联网软件与服务	77.48	78.64	57.48	56.03	67.54	133	12
831185	众智软件	互联网	河南	互联网软件与服务Ⅲ	互联网软件与服务	60.46	71.45	75.83	69.62	67.48	138	13
833694	新道科技	互联网	海南	互联网软件与服务Ⅲ	互联网软件与服务	62.39	76.29	73.11	65.05	67.46	139	14
834709	注意力	互联网	广东	互联网软件与服务Ⅲ	互联网软件与服务	76.31	71.55	63.55	54.22	67.43	142	15
831829	同方软银	互联网	辽宁	互联网软件与服务Ⅲ	互联网软件与服务	74.29	74.47	62.21	57.02	67.43	143	16
839483	用友金融	互联网	北京	互联网软件与服务Ⅲ	互联网软件与服务	68.94	76.50	74.73	51.41	67.38	147	17
870207	氢动益维	互联网	北京	互联网软件与服务Ⅲ	互联网软件与服务	71.89	70.54	80.31	45.50	67.26	153	18
830917	网波股份	互联网	上海	互联网软件与服务Ⅲ	互联网软件与服务	69.97	81.77	69.52	50.24	66.92	166	19
838470	斯维尔	互联网	广东	互联网软件与服务Ⅲ	互联网软件与服务	69.18	70.77	75.27	51.54	66.84	171	20

续表

代码	简称	设定行业	省份	万得三级行业	万得四级行业	持续经营能力得分	信息披露质量得分	成长性得分	创新性得分	总分	全样本排名	行业内排名
836356	易信科技	互联网	广东	互联网软件与服务Ⅲ	互联网软件与服务	67.79	74.10	73.46	52.97	66.72	177	21
834484	博拉网络	互联网	重庆	互联网软件与服务Ⅲ	互联网软件与服务	71.75	74.83	60.90	58.61	66.56	182	22
831764	拓美传媒	互联网	北京	互联网软件与服务Ⅲ	互联网软件与服务	72.09	72.56	68.09	51.60	66.54	186	23
836825	国信创新	互联网	北京	互联网软件与服务Ⅲ	互联网软件与服务	75.69	73.34	59.36	54.86	66.47	192	24
834327	车讯互联	互联网	北京	互联网软件与服务Ⅲ	互联网软件与服务	68.00	75.62	66.62	56.89	66.33	203	25
837625	速途网络	互联网	北京	互联网软件与服务Ⅲ	互联网软件与服务	76.16	69.52	67.94	47.04	66.30	204	26
838736	达意科技	互联网	河北	互联网软件与服务Ⅲ	互联网软件与服务	72.94	67.88	70.97	49.41	66.29	206	27
837138	恒谦教育	互联网	陕西	互联网软件与服务Ⅲ	互联网软件与服务	63.85	83.37	67.69	58.61	66.29	208	28
835315	驱动人生	互联网	广东	互联网软件与服务Ⅲ	互联网软件与服务	72.30	75.11	82.01	38.88	66.28	209	29
832086	现在支付	互联网	北京	互联网软件与服务Ⅲ	互联网软件与服务	67.61	71.80	68.79	56.06	66.00	237	30

续表

代码	简称	设定行业	省份	万得三级行业	万得四级行业	持续经营能力得分	信息披露质量得分	成长性得分	创新性得分	总分	全样本排名	行业内排名
836731	盛邦安全	互联网	北京	互联网软件与服务Ⅲ	互联网软件与服务	69.67	69.90	74.74	47.96	65.83	248	31
835213	福信富通	互联网	福建	互联网软件与服务Ⅲ	互联网软件与服务	70.30	74.75	73.40	45.39	65.72	258	32
832828	凡科股份	互联网	广东	互联网软件与服务Ⅲ	互联网软件与服务	79.65	69.87	67.96	40.95	65.71	259	33
832638	瓦力科技	互联网	广东	互联网软件与服务Ⅲ	互联网软件与服务	70.05	76.36	60.90	55.67	65.44	278	34
831129	领信股份	互联网	山东	互联网软件与服务Ⅲ	互联网软件与服务	70.52	68.90	65.82	53.60	65.39	286	35
837220	弘方科技	互联网	北京	互联网软件与服务Ⅲ	互联网软件与服务	71.64	75.88	63.56	50.44	65.38	288	36
834136	仙果广告	互联网	北京	互联网软件与服务Ⅲ	互联网软件与服务	69.49	71.12	64.26	55.09	65.28	296	37
839038	深海软件	互联网	广东	互联网软件与服务Ⅲ	互联网软件与服务	71.76	72.18	64.54	50.58	65.22	302	38
832107	达能电气	互联网	辽宁	互联网软件与服务Ⅲ	互联网软件与服务	63.66	72.91	65.02	61.55	64.88	340	39
831630	博安达	互联网	广东	互联网软件与服务Ⅲ	互联网软件与服务	73.02	71.15	75.23	39.68	64.87	341	40

续表

代码	简称	设定行业	省份	万得三级行业	万得四级行业	持续经营能力得分	信息披露质量得分	成长性得分	创新性得分	总分	全样本排名	行业内排名
838789	蜂助手	互联网	广东	互联网软件与服务Ⅲ	互联网软件与服务	67.69	71.72	67.08	52.68	64.79	350	41
430613	腾晖科技	互联网	广东	互联网软件与服务Ⅲ	互联网软件与服务	72.72	67.92	80.55	37.58	64.71	363	42
832571	点击网络	互联网	福建	互联网软件与服务Ⅲ	互联网软件与服务	64.77	79.31	66.38	53.15	64.57	377	43
832171	志晟信息	互联网	河北	互联网软件与服务Ⅲ	互联网软件与服务	69.58	80.77	64.15	47.31	64.55	384	44
835801	博大光通	互联网	北京	互联网软件与服务Ⅲ	互联网软件与服务	63.07	71.93	71.29	54.99	64.53	387	45
835715	顶联信息	互联网	山东	互联网软件与服务Ⅲ	互联网软件与服务	67.62	73.25	65.38	52.41	64.49	396	46
830860	奥特股份	互联网	宁夏	互联网软件与服务Ⅲ	互联网软件与服务	63.88	70.93	72.05	53.20	64.47	397	47
837014	搭人网络	互联网	上海	互联网软件与服务Ⅲ	互联网软件与服务	60.30	63.76	81.52	55.28	64.44	402	48
837979	噢易云	互联网	湖北	互联网软件与服务Ⅲ	互联网软件与服务	64.37	71.89	69.98	53.45	64.39	403	49
833529	视纪印象	互联网	湖北	互联网软件与服务Ⅲ	互联网软件与服务	63.80	74.59	61.14	61.83	64.22	426	50

表6　化工行业总分排名前60家样本挂牌公司名单

单位：分

代码	简称	设定行业	省份	万得三级行业	万得四级行业	持续经营能力得分	信息披露质量得分	成长性得分	创新性得分	总分	全样本排名	行业内排名
833329	利达股份	能源化工	福建	化工	基础化工	66.75	78.52	72.95	63.63	69.27	52	1
830809	安达科技	能源化工	贵州	化工	基础化工	68.02	84.87	75.66	45.39	66.60	181	2
833291	森合高科	能源化工	广西	化工	特种化工	66.11	69.41	71.82	59.20	66.50	188	3
837632	昊帆生物	能源化工	江苏	化工	基础化工	75.78	68.62	70.26	46.64	66.49	190	4
834162	江平生物	能源化工	福建	化工	化肥与农用化工	67.59	69.21	70.06	54.46	65.55	271	5
835208	维尼健康	能源化工	广东	化工	特种化工	67.85	71.03	75.95	47.46	65.43	281	6
839711	凯盛新材	能源化工	山东	化工	基础化工	67.17	73.72	61.87	60.80	65.41	284	7
833189	达诺尔	能源化工	江苏	化工	特种化工	75.73	62.57	65.11	50.36	65.31	293	8
837635	骏鼎达	能源化工	广东	化工	基础化工	73.93	69.51	73.66	41.23	65.12	312	9
833971	四新科技	能源化工	江苏	化工	特种化工	68.09	70.20	58.36	62.09	64.61	373	10
831391	三达奥克	能源化工	辽宁	化工	基础化工	66.02	71.10	60.43	61.38	64.35	410	11
838666	云瀚股份	能源化工	江苏	化工	特种化工	63.63	79.25	73.94	47.32	64.35	412	12
831170	熵能新材	能源化工	广东	化工	基础化工	77.02	72.88	63.69	41.07	64.24	421	13
430523	泰谷生物	能源化工	湖南	化工	化肥与农用化工	58.60	75.01	64.54	67.95	64.17	433	14
835343	艾美森	能源化工	福建	化工	基础化工	72.83	71.91	58.47	50.84	64.03	448	15
834964	旷世智源	能源化工	浙江	化工	基础化工	75.21	65.90	55.08	54.67	63.99	454	16
833817	聚石化学	能源化工	广东	化工	基础化工	71.47	69.09	54.45	58.70	63.87	478	17
830964	润农节水	能源化工	河北	化工	基础化工	69.55	64.81	56.91	60.94	63.75	495	18
837316	新疆大全	能源化工	新疆	化工	基础化工	61.36	71.46	62.71	63.56	63.57	523	19
838731	呈和科技	能源化工	广东	化工	特种化工	71.72	69.19	63.32	47.06	63.56	526	20

续表

代码	简称	设定行业	省份	万得三级行业	万得四级行业	持续经营能力得分	信息披露质量得分	成长性得分	创新性得分	总分	全样本排名	行业内排名
833395	帕卓管路	能源化工	江苏	化工	基础化工	70. 35	73. 19	58. 57	49. 64	63. 05	610	21
838394	金润股份	能源化工	山东	化工	特种化工	58. 64	70. 58	69. 65	58. 40	62. 89	623	22
833418	中兰环保	能源化工	广东	化工	基础化工	72. 37	65. 37	55. 65	52. 66	62. 63	670	23
833032	特耐股份	能源化工	河南	化工	基础化工	62. 23	69. 61	56. 77	65. 62	62. 51	686	24
833435	国润新材	能源化工	河南	化工	基础化工	65. 25	71. 49	67. 05	46. 03	62. 11	733	25
430462	树业环保	能源化工	广东	化工	基础化工	71. 64	62. 51	54. 73	54. 15	62. 05	738	26
830825	和泰润佳	能源化工	重庆	化工	基础化工	64. 05	70. 01	60. 72	53. 19	61. 71	789	27
831184	强盛股份	能源化工	江苏	化工	基础化工	68. 05	78. 43	56. 44	47. 15	61. 64	807	28
833757	天力锂能	能源化工	河南	化工	特种化工	58. 29	75. 58	67. 70	51. 93	61. 48	843	29
430060	永邦科技	能源化工	北京	化工	特种化工	54. 69	70. 65	67. 54	61. 54	61. 34	869	30
832477	航凯电力	能源化工	北京	化工	基础化工	65. 05	81. 26	76. 40	33. 47	61. 30	880	31
836871	派特尔	能源化工	广东	化工	基础化工	73. 69	66. 33	62. 36	39. 03	61. 27	885	32
831526	凯华材料	能源化工	天津	化工	特种化工	65. 35	72. 84	61. 69	46. 87	61. 26	886	33
831933	百杰瑞	能源化工	湖北	化工	基础化工	63. 12	71. 14	65. 82	46. 40	61. 06	922	34
838929	凌玮科技	能源化工	广东	化工	特种化工	70. 14	69. 51	65. 50	38. 40	61. 04	930	35
430221	风帆科技	能源化工	湖北	化工	特种化工	66. 27	72. 99	63. 68	42. 83	61. 01	937	36
835017	中研高塑	能源化工	吉林	化工	特种化工	55. 10	71. 39	63. 67	63. 00	61. 00	939	37
833942	祥源新材	能源化工	湖北	化工	基础化工	68. 66	73. 57	63. 35	39. 90	61. 00	942	38
833434	博锐斯	能源化工	广东	化工	基础化工	72. 23	64. 59	66. 33	37. 48	60. 98	944	39
839128	新化股份	能源化工	浙江	化工	基础化工	63. 19	72. 84	53. 03	58. 64	60. 87	975	40
834790	城发集塑	能源化工	吉林	化工	基础化工	60. 52	66. 82	73. 53	45. 02	60. 78	990	41

续表

代码	简称	设定行业	省份	万得三级行业	万得四级行业	持续经营能力得分	信息披露质量得分	成长性得分	创新性得分	总分	全样本排名	行业内排名
838020	科德科技	能源化工	广东	化工	多元化工	68.98	59.98	66.79	42.28	60.76	997	42
834637	禾益化工	能源化工	江西	化工	化肥与农用化工	70.99	81.41	53.52	41.77	60.73	1002	43
870328	和和新材	能源化工	江苏	化工	基础化工	73.73	72.07	61.97	35.27	60.71	1009	44
830810	广东羚光	能源化工	广东	化工	基础化工	68.75	71.83	61.35	41.07	60.67	1013	45
839605	晟琪科技	能源化工	广东	化工	基础化工	53.46	73.16	67.59	58.44	60.49	1063	46
838871	视客新材	能源化工	江苏	化工	特种化工	67.23	72.01	66.69	37.95	60.46	1067	47
836618	哥俩好	能源化工	辽宁	化工	多元化工	63.17	74.25	54.68	53.81	60.45	1070	48
831468	威顿晶磷	能源化工	贵州	化工	基础化工	63.17	69.41	65.22	44.99	60.35	1093	49
835595	固润科技	能源化工	湖北	化工	基础化工	64.54	70.52	64.76	42.92	60.33	1096	50
832959	立昌环境	能源化工	上海	化工	基础化工	54.50	70.74	64.65	59.90	60.28	1107	51
839789	顶硕药业	能源化工	天津	化工	基础化工	50.59	67.88	84.78	50.31	60.09	1141	52
837513	优邦科技	能源化工	广东	化工	基础化工	59.41	65.60	65.60	51.41	60.05	1151	53
837938	贝斯美	能源化工	浙江	化工	化肥与农用化工	62.93	71.24	59.03	49.04	60.02	1155	54
833841	夜光明	能源化工	浙江	化工	基础化工	71.00	71.49	59.77	37.68	59.97	1166	55
834572	恒缘新材	能源化工	湖南	化工	基础化工	60.53	56.77	61.08	59.69	59.92	1188	56
836763	远翔新材	能源化工	福建	化工	基础化工	64.66	63.95	58.59	49.95	59.81	1213	57
833098	新龙股份	能源化工	江西	化工	化肥与农用化工	58.56	69.83	58.68	56.48	59.72	1235	58
834488	贝特利	能源化工	江苏	化工	基础化工	64.79	63.42	65.67	43.06	59.72	1236	59
870204	沪江材料	能源化工	江苏	化工	基础化工	60.59	69.81	59.27	52.05	59.71	1239	60

表 7　机械行业总分排名前 65 家样本挂牌公司名单

单位：分

代码	简称	设定行业	省份	万得三级行业	万得四级行业	持续经营能力得分	信息披露质量得分	成长性得分	创新性得分	总分	全样本排名	行业内排名
833284	灵鸽科技	机械	江苏	机械	农用农业机械	77.54	83.31	75.67	66.07	75.45	4	1
832365	开勒环境	机械	上海	机械	工业机械	81.05	71.16	77.13	60.65	74.08	9	2
831344	中际联合	机械	北京	机械	工业机械	69.16	75.40	68.90	76.35	71.40	18	3
832473	欧泰科	机械	上海	机械	工业机械	66.63	72.45	78.00	65.65	69.97	33	4
838652	博科股份	机械	北京	机械	工业机械	68.83	69.85	82.19	57.72	69.62	40	5
837701	北方灌装	机械	吉林	机械	工业机械	62.34	69.53	74.31	78.16	69.28	50	6
838241	开信精工	机械	江苏	机械	工业机械	71.04	81.62	69.69	57.58	69.22	54	7
836901	迈格钠	机械	辽宁	机械	工业机械	65.54	70.34	73.69	68.93	68.90	68	8
831544	北超伺服	机械	北京	机械	工业机械	65.75	75.19	67.44	72.64	68.87	71	9
837156	拓控信息	机械	江苏	机械	工业机械	66.86	73.34	65.21	73.99	68.75	76	10
832368	佳创科技	机械	福建	机械	工业机械	68.87	66.75	73.73	61.66	68.20	98	11
836288	奥特维	机械	江苏	机械	工业机械	63.65	71.33	70.64	72.27	68.17	100	12
832772	银都股份	机械	浙江	机械	工业机械	68.99	70.51	68.50	64.26	68.12	104	13
831512	环创科技	机械	福建	机械	工业机械	64.73	62.24	77.94	67.74	68.03	109	14
430394	伯朗特	机械	广东	机械	工业机械	66.31	84.25	74.77	53.08	67.74	123	15
832733	威格科技	机械	江苏	机械	工业机械	65.82	68.74	77.88	58.99	67.60	131	16
837354	威派格	机械	上海	机械	工业机械	62.66	68.54	72.99	70.35	67.52	134	17
837453	通锦精密	机械	江苏	机械	工业机械	73.13	67.02	65.83	59.68	67.51	136	18
834914	峰华卓立	机械	广东	机械	工业机械	68.44	73.28	78.97	50.05	67.31	150	19
838555	昆山佰奥	机械	江苏	机械	工业机械	64.39	69.85	70.71	63.54	66.55	184	20
833665	清大天达	机械	北京	机械	工业机械	59.60	75.94	69.79	69.10	66.22	213	21

续表

代码	简称	设定行业	省份	万得三级行业	万得四级行业	持续经营能力得分	信息披露质量得分	成长性得分	创新性得分	总分	全样本排名	行业内排名
835747	朴道水汇	机械	上海	机械	工业机械	68. 48	69. 78	69. 59	55. 83	66. 19	215	22
837722	嘉戎技术	机械	福建	机械	工业机械	64. 64	73. 55	71. 25	57. 94	66. 07	232	23
832239	恒鑫智能	机械	广东	机械	工业机械	68. 83	71. 62	63. 47	60. 14	66. 05	236	24
835486	国安达	机械	福建	机械	工业机械	61. 31	71. 26	72. 07	64. 67	66. 00	238	25
832846	山东开泰	机械	山东	机械	工业机械	65. 47	69. 30	67. 83	62. 35	65. 97	240	26
836084	江苏北人	机械	江苏	机械	工业机械	65. 12	85. 95	66. 05	54. 96	65. 86	246	27
839204	数维翔图	机械	北京	机械	工业机械	70. 44	71. 78	71. 29	48. 74	65. 82	250	28
836716	芬尼科技	机械	广东	机械	工业机械	67. 77	61. 06	67. 31	63. 82	65. 81	251	29
837176	孚因动力	机械	上海	机械	工业机械	68. 14	70. 66	66. 97	55. 39	65. 45	277	30
832341	常荣声学	机械	江苏	机械	工业机械	62. 29	73. 39	72. 86	57. 77	65. 40	285	31
836987	联泰科技	机械	上海	机械	工业机械	66. 60	71. 88	70. 29	52. 90	65. 21	304	32
838670	恒进感应	机械	湖北	机械	工业机械	60. 54	70. 48	71. 88	63. 16	65. 20	306	33
832463	月旭科技	机械	上海	机械	工业机械	67. 55	74. 12	69. 93	50. 47	65. 18	308	34
831540	京源环保	机械	江苏	机械	工业机械	66. 53	63. 58	73. 25	54. 94	65. 14	310	35
837460	壹星科技	机械	湖南	机械	工业机械	61. 05	73. 77	62. 44	70. 20	64. 95	332	36
832182	欧好光电	机械	上海	机械	农用农业机械	58. 91	70. 30	79. 29	57. 94	64. 94	334	37
834231	合众环保	机械	北京	机械	工业机械	61. 67	71. 23	67. 27	64. 02	64. 89	338	38
835754	西格玛	机械	广东	机械	工业机械	71. 91	68. 64	73. 83	42. 70	64. 77	354	39
838341	南商农科	机械	河南	机械	农用农业机械	64. 22	72. 22	75. 85	49. 77	64. 75	356	40
430499	中科股份	机械	安徽	机械	建筑机械与重型卡车	58. 66	72. 02	75. 37	60. 10	64. 72	362	41
832522	纳科诺尔	机械	河北	机械	工业机械	62. 80	78. 46	69. 76	53. 92	64. 66	368	42

续表

代码	简称	设定行业	省份	万得三级行业	万得四级行业	持续经营能力得分	信息披露质量得分	成长性得分	创新性得分	总分	全样本排名	行业内排名
838725	天辰智能	机械	山东	机械	工业机械	64.73	71.57	65.49	58.63	64.61	374	43
831704	九如环境	机械	北京	机械	工业机械	63.08	74.10	71.27	53.71	64.52	392	44
834721	爱瑞特	机械	安徽	机械	工业机械	59.39	67.98	75.27	60.33	64.50	394	45
831463	凯雪冷链	机械	河南	机械	工业机械	65.84	77.51	59.35	59.66	64.46	399	46
839117	联领智能	机械	江苏	机械	工业机械	64.40	68.30	67.96	57.86	64.46	400	47
832216	善营股份	机械	广东	机械	工业机械	62.70	66.04	68.99	61.03	64.37	406	48
834947	耐普矿机	机械	江西	机械	工业机械	64.50	70.00	67.50	56.31	64.27	416	49
832394	佳龙科技	机械	福建	机械	工业机械	59.52	76.80	66.47	62.62	64.22	425	50
832060	施可瑞	机械	福建	机械	工业机械	69.86	60.23	70.71	50.37	64.19	432	51
833903	杭真能源	机械	浙江	机械	工业机械	73.93	71.41	54.78	53.99	64.08	443	52
833643	必得科技	机械	江苏	机械	工业机械	66.92	69.95	66.38	52.38	64.01	452	53
835849	上海众幸	机械	上海	机械	工业机械	67.05	71.30	69.33	48.39	63.93	465	54
839240	江河海	机械	广东	机械	工业机械	69.72	69.46	56.24	59.27	63.93	468	55
839156	元泰智能	机械	江苏	机械	工业机械	63.07	71.70	62.95	61.35	63.91	471	56
833684	联赢激光	机械	广东	机械	工业机械	62.54	73.37	71.60	52.11	63.89	476	57
837004	舜禹水务	机械	安徽	机械	工业机械	55.95	68.49	74.19	65.46	63.86	481	58
837717	华安奥特	机械	北京	机械	工业机械	52.72	74.07	76.48	66.56	63.79	490	59
835262	佳乐股份	机械	浙江	机械	工业机械	61.47	75.53	62.44	61.85	63.73	500	60
832662	方盛股份	机械	江苏	机械	工业机械	68.86	67.34	60.69	55.31	63.64	510	61
836307	凌天控股	机械	北京	机械	工业机械	60.77	74.47	63.05	62.45	63.58	519	62
870188	金蓬股份	机械	河南	机械	工业机械	57.36	66.96	81.93	54.08	63.43	547	63
832549	苏船动力	机械	江苏	机械	工业机械	68.22	66.84	68.05	48.24	63.42	550	64
838483	亿嘉股份	机械	山东	机械	农用农业机械	64.30	72.18	63.60	55.70	63.40	554	65

七　家庭耐用消费品行业总分排名靠前样本挂牌公司名单

该行业共有66家样本挂牌公司，表8中列示总分排名前15家。

八　建筑产品行业总分排名靠前样本挂牌公司名单

该行业共有40家样本挂牌公司，表9中列示总分排名前10家。

九　建筑与工程行业总分排名靠前样本挂牌公司名单

该行业共有88家样本挂牌公司，表10中列示总分排名前20家。

十　金属、非金属与采矿行业总分排名靠前样本挂牌公司名单

该行业共有120家样本挂牌公司，表11中列示总分排名前30家。

十一　媒体行业总分排名靠前样本挂牌公司名单

该行业共有103家样本挂牌公司，表12中列示总分排名前25家。

十二　汽车零配件行业总分排名靠前样本挂牌公司名单

该行业共有105家样本挂牌公司，表13中列示总分排名前25家。

表 8　家庭耐用消费品行业总分排名前 15 家样本挂牌公司名单

单位：分

代码	简称	设定行业	省份	万得三级行业	万得四级行业	持续经营能力得分	信息披露质量得分	成长性得分	创新性得分	总分	全样本排名	行业内排名
870077	小狗电器	消费品	北京	家庭耐用消费品	家用电器	81.08	63.87	86.39	60.65	75.00	5	1
835834	达伦股份	消费品	江苏	家庭耐用消费品	家用电器	67.02	73.27	70.62	69.14	69.25	53	2
838821	福凯股份	消费品	广东	家庭耐用消费品	家用电器	69.43	68.96	65.67	58.34	66.06	233	3
838325	罗曼智能	消费品	广东	家庭耐用消费品	家用电器	66.44	71.71	70.46	54.05	65.44	279	4
837027	倍轻松	消费品	广东	家庭耐用消费品	家用器具与特殊消费品	65.51	72.75	68.87	56.13	65.33	290	5
430581	八亿时空	消费品	北京	家庭耐用消费品	家庭装饰品	61.60	70.77	66.26	66.88	65.12	313	6
834244	星美灿	消费品	广东	家庭耐用消费品	家用电器	66.10	73.80	71.86	50.37	64.99	328	7
835842	纳仕达	消费品	福建	家庭耐用消费品	家用电器	65.24	60.90	70.48	60.99	64.95	333	8
834886	久正工学	消费品	江苏	家庭耐用消费品	家庭装饰品	69.99	73.55	72.44	44.31	64.91	337	9
835455	乐的美	消费品	广东	家庭耐用消费品	家用电器	74.76	68.46	63.45	48.05	64.82	347	10
837326	同方瑞风	消费品	广东	家庭耐用消费品	家用电器	77.22	72.04	55.00	51.24	64.68	366	11
833523	德瑞锂电	消费品	广东	家庭耐用消费品	消费电子产品	77.32	69.25	65.15	39.32	63.65	508	12
430532	北鼎晶辉	消费品	广东	家庭耐用消费品	家用电器	65.18	74.75	62.53	54.31	63.49	536	13
837009	大雅智能	消费品	广东	家庭耐用消费品	家用电器	66.34	74.71	65.39	49.02	63.34	568	14
839921	视美乐	消费品	江苏	家庭耐用消费品	消费电子产品	63.36	70.89	58.90	61.34	62.86	631	15

表 9　建筑产品行业总分排名前 10 家样本挂牌公司名单

单位：分

代码	简称	设定行业	省份	万得三级行业	万得四级行业	持续经营能力得分	信息披露质量得分	成长性得分	创新性得分	总分	全样本排名	行业内排名
836646	博德维	建筑地产	广东	建筑产品Ⅲ	建筑产品	74.03	78.75	76.91	70.21	74.64	7	1
839431	顶上智能	建筑地产	浙江	建筑产品Ⅲ	建筑产品	76.30	65.61	74.86	60.44	70.86	20	2
870087	倍杰科技	建筑地产	福建	建筑产品Ⅲ	建筑产品	66.32	70.38	67.49	53.01	64.26	420	3
838427	宝德安防	建筑地产	天津	建筑产品Ⅲ	建筑产品	66.33	74.25	73.55	39.11	62.28	711	4
838708	科能股份	建筑地产	新疆	建筑产品Ⅲ	建筑产品	63.08	65.56	69.46	50.44	62.15	727	5
833958	顶固集创	建筑地产	广东	建筑产品Ⅲ	建筑产品	62.00	64.84	70.16	51.36	62.00	745	6
832824	华龙巨水	建筑地产	浙江	建筑产品Ⅲ	建筑产品	68.19	66.66	62.58	47.93	61.99	747	7
838019	金戈炜业	建筑地产	江苏	建筑产品Ⅲ	建筑产品	60.63	70.44	62.60	58.02	61.96	750	8
839563	新远见	建筑地产	浙江	建筑产品Ⅲ	建筑产品	68.66	67.61	64.02	44.63	61.76	782	9
837982	协多利	建筑地产	江苏	建筑产品Ⅲ	建筑产品	64.90	68.93	67.35	46.13	61.74	783	10

表 10　建筑与工程行业总分排名前 20 家样本挂牌公司名单

单位：分

代码	简称	设定行业	省份	万得三级行业	万得四级行业	持续经营能力得分	信息披露质量得分	成长性得分	创新性得分	总分	全样本排名	行业内排名
833015	瑞朗净化	建筑地产	北京	建筑与工程Ⅲ	建筑与工程	71.89	68.96	68.08	66.18	69.32	47	1
833427	同济设计	建筑地产	江西	建筑与工程Ⅲ	建筑与工程	73.42	68.25	72.58	56.00	68.59	80	2
832709	达特照明	建筑地产	广东	建筑与工程Ⅲ	建筑与工程	64.14	69.13	79.42	64.91	68.58	81	3

续表

代码	简称	设定行业	省份	万得三级行业	万得四级行业	持续经营能力得分	信息披露质量得分	成长性得分	创新性得分	总分	全样本排名	行业内排名
833685	天元信息	建筑地产	山东	建筑与工程Ⅲ	建筑与工程	65.29	74.00	73.26	60.01	67.33	149	4
831527	约顿气膜	建筑地产	北京	建筑与工程Ⅲ	建筑与工程	66.99	74.78	68.55	59.65	66.93	165	5
837978	金东方智	建筑地产	湖北	建筑与工程Ⅲ	建筑与工程	70.11	68.76	72.17	53.55	66.72	176	6
836926	神洁环保	建筑地产	上海	建筑与工程Ⅲ	建筑与工程	73.98	72.54	77.00	40.85	66.16	220	7
836762	华阳国际	建筑地产	广东	建筑与工程Ⅲ	建筑与工程	69.45	75.38	66.11	53.55	65.93	241	8
833654	能拓股份	建筑地产	江苏	建筑与工程Ⅲ	建筑与工程	65.36	72.22	77.76	48.77	65.35	289	9
839983	景春园林	建筑地产	贵州	建筑与工程Ⅲ	建筑与工程	64.64	72.50	72.22	54.04	65.23	300	10
834154	建为历保	建筑地产	上海	建筑与工程Ⅲ	建筑与工程	66.11	67.08	68.58	56.36	64.76	355	11
838152	北漠股份	建筑地产	上海	建筑与工程Ⅲ	建筑与工程	63.78	69.95	61.62	62.33	63.82	487	12
832378	利昂设计	建筑地产	广东	建筑与工程Ⅲ	建筑与工程	60.70	74.90	74.79	51.00	63.74	496	13
836805	安徽设计	建筑地产	安徽	建筑与工程Ⅲ	建筑与工程	67.24	67.36	76.61	43.31	63.64	511	14
839534	深圳园林	建筑地产	广东	建筑与工程Ⅲ	建筑与工程	67.38	72.26	75.91	41.28	63.60	516	15
831140	力阳科技	建筑地产	上海	建筑与工程Ⅲ	建筑与工程	65.78	69.14	77.44	43.61	63.59	518	16
839869	中广通业	建筑地产	北京	建筑与工程Ⅲ	建筑与工程	61.26	75.72	78.25	45.85	63.44	544	17
835035	华彩信和	建筑地产	天津	建筑与工程Ⅲ	建筑与工程	62.51	65.84	65.74	60.72	63.43	549	18
430459	华艺园林	建筑地产	安徽	建筑与工程Ⅲ	建筑与工程	64.21	73.47	60.00	57.40	62.99	612	19
838916	金舟股份	建筑地产	北京	建筑与工程Ⅲ	建筑与工程	68.91	63.57	60.59	53.53	62.68	658	20

表 11　金属、非金属与采矿行业总分排名前 30 家样本挂牌公司名单

单位：分

代码	简称	设定行业	省份	万得三级行业	万得四级行业	持续经营能力得分	信息披露质量得分	成长性得分	创新性得分	总分	全样本排名	行业内排名
838547	天盛股份	金属矿冶	江　苏	金属、非金属与采矿	金属、非金属	76.59	59.52	73.86	62.33	70.13	29	1
831137	泰和股份	金属矿冶	安　徽	金属、非金属与采矿	金属、非金属	74.76	72.02	78.23	51.65	69.83	36	2
832599	皓业彩瓷	金属矿冶	广　东	金属、非金属与采矿	金属、非金属	72.75	75.90	67.92	59.18	69.06	59	3
836713	中天引控	金属矿冶	陕　西	金属、非金属与采矿	金属、非金属	59.91	77.87	74.32	71.99	68.22	95	4
831145	阿路美格	金属矿冶	江　苏	金属、非金属与采矿	金属、非金属	62.68	68.26	69.79	67.14	66.12	224	5
835569	朗威股份	金属矿冶	江　苏	金属、非金属与采矿	金属、非金属	72.35	77.21	68.99	46.45	66.07	230	6
836686	超能国际	金属矿冶	广　东	金属、非金属与采矿	金属、非金属	58.46	78.10	69.25	67.59	65.57	270	7
832725	时代铝箔	金属矿冶	浙　江	金属、非金属与采矿	铝	65.99	71.04	62.59	60.84	64.79	352	8
831188	正兴玉	金属矿冶	四　川	金属、非金属与采矿	金属、非金属	67.71	67.36	72.11	49.50	64.56	381	9
836291	红宇股份	金属矿冶	浙　江	金属、非金属与采矿	金属、非金属	68.20	67.04	64.20	56.55	64.54	385	10
830813	熔金股份	金属矿冶	河　南	金属、非金属与采矿	金属、非金属	65.05	69.82	63.36	61.25	64.53	388	11
831647	联瑞新材	金属矿冶	江　苏	金属、非金属与采矿	金属、非金属	59.15	81.14	62.70	67.05	64.53	389	12
833659	浩丰股份	金属矿冶	广　东	金属、非金属与采矿	金属、非金属	66.11	72.26	63.95	55.68	64.20	429	13
834859	新锐股份	金属矿冶	江　苏	金属、非金属与采矿	金属、非金属	63.63	68.31	62.80	63.43	64.06	446	14
832175	东方碳素	金属矿冶	河　南	金属、非金属与采矿	金属、非金属	63.97	68.69	60.29	64.75	63.86	482	15
831161	伊菲股份	金属矿冶	辽　宁	金属、非金属与采矿	金属、非金属	60.46	71.12	61.86	68.03	63.80	489	16
839146	盈博莱	金属矿冶	广　东	金属、非金属与采矿	金属、非金属	58.67	69.14	83.10	50.03	63.54	529	17
838066	瑞远新材	金属矿冶	广　东	金属、非金属与采矿	金属、非金属	63.82	69.55	73.26	48.57	63.36	565	18
833790	嘉元科技	金属矿冶	广　东	金属、非金属与采矿	金属、非金属	56.92	78.04	62.13	65.86	62.81	642	19
839065	志特新材	金属矿冶	江　西	金属、非金属与采矿	金属、非金属	57.88	71.93	72.05	55.52	62.64	669	20
430582	华菱西厨	金属矿冶	安　徽	金属、非金属与采矿	金属、非金属	66.44	66.81	56.47	59.67	62.49	690	21
832969	龙者新材	金属矿冶	西　藏	金属、非金属与采矿	金属、非金属	54.92	77.29	68.16	61.60	62.43	695	22

续表

代码	简称	设定行业	省份	万得三级行业	万得四级行业	持续经营能力得分	信息披露质量得分	成长性得分	创新性得分	总分	全样本排名	行业内排名
836729	科得新材	金属矿冶	江　西	金属、非金属与采矿	金属、非金属	51. 68	70. 73	65. 86	75. 12	62. 03	741	23
831614	合富新材	金属矿冶	上　海	金属、非金属与采矿	金属、非金属	63. 91	73. 47	62. 73	50. 68	62. 01	744	24
836724	欧晶科技	金属矿冶	内蒙古	金属、非金属与采矿	金属、非金属	67. 13	69. 34	67. 59	42. 99	61. 81	774	25
832373	美特桥架	金属矿冶	河　南	金属、非金属与采矿	金属、非金属	58. 10	73. 08	59. 52	63. 27	61. 54	830	26
839719	宁新新材	金属矿冶	江　西	金属、非金属与采矿	金属、非金属	60. 81	80. 30	70. 61	43. 39	61. 52	836	27
835297	东杨新材	金属矿冶	江　苏	金属、非金属与采矿	金属、非金属	63. 96	71. 00	65. 38	46. 74	61. 35	867	28
832213	双森股份	金属矿冶	浙　江	金属、非金属与采矿	钢铁	64. 70	70. 43	61. 17	49. 51	61. 25	889	29
836249	恒丰特导	金属矿冶	江　苏	金属、非金属与采矿	金属、非金属	62. 18	78. 05	54. 02	57. 96	61. 25	890	30

表 12　媒体行业总分排名前 25 家样本挂牌公司名单

单位：分

代码	简称	设定行业	省份	万得三级行业	万得四级行业	持续经营能力得分	信息披露质量得分	成长性得分	创新性得分	总分	全样本排名	行业内排名
836011	朋万科技	文化	四川	媒体Ⅲ	电影与娱乐	73. 66	81. 30	64. 43	83. 12	74. 07	10	1
834729	朗朗教育	文化	山东	媒体Ⅲ	出版	73. 38	83. 75	72. 44	65. 03	72. 83	12	2
836576	天戏互娱	文化	上海	媒体Ⅲ	电影与娱乐	68. 26	74. 67	80. 55	61. 45	70. 61	23	3
834785	云畅游戏	文化	北京	媒体Ⅲ	电影与娱乐	67. 49	74. 13	72. 52	70. 55	70. 31	26	4
838185	西码股份	文化	广东	媒体Ⅲ	广告	73. 48	67. 81	68. 26	64. 68	69. 48	44	5
833319	比酷股份	文化	北京	媒体Ⅲ	广告	69. 48	80. 70	70. 11	60. 90	69. 37	46	6
835994	咏声动漫	文化	广东	媒体Ⅲ	电影与娱乐	75. 16	70. 25	69. 38	57. 21	69. 05	60	7

续表

代码	简称	设定行业	省份	万得三级行业	万得四级行业	持续经营能力得分	信息披露质量得分	成长性得分	创新性得分	总分	全样本排名	行业内排名
837500	方金影视	文化	北京	媒体Ⅲ	电影与娱乐	68.83	74.36	77.22	56.63	68.92	67	8
839015	耀宇文化	文化	上海	媒体Ⅲ	电影与娱乐	73.43	69.39	71.20	56.56	68.58	83	9
835982	联盛科技	文化	湖南	媒体Ⅲ	电影与娱乐	68.93	69.91	72.96	60.91	68.35	90	10
837073	喜悦动漫	文化	浙江	媒体Ⅲ	电影与娱乐	68.03	71.04	73.25	60.86	68.21	97	11
834093	妈妈网	文化	广东	媒体Ⅲ	广告	76.87	77.24	69.16	46.46	67.74	124	12
834687	海唐公关	文化	北京	媒体Ⅲ	广告	70.23	71.38	68.33	58.51	67.41	144	13
838013	花开富贵	文化	北京	媒体Ⅲ	广告	70.63	70.07	67.15	58.85	67.16	155	14
838679	聚禾影画	文化	北京	媒体Ⅲ	电影与娱乐	66.80	72.29	69.35	61.63	67.14	157	15
836701	盛夏星空	文化	北京	媒体Ⅲ	电影与娱乐	67.14	71.10	69.65	58.53	66.50	189	16
839358	智者品牌	文化	北京	媒体Ⅲ	广告	67.56	71.78	68.07	58.17	66.29	207	17
835622	欢乐动漫	文化	广东	媒体Ⅲ	电影与娱乐	71.12	66.49	70.47	52.51	66.11	225	18
830936	约克动漫	文化	河南	媒体Ⅲ	电影与娱乐	62.00	73.84	68.39	66.20	66.09	227	19
837951	华映传媒	文化	上海	媒体Ⅲ	广告	67.50	77.27	62.76	59.33	65.92	242	20
834856	国游网络	文化	广东	媒体Ⅲ	广告	66.79	71.41	71.13	54.95	65.91	243	21
834902	网映文化	文化	上海	媒体Ⅲ	电影与娱乐	63.84	70.15	67.70	63.34	65.60	268	22
835126	金版文化	文化	广东	媒体Ⅲ	出版	64.26	68.63	72.74	57.27	65.42	283	23
837732	艾德韦宣	文化	上海	媒体Ⅲ	广告	78.62	72.51	56.60	49.17	65.14	311	24
835161	金铠文化	文化	湖南	媒体Ⅲ	广告	72.35	76.17	68.14	44.22	65.09	314	25

表 13　汽车零配件行业总分排名前 25 家样本挂牌公司名单

单位：分

代码	简称	设定行业	省份	万得三级行业	万得四级行业	持续经营能力得分	信息披露质量得分	成长性得分	创新性得分	总分	全样本排名	行业内排名
833533	骏创科技	机械	江苏	汽车零配件	机动车零配件与设备	68. 72	77. 34	69. 74	58. 53	67. 99	111	1
833891	三和能源	机械	山东	汽车零配件	机动车零配件与设备	68. 19	76. 31	76. 59	52. 76	67. 82	117	2
834931	鸿贝科技	机械	河南	汽车零配件	机动车零配件与设备	66. 39	61. 76	77. 43	64. 09	67. 77	120	3
837242	建邦股份	机械	山东	汽车零配件	机动车零配件与设备	68. 25	69. 01	71. 42	58. 98	67. 15	156	4
834035	力驰雷奥	机械	浙江	汽车零配件	机动车零配件与设备	68. 40	72. 13	80. 50	48. 20	66. 96	164	5
833137	通宝光电	机械	江苏	汽车零配件	机动车零配件与设备	64. 77	78. 83	74. 61	47. 81	65. 04	321	6
832818	正海合泰	机械	山东	汽车零配件	机动车零配件与设备	65. 11	74. 03	59. 53	61. 62	64. 19	430	7
833663	百事泰	机械	广东	汽车零配件	机动车零配件与设备	59. 05	71. 33	78. 51	53. 75	64. 02	450	8
831856	浩森科技	机械	安徽	汽车零配件	机动车零配件与设备	62. 27	73. 69	60. 31	62. 40	63. 38	557	9
837878	傲胜股份	机械	广东	汽车零配件	轮胎与橡胶	70. 60	69. 50	67. 76	43. 33	63. 23	587	10
870171	宏鼎股份	机械	浙江	汽车零配件	机动车零配件与设备	59. 85	69. 64	76. 00	50. 31	62. 78	645	11
837904	莫森泰克	机械	安徽	汽车零配件	机动车零配件与设备	59. 27	71. 57	60. 20	64. 90	62. 33	705	12
838462	摩多科技	机械	浙江	汽车零配件	机动车零配件与设备	58. 14	64. 43	71. 18	58. 82	62. 25	715	13
834393	爱柯迪	机械	浙江	汽车零配件	机动车零配件与设备	57. 62	78. 22	64. 47	58. 30	62. 19	723	14
834175	冠盛集团	机械	浙江	汽车零配件	机动车零配件与设备	64. 27	67. 43	63. 04	53. 58	62. 12	732	15
838455	翔楼新材	机械	江苏	汽车零配件	机动车零配件与设备	63. 47	72. 95	69. 72	45. 07	61. 96	751	16
832429	朗恩斯	机械	江苏	汽车零配件	机动车零配件与设备	63. 73	73. 39	65. 68	47. 86	61. 94	754	17
833707	精华股份	机械	浙江	汽车零配件	机动车零配件与设备	69. 53	72. 00	64. 95	40. 55	61. 69	795	18
835043	洁澳思	机械	广东	汽车零配件	机动车零配件与设备	58. 06	88. 66	69. 73	44. 78	61. 48	842	19
833675	环宇科技	机械	河南	汽车零配件	机动车零配件与设备	60. 43	71. 66	59. 08	59. 01	61. 35	866	20
834377	德博科技	机械	江西	汽车零配件	机动车零配件与设备	58. 70	68. 96	66. 53	55. 38	61. 33	871	21
832000	安徽凤凰	机械	安徽	汽车零配件	机动车零配件与设备	62. 90	68. 77	59. 12	55. 30	61. 17	906	22
838169	博弈科技	机械	浙江	汽车零配件	机动车零配件与设备	59. 20	72. 13	72. 71	46. 21	61. 09	915	23
836094	万达股份	机械	浙江	汽车零配件	机动车零配件与设备	61. 43	74. 75	58. 68	54. 22	61. 00	940	24
870075	艺达股份	机械	福建	汽车零配件	机动车零配件与设备	52. 77	76. 94	63. 30	64. 84	60. 90	967	25

十三　软件行业总分排名靠前样本挂牌公司名单

该行业共有 146 家样本挂牌公司，表 14 中列示总分排名前 35 家。

十四　商业服务与用品行业总分排名靠前样本挂牌公司名单

该行业共有 133 家样本挂牌公司，表 15 中列示总分排名前 35 家。

十五　食品行业总分排名靠前样本挂牌公司名单

该行业共有 173 家样本挂牌公司，表 16 中列示总分排名前 45 家。

十六　通信设备行业总分排名靠前样本挂牌公司名单

该行业共有 58 家样本挂牌公司，表 17 中列示总分排名前 15 家。

十七　信息技术服务行业总分排名靠前样本挂牌公司名单

该行业共有 192 家样本挂牌公司，表 18 中列示总分排名前 50 家。

十八　医疗保健设备与用品行业总分排名靠前样本挂牌公司名单

该行业共有 56 家样本挂牌公司，表 19 中列示总分排名前 15 家。

表 14　软件行业总分排名前 35 家样本挂牌公司名单

单位：分

代码	简称	设定行业	省份	万得三级行业	万得四级行业	持续经营能力得分	信息披露质量得分	成长性得分	创新性得分	总分	全样本排名	行业内排名
832727	景心科技	软件信息	广东	软件	应用软件	75.51	74.93	71.30	54.79	69.73	37	1
831585	鸿业科技	软件信息	河南	软件	应用软件	66.17	71.96	70.49	73.81	69.58	41	2
832915	汉尧环保	软件信息	河北	软件	应用软件	76.37	75.14	65.48	57.59	69.28	49	3
832498	明源软件	软件信息	广东	软件	应用软件	72.44	75.98	69.19	58.95	69.21	55	4
430077	道隆软件	软件信息	北京	软件	应用软件	75.82	75.83	65.09	55.55	68.58	82	5
430375	星立方	软件信息	北京	软件	应用软件	72.45	75.65	68.78	55.66	68.28	91	6
837479	天禾软件	软件信息	北京	软件	系统软件	72.36	71.56	74.63	51.25	67.95	113	7
830799	艾融软件	软件信息	上海	软件	应用软件	74.61	70.90	72.31	49.60	67.70	126	8
832768	爱可生	软件信息	上海	软件	应用软件	64.69	74.55	70.13	65.09	67.51	135	9
830978	先临三维	软件信息	浙江	软件	应用软件	72.53	74.22	62.16	60.07	67.43	141	10
837619	微柏软件	软件信息	广东	软件	应用软件	72.31	69.53	70.27	53.48	67.19	154	11
834077	新智视讯	软件信息	天津	软件	应用软件	70.02	71.15	69.83	56.05	67.09	162	12
430011	指南针	软件信息	北京	软件	应用软件	81.22	87.65	67.26	36.77	66.88	168	13
835097	讯腾智科	软件信息	北京	软件	应用软件	70.63	80.35	71.26	48.03	66.81	172	14
834376	冠新软件	软件信息	新疆	软件	应用软件	72.44	73.91	70.63	47.65	66.40	198	15
835840	明动软件	软件信息	广东	软件	应用软件	70.80	78.36	69.20	48.15	66.18	218	16
833326	金盾软件	软件信息	山东	软件	系统软件	65.81	64.28	74.27	58.95	66.12	222	17

续表

代码	简称	设定行业	省份	万得三级行业	万得四级行业	持续经营能力得分	信息披露质量得分	成长性得分	创新性得分	总分	全样本排名	行业内排名
834195	华清飞扬	软件信息	北京	软件	家庭娱乐软件	64.29	72.27	74.17	56.45	66.07	231	18
839036	珠海鸿瑞	软件信息	广东	软件	系统软件	70.09	69.74	65.61	55.98	65.86	245	19
835831	智铸科技	软件信息	江苏	软件	应用软件	67.41	75.62	78.94	44.73	65.72	257	20
832633	伏泰科技	软件信息	江苏	软件	应用软件	68.43	78.23	73.78	45.96	65.70	261	21
430036	鼎普科技	软件信息	北京	软件	应用软件	68.15	73.68	62.12	58.84	65.42	282	22
430217	掌纵文化	软件信息	上海	软件	应用软件	71.49	72.78	64.79	50.62	65.27	297	23
430092	金刚游戏	软件信息	北京	软件	应用软件	63.31	79.11	78.41	47.64	65.24	299	24
833849	携宁科技	软件信息	上海	软件	应用软件	67.72	64.92	65.29	59.95	65.07	318	25
834807	鸿翼股份	软件信息	上海	软件	应用软件	71.25	69.50	70.21	46.74	65.00	324	26
430080	尚水股份	软件信息	北京	软件	应用软件	72.40	72.32	60.02	52.54	64.78	353	27
831062	远古信息	软件信息	陕西	软件	应用软件	67.96	71.70	69.77	49.52	64.73	359	28
833857	时光科技	软件信息	上海	软件	家庭娱乐软件	60.95	82.55	68.31	56.82	64.72	361	29
837791	捷通华声	软件信息	北京	软件	应用软件	68.23	68.17	63.92	56.83	64.71	364	30
837592	华信永道	软件信息	北京	软件	系统软件	68.29	72.05	56.10	63.76	64.64	371	31
833644	瀚高股份	软件信息	山东	软件	系统软件	65.20	75.34	69.75	51.19	64.56	380	32
870221	申朴信息	软件信息	上海	软件	应用软件	71.26	71.94	69.35	44.06	64.38	404	33
834290	培诺教育	软件信息	山东	软件	应用软件	64.19	76.84	73.76	46.88	64.11	440	34
832422	福昕软件	软件信息	福建	软件	应用软件	68.92	83.53	63.48	45.60	63.98	456	35

表 15　商业服务与用品行业总分排名前 35 家样本挂牌公司名单

单位：分

代码	简称	设定行业	省份	万得三级行业	万得四级行业	持续经营能力得分	信息披露质量得分	成长性得分	创新性得分	总分	全样本排名	行业内排名
835872	上方传媒	生产服务	北京	商业服务与用品	综合支持服务	69.38	83.15	71.57	53.18	68.13	103	1
836495	万城节能	生产服务	广东	商业服务与用品	环境与设施服务	63.23	72.88	77.20	64.14	68.09	106	2
836640	华邦封条	生产服务	浙江	商业服务与用品	安全和报警服务	67.55	65.10	73.46	58.05	66.55	183	3
836939	宝亚安全	生产服务	上海	商业服务与用品	安全和报警服务	67.03	67.08	64.17	68.15	66.53	187	4
836806	亚洲生态	生产服务	北京	商业服务与用品	环境与设施服务	59.24	79.85	72.26	65.78	66.48	191	5
833439	领先环保	生产服务	江苏	商业服务与用品	环境与设施服务	63.89	70.69	69.92	64.42	66.46	195	6
834260	中惠旅	生产服务	湖南	商业服务与用品	环境与设施服务	68.90	62.73	71.15	53.40	65.08	317	7
832547	利策科技	生产服务	上海	商业服务与用品	综合支持服务	61.35	65.81	71.30	64.40	65.00	326	8
836274	泓杰股份	生产服务	江苏	商业服务与用品	办公服务与用品	70.19	69.88	56.65	62.41	64.94	335	9
834362	润和天泽	生产服务	广东	商业服务与用品	环境与设施服务	57.94	71.93	72.27	64.61	64.65	370	10
833966	国电康能	生产服务	北京	商业服务与用品	环境与设施服务	57.79	76.76	65.22	69.98	64.58	376	11
839820	赢家伟业	生产服务	北京	商业服务与用品	办公服务与用品	67.19	71.04	63.86	54.95	64.26	418	12
837770	紫科环保	生产服务	广东	商业服务与用品	环境与设施服务	65.37	78.89	62.51	54.31	64.07	444	13
837164	新中天	生产服务	重庆	商业服务与用品	环境与设施服务	68.43	68.94	57.53	60.81	64.07	445	14
870043	威保特	生产服务	湖南	商业服务与用品	环境与设施服务	63.73	68.88	63.53	59.02	63.45	543	15
835874	蓝科环保	生产服务	上海	商业服务与用品	环境与设施服务	63.26	71.04	61.83	60.35	63.40	552	16
838694	锦美环保	生产服务	四川	商业服务与用品	环境与设施服务	67.18	69.98	64.73	47.73	62.54	680	17

续表

代码	简称	设定行业	省份	万得三级行业	万得四级行业	持续经营能力得分	信息披露质量得分	成长性得分	创新性得分	总分	全样本排名	行业内排名
870008	凌立健康	生产服务	上海	商业服务与用品	综合支持服务	59.79	75.39	76.11	45.31	62.21	721	18
834598	天沐温泉	生产服务	广东	商业服务与用品	综合支持服务	68.85	71.35	64.98	42.11	61.84	767	19
835129	谊通股份	生产服务	湖北	商业服务与用品	办公服务与用品	60.47	69.69	67.25	53.18	61.82	771	20
834468	绿凯环保	生产服务	浙江	商业服务与用品	环境与设施服务	58.53	74.81	69.34	51.08	61.65	803	21
835864	中晟环境	生产服务	江苏	商业服务与用品	环境与设施服务	61.30	70.04	74.15	44.80	61.60	820	22
831228	夏阳检测	生产服务	安徽	商业服务与用品	环境与设施服务	57.09	77.40	76.17	46.02	61.51	838	23
835675	蓝色方略	生产服务	北京	商业服务与用品	综合支持服务	66.23	76.22	54.93	51.61	61.41	856	24
835750	中联环	生产服务	福建	商业服务与用品	环境与设施服务	65.85	70.66	54.02	56.18	61.36	864	25
835815	航天凯天	生产服务	湖南	商业服务与用品	环境与设施服务	60.86	75.92	53.71	62.04	61.21	897	26
833370	运鹏股份	生产服务	上海	商业服务与用品	环境与设施服务	67.37	71.11	51.85	55.46	61.19	903	27
830842	长天思源	生产服务	广东	商业服务与用品	环境与设施服务	68.15	74.41	60.41	43.23	61.17	904	28
835697	航天常兴	生产服务	北京	商业服务与用品	安全和报警服务	60.12	68.65	61.43	57.61	61.13	910	29
838799	嘉农股份	生产服务	浙江	商业服务与用品	综合支持服务	72.25	67.43	58.03	43.30	61.11	913	30
834778	通源环境	生产服务	安徽	商业服务与用品	环境与设施服务	62.06	70.45	55.84	56.85	60.53	1045	31
430412	晓沃环保	生产服务	天津	商业服务与用品	环境与设施服务	63.27	71.68	62.32	46.80	60.46	1069	32
836745	海润股份	生产服务	天津	商业服务与用品	综合支持服务	66.50	65.88	63.83	43.64	60.42	1077	33
835710	仕净环保	生产服务	江苏	商业服务与用品	环境与设施服务	64.11	65.57	60.45	48.98	60.07	1146	34
836585	中天园林	生产服务	河南	商业服务与用品	环境与设施服务	61.12	71.93	54.64	57.00	60.05	1147	35

表16　食品行业总分排名前45家样本挂牌公司名单

单位：分

代码	简称	设定行业	省份	万得三级行业	万得四级行业	持续经营能力得分	信息披露质量得分	成长性得分	创新性得分	总分	全样本排名	行业内排名
430625	联创种业	食品	北京	食品	农产品	75.94	66.11	78.26	63.23	72.24	13	1
832559	熊猫乳业	食品	浙江	食品	食品加工与肉类	78.13	75.00	61.62	57.60	68.85	72	2
838275	驱动力	食品	广东	食品	食品加工与肉类	72.68	74.51	72.60	52.10	68.23	94	3
839780	仟客莱	食品	吉林	食品	农产品	73.76	68.18	73.44	50.74	67.57	132	4
836321	天合牧科	食品	广东	食品	食品加工与肉类	74.54	76.18	69.53	48.30	67.38	146	5
430078	君德同创	食品	北京	食品	农产品	72.09	68.66	70.16	52.17	66.63	179	6
839720	熊猫雷笋	食品	重庆	食品	农产品	72.36	70.54	72.41	46.71	66.05	234	7
836341	科荟种业	食品	福建	食品	农产品	65.62	65.73	69.31	62.34	65.86	244	8
833428	江大源	食品	江苏	食品	食品加工与肉类	78.97	76.15	73.27	34.90	65.47	276	9
837233	徒河食品	食品	山东	食品	食品加工与肉类	67.54	73.67	61.35	57.66	64.72	360	10
837518	久晟油茶	食品	浙江	食品	农产品	64.75	72.94	69.79	52.25	64.35	413	11
837449	本草春	食品	福建	食品	农产品	69.81	71.10	73.92	41.94	64.13	437	12
832139	沃田集团	食品	江苏	食品	农产品	62.96	73.28	68.36	55.44	64.10	442	13
834956	善元堂	食品	广东	食品	食品加工与肉类	68.74	70.01	70.14	46.32	64.02	449	14
836826	盖世食品	食品	辽宁	食品	农产品	61.89	76.58	64.06	59.32	63.91	472	15
838568	申亚农牧	食品	安徽	食品	食品加工与肉类	72.66	74.35	70.26	37.88	63.47	539	16
835920	湘村股份	食品	湖南	食品	食品加工与肉类	67.08	74.61	59.09	55.01	63.46	540	17
835664	友尼宝	食品	江西	食品	农产品	58.15	73.00	64.15	66.67	63.37	560	18
833723	三江并流	食品	云南	食品	食品加工与肉类	64.80	72.98	58.32	58.10	62.86	633	19
833641	小西牛	食品	青海	食品	食品加工与肉类	65.04	67.23	55.88	64.65	62.85	635	20
835233	美味源	食品	广东	食品	食品加工与肉类	66.16	70.87	68.05	45.85	62.56	676	21
838561	独凤轩	食品	辽宁	食品	食品加工与肉类	64.43	69.68	56.54	61.34	62.48	691	22

续表

代码	简称	设定行业	省份	万得三级行业	万得四级行业	持续经营能力得分	信息披露质量得分	成长性得分	创新性得分	总分	全样本排名	行业内排名
831171	海纳生物	食品	广东	食品	食品加工与肉类	63.47	71.29	62.05	54.88	62.38	700	23
832912	西科种业	食品	四川	食品	农产品	64.26	74.41	61.05	52.08	62.18	724	24
833410	百味斋	食品	四川	食品	食品加工与肉类	71.01	75.16	48.42	56.31	62.13	731	25
837485	天谷生物	食品	上海	食品	农产品	62.10	75.03	55.28	61.91	62.02	743	26
833182	万星面业	食品	湖北	食品	食品加工与肉类	68.18	71.53	57.97	48.52	61.61	817	27
832132	民正农牧	食品	河南	食品	农产品	66.50	74.24	59.74	47.75	61.60	819	28
833506	勤劳农夫	食品	湖北	食品	农产品	62.60	77.30	57.54	54.55	61.55	829	29
838219	柳江牧业	食品	河南	食品	食品加工与肉类	63.16	71.30	53.26	61.10	61.23	896	30
838009	八百里	食品	湖南	食品	农产品	63.07	70.29	70.02	43.29	61.03	932	31
831492	安信种苗	食品	山东	食品	农产品	62.20	77.76	57.44	52.23	60.88	971	32
835354	格润牧业	食品	陕西	食品	食品加工与肉类	63.79	74.03	70.86	39.48	60.84	980	33
831108	茶乾坤	食品	浙江	食品	农产品	61.74	68.21	64.12	50.71	60.82	981	34
838200	金添动漫	食品	广东	食品	食品加工与肉类	70.87	66.39	75.12	32.09	60.78	994	35
833429	康比特	食品	北京	食品	食品加工与肉类	56.39	71.50	61.51	61.51	60.76	995	36
837474	环翠楼	食品	山东	食品	农产品	52.63	66.96	68.78	63.21	60.52	1052	37
838103	红一种业	食品	江西	食品	农产品	62.24	69.75	52.44	61.50	60.51	1055	38
838212	中吉号	食品	广东	食品	农产品	57.52	77.81	64.24	50.89	60.38	1084	39
837724	金润枣业	食品	新疆	食品	农产品	62.55	66.58	76.02	38.73	60.24	1112	40
832821	金丹科技	食品	河南	食品	食品加工与肉类	63.00	73.92	51.48	56.30	59.99	1164	41
832893	宏源农牧	食品	内蒙古	食品	农产品	62.90	72.06	55.63	51.90	59.90	1191	42
835767	增鑫牧业	食品	江西	食品	食品加工与肉类	61.94	74.03	70.71	38.73	59.87	1202	43
839635	绿田股份	食品	福建	食品	农产品	67.49	68.27	56.52	45.81	59.85	1206	44
837403	康农种业	食品	湖北	食品	农产品	63.13	69.25	56.54	51.43	59.77	1223	45

表 17　通信设备行业总分排名前 15 家样本挂牌公司名单

单位：分

代码	简称	设定行业	省份	万得三级行业	万得四级行业	持续经营能力得分	信息披露质量得分	成长性得分	创新性得分	总分	全样本排名	行业内排名
837611	德芯科技	电子信息	四川	通信设备Ⅲ	通信设备	74. 14	69. 67	63. 30	54. 26	66. 33	202	1
833477	希德电子	电子信息	陕西	通信设备Ⅲ	通信设备	63. 23	66. 40	71. 10	63. 61	65. 67	265	2
836502	美电贝尔	电子信息	广东	通信设备Ⅲ	通信设备	70. 25	74. 21	67. 13	50. 05	65. 44	280	3
834674	瑞能股份	电子信息	广东	通信设备Ⅲ	通信设备	67. 12	75. 80	73. 79	46. 20	64. 96	331	4
838719	鑫宇科技	电子信息	河南	通信设备Ⅲ	通信设备	63. 97	71. 55	65. 78	60. 09	64. 70	365	5
835741	创益通	电子信息	广东	通信设备Ⅲ	通信设备	74. 73	67. 56	60. 07	49. 63	64. 22	424	6
839689	华普特	电子信息	广东	通信设备Ⅲ	通信设备	67. 16	67. 36	74. 63	43. 73	63. 31	571	7
430055	达通数据	电子信息	北京	通信设备Ⅲ	通信设备	60. 55	75. 64	60. 48	63. 95	63. 28	581	8
834803	鑫昌龙	电子信息	广东	通信设备Ⅲ	通信设备	65. 20	73. 13	68. 71	47. 09	62. 97	613	9
838580	坤恒顺维	电子信息	四川	通信设备Ⅲ	通信设备	65. 58	64. 52	77. 85	43. 59	62. 93	619	10
838790	卡尔股份	电子信息	山东	通信设备Ⅲ	通信设备	72. 65	69. 82	44. 39	66. 99	62. 82	639	11
837959	昊普康	电子信息	北京	通信设备Ⅲ	通信设备	67. 40	67. 61	67. 51	46. 62	62. 67	663	12
833839	天波信息	电子信息	广东	通信设备Ⅲ	通信设备	66. 68	69. 26	51. 96	64. 25	62. 54	681	13
837189	九天利建	电子信息	北京	通信设备Ⅲ	通信设备	66. 29	70. 16	62. 30	50. 82	62. 42	696	14
837555	中电微通	电子信息	上海	通信设备Ⅲ	通信设备	62. 12	68. 12	56. 75	62. 69	61. 69	796	15

表18　信息技术服务行业总分排名前50家样本挂牌公司名单

单位：分

代码	简称	设定行业	省份	万得三级行业	万得四级行业	持续经营能力得分	信息披露质量得分	成长性得分	创新性得分	总分	全样本排名	行业内排名
839053	多元世纪	软件信息	广东	信息技术服务	信息科技咨询与其他服务	78.55	72.45	69.02	56.23	70.27	27	1
837335	臻迪科技	软件信息	北京	信息技术服务	信息科技咨询与其他服务	68.49	72.17	79.22	59.22	69.53	42	2
836025	博易创为	软件信息	北京	信息技术服务	信息科技咨询与其他服务	75.59	75.58	74.67	49.21	69.16	56	3
833861	麦可思	软件信息	四川	信息技术服务	信息科技咨询与其他服务	79.05	70.92	67.20	53.36	69.03	61	4
838758	思迅软件	软件信息	广东	信息技术服务	信息科技咨询与其他服务	73.77	75.89	68.44	54.47	68.43	87	5
836373	耐维思通	软件信息	江苏	信息技术服务	信息科技咨询与其他服务	63.49	68.66	73.19	72.69	68.39	89	6
838788	科旭威尔	软件信息	北京	信息技术服务	信息科技咨询与其他服务	74.49	70.01	67.77	56.12	68.11	105	7
831429	创力股份	软件信息	浙江	信息技术服务	信息科技咨询与其他服务	65.69	74.55	67.87	66.32	67.63	128	8
834849	博宇科技	软件信息	河北	信息技术服务	信息科技咨询与其他服务	67.16	68.73	75.18	58.12	67.35	148	9
838710	军懋科技	软件信息	北京	信息技术服务	信息科技咨询与其他服务	65.24	73.73	74.27	58.97	67.26	152	10
839004	淇诺科技	软件信息	广东	信息技术服务	信息科技咨询与其他服务	73.46	70.52	69.61	51.53	67.10	160	11
835759	财人汇	软件信息	浙江	信息技术服务	信息科技咨询与其他服务	71.29	75.27	73.17	46.46	66.41	197	12
870126	卓识网安	软件信息	北京	信息技术服务	信息科技咨询与其他服务	73.01	67.52	62.01	59.04	66.39	200	13
835305	云创数据	软件信息	江苏	信息技术服务	数据处理与外包服务	64.49	71.31	74.15	56.73	66.08	229	14
833796	骅锋科技	软件信息	广东	信息技术服务	信息科技咨询与其他服务	67.11	73.29	68.15	55.99	65.83	249	15
838777	华天海峰	软件信息	北京	信息技术服务	信息科技咨询与其他服务	62.81	76.62	70.83	58.49	65.74	255	16

续表

代码	简称	设定行业	省份	万得三级行业	万得四级行业	持续经营能力得分	信息披露质量得分	成长性得分	创新性得分	总分	全样本排名	行业内排名
430494	华博胜讯	软件信息	安　徽	信息技术服务	信息科技咨询与其他服务	70.62	69.40	55.14	67.97	65.71	260	17
836679	科睿特	软件信息	江　西	信息技术服务	信息科技咨询与其他服务	69.05	77.94	68.04	49.95	65.67	266	18
839737	鸥玛软件	软件信息	山　东	信息技术服务	数据处理与外包服务	73.41	68.88	60.55	55.58	65.55	272	19
832579	同兴股份	软件信息	浙　江	信息技术服务	信息科技咨询与其他服务	67.47	68.32	60.18	66.62	65.53	274	20
832003	同信通信	软件信息	黑龙江	信息技术服务	信息科技咨询与其他服务	70.93	78.42	59.11	52.79	64.85	342	21
838037	精一规划	软件信息	广　东	信息技术服务	信息科技咨询与其他服务	69.38	76.17	67.47	47.11	64.67	367	22
870213	微网通联	软件信息	北　京	信息技术服务	信息科技咨询与其他服务	73.32	71.32	61.86	49.11	64.59	375	23
832028	汇元科技	软件信息	北　京	信息技术服务	信息科技咨询与其他服务	70.29	60.38	68.39	51.84	64.21	427	24
430182	全网数商	软件信息	北　京	信息技术服务	信息科技咨询与其他服务	66.16	73.62	62.28	56.38	64.14	436	25
835653	天润融通	软件信息	北　京	信息技术服务	信息科技咨询与其他服务	69.05	70.44	62.07	53.23	64.01	451	26
832800	赛特斯	软件信息	江　苏	信息技术服务	信息科技咨询与其他服务	61.84	65.94	66.26	63.43	63.85	485	27
834297	数智源	软件信息	北　京	信息技术服务	信息科技咨询与其他服务	65.77	73.64	63.08	54.74	63.81	488	28
836513	佰信蓝图	软件信息	北　京	信息技术服务	信息科技咨询与其他服务	69.08	66.75	71.34	45.43	63.71	504	29
837517	芯海科技	软件信息	广　东	信息技术服务	信息科技咨询与其他服务	58.50	72.84	62.49	69.48	63.61	515	30
833320	图卫科技	软件信息	广　东	信息技术服务	信息科技咨询与其他服务	65.38	71.98	69.14	48.70	63.42	551	31
838415	优景科技	软件信息	上　海	信息技术服务	信息科技咨询与其他服务	67.63	67.01	67.09	49.76	63.39	555	32
835762	奕通信息	软件信息	上　海	信息技术服务	信息科技咨询与其他服务	63.66	77.41	71.44	46.50	63.37	562	33

续表

代码	简称	设定行业	省份	万得三级行业	万得四级行业	持续经营能力得分	信息披露质量得分	成长性得分	创新性得分	总分	全样本排名	行业内排名
835610	汇生通	软件信息	广　东	信息技术服务	信息科技咨询与其他服务	70.25	73.77	66.94	42.69	63.29	576	34
430227	东软慧聚	软件信息	北　京	信息技术服务	信息科技咨询与其他服务	62.81	79.88	62.93	53.31	63.05	608	35
839658	鹍骐科技	软件信息	北　京	信息技术服务	信息科技咨询与其他服务	65.71	70.10	63.17	53.00	62.94	617	36
870015	昂科信息	软件信息	上　海	信息技术服务	信息科技咨询与其他服务	70.51	68.08	67.44	43.21	62.89	622	37
834374	博瑞彤芸	软件信息	北　京	信息技术服务	信息科技咨询与其他服务	72.66	65.16	55.85	53.19	62.88	627	38
833711	卓易科技	软件信息	上　海	信息技术服务	信息科技咨询与其他服务	66.94	74.61	49.99	65.01	62.88	629	39
838033	佳邦信息	软件信息	广　东	信息技术服务	信息科技咨询与其他服务	63.77	77.94	62.31	52.45	62.83	636	40
839376	振业优控	软件信息	广　东	信息技术服务	信息科技咨询与其他服务	70.46	82.65	65.48	38.52	62.80	643	41
831114	易销科技	软件信息	上　海	信息技术服务	信息科技咨询与其他服务	70.86	75.59	60.60	44.77	62.77	646	42
838201	凯美瑞德	软件信息	江　苏	信息技术服务	信息科技咨询与其他服务	67.11	79.32	61.25	46.90	62.61	672	43
834698	国舜股份	软件信息	北　京	信息技术服务	信息科技咨询与其他服务	65.73	74.16	62.79	48.83	62.35	701	44
837860	捷视飞通	软件信息	广　东	信息技术服务	信息科技咨询与其他服务	62.42	75.85	70.78	45.44	62.24	718	45
831938	上海亿格	软件信息	上　海	信息技术服务	信息科技咨询与其他服务	65.68	71.42	58.49	53.39	61.99	748	46
837069	华如科技	软件信息	北　京	信息技术服务	信息科技咨询与其他服务	71.13	68.19	77.01	33.27	61.93	756	47
832570	蓝海科技	软件信息	北　京	信息技术服务	信息科技咨询与其他服务	68.16	74.74	64.05	42.20	61.82	772	48
839123	嘉利通	软件信息	黑龙江	信息技术服务	信息科技咨询与其他服务	64.11	71.46	57.25	56.23	61.70	792	49
838377	华科易汇	软件信息	北　京	信息技术服务	信息科技咨询与其他服务	65.76	71.70	56.92	53.05	61.55	828	50

表 19　医疗保健设备与用品行业总分排名前 15 家样本挂牌公司名单

单位：分

代码	简称	设定行业	省份	万得三级行业	万得四级行业	持续经营能力得分	信息披露质量得分	成长性得分	创新性得分	总分	全样本排名	行业内排名
830838	新产业	医药	广东	医疗保健设备与用品	医疗保健设备	76. 64	72. 23	71. 98	73. 13	74. 08	8	1
834286	爱得科技	医药	江苏	医疗保健设备与用品	医疗保健设备	83. 76	71. 87	73. 22	52. 17	72. 00	14	2
430069	天助畅运	医药	北京	医疗保健设备与用品	医疗保健设备	69. 11	71. 67	71. 27	71. 17	70. 44	25	3
835637	林华医疗	医药	江苏	医疗保健设备与用品	医疗保健设备	69. 34	81. 22	72. 38	57. 00	69. 01	62	4
834068	蓝氧科技	医药	广东	医疗保健设备与用品	医疗保健设备	69. 68	71. 57	72. 85	61. 30	68. 96	65	5
835604	康泰医学	医药	河北	医疗保健设备与用品	医疗保健设备	72. 38	75. 81	59. 90	69. 17	68. 89	69	6
833234	美创医疗	医药	四川	医疗保健设备与用品	医疗保健设备	76. 91	66. 22	82. 26	45. 58	68. 88	70	7
834818	蓝海之略	医药	广东	医疗保健设备与用品	医疗保健设备	67. 11	73. 09	78. 78	57. 08	68. 50	86	8
835730	尚沃医疗	医药	江苏	医疗保健设备与用品	医疗保健设备	64. 23	69. 38	69. 99	72. 00	67. 92	114	9
836776	三联星海	医药	江苏	医疗保健设备与用品	医疗保健设备	73. 35	73. 01	70. 24	52. 18	67. 74	125	10
830833	九生堂	医药	湖北	医疗保健设备与用品	医疗保健用品	74. 09	73. 98	82. 51	39. 09	66. 96	163	11
831895	爱威科技	医药	湖南	医疗保健设备与用品	医疗保健设备	65. 36	76. 36	64. 44	65. 95	66. 78	175	12
835940	瑞济生物	医药	江西	医疗保健设备与用品	医疗保健设备	65. 36	73. 74	86. 30	44. 70	66. 12	223	13
430620	益善生物	医药	广东	医疗保健设备与用品	医疗保健用品	58. 11	71. 52	62. 29	83. 04	65. 51	275	14
832294	鑫乐医疗	医药	河北	医疗保健设备与用品	医疗保健设备	68. 76	73. 20	62. 39	55. 94	65. 00	325	15

十九　制药行业总分排名靠前样本挂牌公司名单

该行业共有 68 家样本挂牌公司，表 20 中列示总分排名前 15 家。

二十　专业服务行业总分排名靠前样本挂牌公司名单

该行业共有 98 家样本挂牌公司，表 21 中列示总分排名前 25 家。

二十一　其他43个行业总分排名靠前样本挂牌公司名单

其他 43 个行业共有 549 家样本挂牌公司，表 22 中列示总分排名前 150 家。这 43 个行业分别为（按照名称首字汉语拼音排序）办公电子设备Ⅲ，半导体产品与半导体设备，电力Ⅲ，电脑与外围设备，独立电力生产商与能源贸易商Ⅲ，多元电信服务，多元化零售，多元金融服务，房地产管理和开发，复合型公用事业Ⅲ，个人用品Ⅲ，公路与铁路运输，海运Ⅲ，航空Ⅲ，航空航天与国防Ⅲ，航空货运与物流Ⅲ，互联网与售货目录零售，家庭用品Ⅲ，建材Ⅲ，交通基础设施，酒店、餐馆与休闲Ⅲ，贸易公司与工业品经销商Ⅲ，能源设备与服务，汽车，燃气Ⅲ，容器与包装，生命科学工具和服务Ⅲ，生物科技Ⅲ，石油、天然气与供消费用燃料，食品与主要用品零售Ⅲ，水务Ⅲ，无线电信业务Ⅲ，消费品经销商Ⅲ，休闲设备与用品，烟草Ⅲ，医疗保健技术Ⅲ，医疗保健提供商与服务，饮料，纸与林木产品，专营零售，综合类Ⅲ，综合消费者服务Ⅲ和其他。

表 20　制药行业总分排名前 15 家样本挂牌公司名单

单位：分

代码	简称	设定行业	省份	万得三级行业	万得四级行业	持续经营能力得分	信息披露质量得分	成长性得分	创新性得分	总分	全样本排名	行业内排名
832796	逸舒制药	医药	广　东	制药	西药	65. 83	78. 22	60. 70	56. 44	64. 19	431	1
839935	百裕制药	医药	四　川	制药	中药	57. 55	76. 17	73. 73	58. 09	63. 98	457	2
833274	臣功制药	医药	江　苏	制药	西药	63. 73	60. 29	64. 95	63. 12	63. 38	556	3
832159	合全药业	医药	上　海	制药	西药	70. 35	66. 62	60. 21	49. 92	62. 66	664	4
839989	千禾药业	医药	陕　西	制药	中药	58. 69	68. 29	60. 09	70. 52	62. 66	666	5
834836	一鸣生物	医药	江　苏	制药	西药	68. 94	68. 07	66. 76	41. 72	61. 73	785	6
832077	合成药业	医药	陕　西	制药	西药	54. 53	75. 21	67. 35	60. 99	61. 69	794	7
834483	元和药业	医药	内蒙古	制药	西药	60. 99	76. 39	66. 92	47. 65	61. 46	847	8
836813	格兰尼	医药	福　建	制药	西药	72. 81	73. 79	72. 83	30. 50	61. 31	878	9
832705	达瑞生物	医药	广　东	制药	西药	62. 16	71. 72	63. 66	48. 34	60. 76	998	10
832035	天晴股份	医药	黑龙江	制药	西药	57. 03	74. 88	73. 22	45. 80	60. 52	1049	11
836706	施美药业	医药	江　西	制药	西药	58. 15	68. 05	60. 12	59. 98	60. 41	1080	12
836315	城市药业	医药	安　徽	制药	西药	65. 05	68. 54	65. 42	41. 28	59. 95	1174	13
832276	翔宇药业	医药	山　东	制药	中药	59. 79	69. 74	58. 68	54. 37	59. 76	1227	14
838223	金维制药	医药	宁　夏	制药	西药	70. 85	74. 91	64. 95	31. 75	59. 54	1281	15

表21　专业服务行业总分排名前25家样本挂牌公司名单

单位：分

代码	简称	设定行业	省份	万得三级行业	万得四级行业	持续经营能力得分	信息披露质量得分	成长性得分	创新性得分	总分	全样本排名	行业内排名
835212	多想互动	生产服务	福建	专业服务	调查和咨询服务	71.04	75.07	65.04	57.31	67.12	159	1
831415	城兴股份	生产服务	河北	专业服务	调查和咨询服务	63.74	70.43	77.98	52.84	65.54	273	2
833057	新世傲	生产服务	上海	专业服务	调查和咨询服务	64.59	76.75	59.22	60.68	64.06	447	3
839040	尤安设计	生产服务	上海	专业服务	调查和咨询服务	65.48	71.57	73.13	47.44	63.96	460	4
833712	观堂设计	生产服务	四川	专业服务	调查和咨询服务	65.96	58.90	59.75	69.53	63.93	464	5
832007	航天检测	生产服务	云南	专业服务	调查和咨询服务	69.88	77.92	60.23	49.68	63.93	467	6
833460	博得世纪	生产服务	广东	专业服务	调查和咨询服务	72.72	58.23	66.07	50.69	63.89	475	7
831576	汉博商业	生产服务	北京	专业服务	调查和咨询服务	64.92	74.29	66.43	52.16	63.78	493	8
834060	营邑股份	生产服务	上海	专业服务	调查和咨询服务	73.52	52.40	65.45	53.60	63.72	503	9
430139	华岭股份	生产服务	上海	专业服务	调查和咨询服务	63.21	55.78	59.23	78.12	63.68	507	10
835124	泰坦科技	生产服务	上海	专业服务	调查和咨询服务	64.85	80.87	59.83	55.35	63.65	509	11
833835	天鸿设计	生产服务	海南	专业服务	调查和咨询服务	64.59	60.95	72.36	54.08	63.57	520	12
831395	智通建设	生产服务	上海	专业服务	调查和咨询服务	69.79	68.41	68.56	44.93	63.43	546	13
836019	阿尔特	生产服务	北京	专业服务	调查和咨询服务	59.19	78.23	57.42	69.96	63.33	570	14
833806	光合文创	生产服务	北京	专业服务	调查和咨询服务	64.60	73.38	61.38	56.60	63.31	572	15
835457	建科集团	生产服务	江苏	专业服务	调查和咨询服务	62.62	72.92	58.31	64.31	63.27	582	16
836416	时空视点	生产服务	北京	专业服务	调查和咨询服务	63.94	70.25	68.80	51.54	63.26	583	17
837778	狮华股份	生产服务	上海	专业服务	调查和咨询服务	65.07	76.72	60.54	54.63	63.25	585	18
836065	国孚电力	生产服务	上海	专业服务	调查和咨询服务	64.95	71.61	71.87	46.60	63.25	586	19
836208	天职咨询	生产服务	北京	专业服务	调查和咨询服务	70.49	69.97	62.54	47.52	63.15	592	20
837321	安家万邦	生产服务	北京	专业服务	调查和咨询服务	63.60	73.00	64.93	53.73	63.10	600	21
832754	商安信	生产服务	上海	专业服务	调查和咨询服务	62.95	64.87	70.64	53.89	63.09	604	22
833433	天保股份	生产服务	贵州	专业服务	调查和咨询服务	68.13	74.26	64.58	46.33	63.05	609	23
835677	康达检测	生产服务	江苏	专业服务	调查和咨询服务	63.20	66.85	64.55	54.49	62.20	722	24
836742	大地测绘	生产服务	陕西	专业服务	调查和咨询服务	65.60	68.73	66.05	46.93	61.88	762	25

表 22　其他 43 个行业总分排名前 150 家样本挂牌公司名单

单位：分

代码	简称	设定行业	省份	万得三级行业	万得四级行业	持续经营能力得分	信息披露质量得分	成长性得分	创新性得分	总分	全样本排名	行业内排名
834206	傲基电商	互联网	广　东	互联网与售货目录零售	互联网零售	75.01	79.66	83.47	65.91	75.75	2	1
838599	价之链	互联网	广　东	互联网与售货目录零售	互联网零售	84.43	78.26	82.47	53.03	75.62	3	2
836672	鑫日科	生活服务	广　东	综合消费者服务Ⅲ	教育服务	75.86	72.47	73.99	75.36	74.77	6	3
835908	仁创生态	建筑地产	安　徽	建材Ⅲ	建材	72.06	75.00	80.85	68.23	73.80	11	4
837395	蓝帽互动	文化	福　建	休闲设备与用品	休闲用品	67.49	78.06	64.09	86.20	71.51	16	5
838391	菲鹏生物	医药	广　东	生物科技Ⅲ	生物科技	70.48	73.36	74.47	68.21	71.42	17	6
838254	老鹰教育	生活服务	浙　江	综合消费者服务Ⅲ	教育服务	84.06	71.02	63.30	57.06	70.66	21	7
837311	药石科技	医药	江　苏	其他	其他	77.52	77.05	71.60	53.82	70.58	24	8
835086	房米网	建筑地产	福　建	房地产管理和开发	房地产服务	70.46	74.13	81.98	54.36	70.01	30	9
835209	固德威	电子信息	江　苏	半导体产品与半导体设备	半导体产品	73.80	73.26	72.00	58.80	70.01	31	10
831517	凯伦建材	建筑地产	江　苏	建材Ⅲ	建材	67.88	83.77	72.95	61.73	69.99	32	11
830858	华图教育	生活服务	北　京	综合消费者服务Ⅲ	教育服务	81.57	76.58	70.18	46.96	69.68	38	12
430223	亿童文教	生活服务	湖　北	综合消费者服务Ⅲ	教育服务	70.60	72.18	66.11	70.51	69.66	39	13
838468	光华教育	生活服务	北　京	综合消费者服务Ⅲ	教育服务	73.64	73.53	75.64	53.20	69.45	45	14
834565	特美股份	消费品	浙　江	纸与林木产品	纸制品	69.30	70.25	73.87	62.66	69.15	57	15
839976	传智播客	生活服务	江　苏	综合消费者服务Ⅲ	教育服务	77.54	69.93	74.79	47.73	68.66	78	16
870240	神之水滴	食品	广　东	饮料	白酒与葡萄酒	70.00	70.21	76.84	55.84	68.52	85	17

续表

代码	简称	设定行业	省份	万得三级行业	万得四级行业	持续经营能力得分	信息披露质量得分	成长性得分	创新性得分	总分	全样本排名	行业内排名
837297	中晨电商	生产服务	上海	贸易公司与工业品经销商Ⅲ	贸易公司与工业品经销商	69.83	70.90	71.45	60.49	68.40	88	18
835553	瑞兴医药	食品	广东	食品与主要用品零售Ⅲ	药品零售	73.10	78.65	71.08	50.85	68.25	93	19
833767	五轮电子	消费品	广东	烟草Ⅲ	烟草	75.30	74.90	65.05	55.30	68.19	99	20
838942	网创科技	互联网	浙江	其他	其他	83.27	64.77	75.23	41.96	68.17	101	21
833593	健来福	食品	广东	饮料	软饮料	67.54	75.21	76.02	55.94	68.09	107	22
834573	梅山黑茶	食品	湖南	饮料	软饮料	70.44	70.85	67.07	62.83	68.07	108	23
834520	万佳安	消费品	广东	休闲设备与用品	摄影用品	65.55	65.91	70.53	70.47	67.79	118	24
833142	佳一教育	生活服务	江苏	综合消费者服务Ⅲ	教育服务	69.49	75.58	62.38	65.77	67.75	122	25
835852	伊普诺康	医药	安徽	生物科技Ⅲ	生物科技	66.36	77.69	78.18	52.98	67.67	127	26
834913	驰达飞机	机械	陕西	航空航天与国防Ⅲ	航天航空与国防	60.87	76.50	74.55	66.71	67.49	137	27
837130	中环互联	建筑地产	江西	房地产管理和开发	房地产服务	73.12	72.13	82.19	41.60	67.12	158	28
832202	沪鸽口腔	医药	山东	其他	其他	67.32	78.43	71.65	53.86	66.91	167	29
430578	差旅天下	生活服务	吉林	酒店、餐馆与休闲Ⅲ	酒店、度假村与豪华游轮	62.47	74.57	64.88	73.36	66.88	169	30
830807	恒瑞能源	能源化工	安徽	独立电力主产商与能源贸易商Ⅲ	新能源发电业者	66.68	80.70	64.48	60.85	66.81	173	31
837781	重交再生	建筑地产	重庆	建材Ⅲ	建材	66.56	79.77	68.69	56.35	66.68	178	32
838324	广尔数码	生活服务	广东	消费品经销商Ⅲ	消费品经销商	74.15	78.83	56.93	57.35	66.54	185	33

续表

代码	简称	设定行业	省份	万得三级行业	万得四级行业	持续经营能力得分	信息披露质量得分	成长性得分	创新性得分	总分	全样本排名	行业内排名
834209	正合股份	建筑地产	四川	房地产管理和开发	房地产服务	79. 10	71. 65	68. 70	42. 33	66. 39	199	34
836521	商客通	互联网	上海	多元电信服务	综合电信服务	77. 26	78. 10	77. 40	35. 80	66. 38	201	35
837344	三元基因	医药	北京	生物科技Ⅲ	生物科技	57. 60	69. 75	76. 20	71. 09	66. 30	205	36
831187	创尔生物	医药	广东	生物科技Ⅲ	生物科技	76. 00	69. 78	62. 41	52. 10	66. 23	212	37
837524	辰华能源	能源化工	江苏	石油、天然气与供消费用燃料	石油与天然气的炼制和销售	70. 85	70. 26	60. 30	62. 03	66. 18	217	38
837275	国通股份	电子信息	上海	电脑与外围设备	电脑存储与外围设备	65. 08	79. 99	65. 40	60. 15	66. 16	219	39
837932	达威智能	电子信息	广东	办公电子设备Ⅲ	办公电子设备	67. 96	68. 13	71. 49	55. 38	66. 09	228	40
870155	高思教育	生活服务	北京	综合消费者服务Ⅲ	教育服务	72. 17	71. 28	66. 38	51. 68	65. 99	239	41
833258	尚洋科技	消费品	广东	个人用品Ⅲ	个人用品	74. 58	70. 69	69. 51	45. 46	65. 84	247	42
833977	悠派科技	消费品	安徽	个人用品Ⅲ	个人用品	66. 54	80. 29	65. 63	55. 63	65. 81	252	43
870332	博雅智学	生活服务	北京	专营零售	电脑与电子产品零售	67. 05	71. 89	66. 82	57. 98	65. 76	254	44
839352	百利时	能源化工	北京	能源设备与服务	石油天然气设备与服务	70. 42	58. 19	79. 43	49. 55	65. 74	256	45
833327	泰林生物	医药	浙江	生命科学工具和服务Ⅲ	生命科学工具和服务	71. 46	64. 78	66. 08	55. 72	65. 70	262	46
837955	厚大股份	生活服务	北京	综合消费者服务Ⅲ	教育服务	77. 48	68. 84	76. 93	37. 39	65. 68	264	47
833881	一森园林	消费品	河北	纸与林木产品	林木产品	69. 29	68. 86	76. 22	46. 93	65. 58	269	48
835320	诺斯贝尔	消费品	广东	个人用品Ⅲ	个人用品	68. 93	69. 83	59. 04	63. 60	65. 38	287	49

续表

代码	简称	设定行业	省份	万得三级行业	万得四级行业	持续经营能力得分	信息披露质量得分	成长性得分	创新性得分	总分	全样本排名	行业内排名
835899	利泰健康	食品	广　东	饮料	软饮料	66. 61	74. 82	67. 20	54. 77	65. 32	291	50
831940	网高科技	互联网	北　京	多元电信服务	综合电信服务	67. 33	72. 62	67. 11	54. 86	65. 31	292	51
836454	ST 大有恒	食品	江　苏	其他	其他	68. 08	62. 21	73. 10	54. 07	65. 29	295	52
834594	大隆汇	互联网	江　苏	互联网与售货目录零售	互联网零售	74. 53	73. 13	67. 04	44. 25	65. 21	303	53
837930	亚特体育	生活服务	陕　西	酒店、餐馆与休闲Ⅲ	休闲设施	67. 85	74. 12	65. 79	54. 08	65. 20	305	54
831891	行动教育	生活服务	上　海	综合消费者服务Ⅲ	教育服务	73. 00	70. 30	66. 51	47. 90	65. 18	307	55
430476	海能仪器	消费品	山　东	容器与包装	金属与玻璃容器	64. 46	78. 22	60. 65	63. 56	65. 17	309	56
835156	丽江文旅	生活服务	云　南	酒店、餐馆与休闲Ⅲ	酒店、度假村与豪华游轮	67. 84	71. 36	74. 67	47. 01	65. 06	319	57
838726	敦善文化	生活服务	北　京	综合消费者服务Ⅲ	教育服务	68. 79	69. 22	72. 69	48. 30	65. 04	320	58
834809	易瓦特	机械	湖　北	航空航天与国防Ⅲ	航天航空与国防	63. 71	71. 75	57. 28	73. 55	65. 00	327	59
837706	龙铁纵横	生产服务	北　京	交通基础设施	公路与铁路	61. 17	70. 93	66. 88	66. 20	64. 97	330	60
838375	百联广合	建筑地产	江　苏	房地产管理和开发	房地产服务	71. 48	72. 35	77. 19	39. 77	64. 93	336	61
833826	凯利云股	生活服务	黑龙江	专营零售	汽车零售	67. 81	73. 42	61. 83	57. 47	64. 88	339	62
833503	花嫁丽舍	生活服务	上　海	综合消费者服务Ⅲ	特殊消费者服务	71. 20	72. 39	56. 21	59. 23	64. 85	343	63
837381	航理股份	机械	江　苏	航空航天与国防Ⅲ	航天航空与国防	61. 17	76. 07	75. 43	53. 07	64. 74	358	64

续表

代码	简称	设定行业	省份	万得三级行业	万得四级行业	持续经营能力得分	信息披露质量得分	成长性得分	创新性得分	总分	全样本排名	行业内排名
837839	尚通科技	互联网	江　西	多元电信服务	综合电信服务	72.73	72.78	68.31	43.37	64.57	378	65
832533	利美康	医药	贵　州	医疗保健提供商与服务	保健护理设施	75.70	72.49	66.63	41.36	64.55	382	66
837637	新基地	建筑地产	广　东	房地产管理和开发	房地产服务	65.24	67.77	72.36	52.81	64.55	383	67
838146	福百盛	生产服务	广　东	贸易公司与工业品经销商Ⅲ	贸易公司与工业品经销商	71.57	77.50	59.68	50.41	64.53	390	68
839264	世纪明德	生活服务	北　京	综合消费者服务Ⅲ	教育服务	69.34	75.78	61.89	52.17	64.52	391	69
837730	正保育才	生活服务	北　京	综合消费者服务Ⅲ	教育服务	65.24	79.33	65.18	53.32	64.51	393	70
838919	恒晟能源	能源化工	新　疆	石油、天然气与供消费用燃料	石油与天然气的炼制和销售	66.85	71.71	64.60	55.09	64.44	401	71
834101	择尚科技	生产服务	江　苏	贸易公司与工业品经销商Ⅲ	贸易公司与工业品经销商	66.31	76.33	77.93	42.02	64.37	407	72
834839	之江生物	医药	上　海	生物科技Ⅲ	生物科技	63.20	60.42	68.48	64.73	64.35	411	73
839728	模式生物	医药	上　海	生命科学工具和服务Ⅲ	生命科学工具和服务	67.15	70.33	65.19	54.33	64.33	414	74
838384	新港联行	建筑地产	四　川	房地产管理和开发	房地产服务	73.49	68.00	79.97	35.84	64.26	417	75
835906	科润股份	能源化工	江　苏	石油、天然气与供消费用燃料	石油与天然气的炼制和销售	68.70	74.07	61.95	52.91	64.26	419	76
832021	安谱实验	生活服务	上　海	消费品经销商Ⅲ	消费品经销商	66.12	76.67	62.42	55.01	64.23	422	77
835796	清大国华	生产服务	北　京	水务Ⅲ	水务	65.62	68.02	57.67	65.47	63.85	484	78
831092	乾元泽孚	建筑地产	山　东	建材Ⅲ	建材	59.91	71.01	65.60	64.37	63.78	492	79

续表

代码	简称	设定行业	省份	万得三级行业	万得四级行业	持续经营能力得分	信息披露质量得分	成长性得分	创新性得分	总分	全样本排名	行业内排名
834319	三椒口腔	消费品	广　东	个人用品Ⅲ	个人用品	66. 47	69. 31	63. 59	55. 18	63. 74	497	80
835110	泛远国际	生产服务	浙　江	航空货运与物流Ⅲ	航空货运与物流	65. 15	76. 74	68. 93	48. 09	63. 73	499	81
430353	百傲科技	医药	上　海	生物科技Ⅲ	生物科技	61. 78	74. 40	73. 59	50. 02	63. 62	513	82
833055	旭域股份	建筑地产	山　东	建材Ⅲ	建材	62. 15	65. 78	67. 40	60. 41	63. 60	517	83
839920	联佳股份	能源化工	广　东	石油、天然气与供消费用燃料	石油与天然气的炼制和销售	71. 79	72. 59	68. 23	41. 32	63. 57	521	84
838674	苏博医学	医药	江　苏	医疗保健提供商与服务	保健护理服务	69. 99	73. 23	83. 05	33. 76	63. 57	522	85
839706	奇士达	文化	广　东	休闲设备与用品	休闲用品	67. 28	73. 61	58. 33	56. 54	63. 55	527	86
839574	中瑞医药	食品	黑龙江	食品与主要用品零售Ⅲ	药品零售	61. 72	68. 10	65. 68	61. 39	63. 55	528	87
837278	皓元医药	医药	上　海	生物科技Ⅲ	生物科技	66. 69	75. 20	67. 38	47. 09	63. 50	535	88
839994	中德诺浩	生活服务	北　京	综合消费者服务Ⅲ	教育服务	65. 90	67. 27	65. 40	54. 37	63. 49	537	89
834155	海南沉香	消费品	海　南	个人用品Ⅲ	个人用品	64. 54	73. 91	69. 08	49. 28	63. 48	538	90
836586	有棵树	互联网	广　东	互联网与售货目录零售	互联网零售	72. 48	71. 27	72. 81	37. 27	63. 36	563	91
832861	奇致激光	医药	湖　北	生命科学工具和服务Ⅲ	生命科学工具和服务	62. 20	62. 53	59. 69	71. 54	63. 36	566	92
835694	芙儿优	生活服务	上　海	消费品经销商Ⅲ	消费品经销商	68. 63	71. 06	58. 96	53. 90	63. 29	578	93
837812	美嘉欣	文化	广　东	休闲设备与用品	休闲用品	67. 31	72. 41	60. 64	52. 92	63. 19	591	94

续表

代码	简称	设定行业	省份	万得三级行业	万得四级行业	持续经营能力得分	信息披露质量得分	成长性得分	创新性得分	总分	全样本排名	行业内排名
835321	璞勒仕	建筑地产	上　海	房地产管理和开发	房地产开发	67.46	63.53	68.32	49.87	63.14	598	95
837542	伟昊汽车	机械	上　海	汽车	汽车制造	63.86	72.22	77.49	43.13	63.12	599	96
836699	海达尔	建筑地产	江　苏	建材Ⅲ	建材	65.00	68.07	78.85	42.51	63.10	602	97
832982	锦波生物	医药	山　西	生物科技Ⅲ	生物科技	60.19	69.40	73.65	52.35	62.89	625	98
835210	十二年	生活服务	北　京	综合消费者服务Ⅲ	教育服务	60.02	69.88	67.07	58.22	62.75	647	99
836163	美安医药	食品	江　苏	食品与主要用品零售Ⅲ	药品零售	66.63	69.92	56.51	58.42	62.73	650	100
834066	大统体育	消费品	内蒙古	休闲设备与用品	休闲用品	68.90	67.78	68.74	43.77	62.73	651	101
834282	前程股份	生活服务	浙　江	消费品经销商Ⅲ	消费品经销商	72.63	71.41	59.08	45.67	62.71	652	102
836919	迅扬科技	电子信息	广　东	电脑与外围设备	电脑存储与外围设备	69.77	73.09	54.47	53.80	62.70	654	103
835797	能动教育	生活服务	北　京	综合消费者服务Ⅲ	教育服务	67.70	70.52	64.74	47.21	62.67	660	104
834736	康铭盛	电子信息	广　东	半导体产品与半导体设备	半导体产品	68.96	76.40	50.79	58.01	62.67	662	105
834666	桑尼能源	能源化工	浙　江	独立电力生产商与能源贸易商Ⅲ	新能源发电业者	59.17	73.72	61.52	63.62	62.65	667	106
836475	华士食品	食品	福　建	食品与主要用品零售Ⅲ	食品分销商	68.33	67.70	67.47	45.26	62.64	668	107
836252	砂之船	生活服务	浙　江	多元化零售	综合货品商店	70.77	71.25	52.11	55.98	62.62	671	108
837836	龙宇医药	医药	江　西	医疗保健提供商与服务	保健护理产品经销商	68.65	74.29	55.77	52.70	62.55	678	109
834493	华诚生物	医药	湖　南	生物科技Ⅲ	生物科技	61.90	77.92	61.98	54.59	62.50	687	110

续表

代码	简称	设定行业	省份	万得三级行业	万得四级行业	持续经营能力得分	信息披露质量得分	成长性得分	创新性得分	总分	全样本排名	行业内排名
834669	美易家	建筑地产	广东	房地产管理和开发	房地产经营公司	72.77	75.70	68.89	35.28	62.47	692	111
832730	蓝贝股份	文化	山东	综合消费者服务Ⅲ	教育服务	68.42	70.31	52.94	58.24	62.39	699	112
835971	尚睿通	生活服务	北京	综合消费者服务Ⅲ	教育服务	66.31	60.20	61.61	57.41	62.34	702	113
832804	浩明科技	消费品	广东	纸与林木产品	纸制品	61.48	71.07	64.69	55.30	62.30	708	114
837391	昊达智能	生活服务	广东	消费品经销商Ⅲ	消费品经销商	61.00	67.92	62.91	60.02	62.27	712	115
837877	美士达	消费品	广东	容器与包装	纸包装	70.48	70.67	63.91	42.76	62.26	713	116
839430	创意双星	文化	广东	休闲设备与用品	休闲用品	62.03	77.92	64.28	50.49	62.15	728	117
831543	松炀资源	消费品	广东	纸与林木产品	纸制品	73.29	65.65	59.65	44.72	62.03	740	118
837149	远洋亿家	建筑地产	北京	房地产管理和开发	房地产服务	73.28	77.53	64.07	35.84	61.94	753	119
834733	华卓精科	电子信息	北京	半导体产品与半导体设备	半导体设备	62.21	66.63	55.91	66.02	61.93	757	120
837174	宏裕包材	消费品	湖北	容器与包装	金属与玻璃容器	64.96	74.74	57.27	53.73	61.89	761	121
834936	康莱米	电子信息	广东	电脑与外围设备	电脑硬件	65.99	79.18	63.49	43.52	61.80	776	122
837188	美奇林	生活服务	广东	消费品经销商Ⅲ	消费品经销商	64.21	73.43	67.78	44.69	61.77	780	123
836982	迪赛基业	建筑地产	浙江	房地产管理和开发	房地产服务	68.60	68.96	69.10	40.06	61.76	781	124
834061	佳奇科技	消费品	广东	休闲设备与用品	休闲用品	68.91	55.90	61.96	53.00	61.70	791	125
430111	北京航峰	机械	北京	航空航天与国防Ⅲ	航天航空与国防	53.95	69.09	66.88	66.62	61.63	810	126
870399	通达电气	机械	广东	汽车	汽车制造	65.50	70.57	68.75	42.94	61.61	816	127

续表

代码	简称	设定行业	省份	万得三级行业	万得四级行业	持续经营能力得分	信息披露质量得分	成长性得分	创新性得分	总分	全样本排名	行业内排名
430165	光宝联合	生产服务	北京	无线电信业务Ⅲ	无线电信业务	61.74	76.77	56.22	58.12	61.57	826	128
832942	名品彩叶	消费品	河南	纸与林木产品	林木产品	68.78	74.95	70.30	35.97	61.54	831	129
837248	中青国际	生活服务	河南	酒店、餐馆与休闲Ⅲ	酒店、度假村与豪华游轮	67.75	69.64	63.93	44.07	61.52	835	130
834496	赛乐奇	医药	广东	生物科技Ⅲ	生物科技	57.34	72.72	76.93	47.04	61.47	844	131
832356	金华机械	机械	江苏	汽车	汽车制造	65.27	67.84	71.24	42.10	61.47	845	132
835704	罗特药业	食品	广东	食品与主要用品零售Ⅲ	药品零售	65.75	72.17	59.11	49.92	61.45	849	133
837498	第一物业	建筑地产	北京	房地产管理和开发	房地产经营公司	68.04	69.39	66.69	41.16	61.41	857	134
837582	海莱云视	生活服务	山东	消费品经销商Ⅲ	消费品经销商	64.99	80.57	70.33	37.66	61.38	858	135
838510	弘亮光电	生产服务	广东	贸易公司与工业品经销商Ⅲ	贸易公司与工业品经销商	68.45	69.56	69.23	38.62	61.37	861	136
833809	白山国旅	生活服务	吉林	酒店、餐馆与休闲Ⅲ	酒店、度假村与豪华游轮	62.54	75.36	58.63	53.54	61.35	868	137
430437	食安科技	生产服务	广东	综合类Ⅲ	综合类行业	57.36	74.11	63.01	58.79	61.32	874	138
831049	赛莱拉	医药	广东	生物科技Ⅲ	生物科技	57.34	74.54	66.57	54.61	61.31	879	139
839011	国研电力	能源化工	山东	电力Ⅲ	电力	65.44	70.30	62.39	47.21	61.23	895	140
836694	家电网	互联网	广东	互联网与售货目录零售	互联网零售	67.79	73.30	59.42	45.19	61.20	902	141

续表

代码	简称	设定行业	省份	万得三级行业	万得四级行业	持续经营能力得分	信息披露质量得分	成长性得分	创新性得分	总分	全样本排名	行业内排名
831511	水治理	生产服务	江　苏	复合型公用事业Ⅲ	复合型公用事业	61.68	70.42	56.20	60.17	61.17	908	142
832873	孕婴童	消费品	广　东	个人用品Ⅲ	个人用品	61.63	71.52	58.88	56.03	61.13	911	143
834651	飞扬旅游	生活服务	浙　江	酒店、餐馆与休闲Ⅲ	酒店、度假村与豪华游轮	68.22	69.47	58.09	47.27	61.06	923	144
839142	金穗隆	电子信息	广　东	办公电子设备Ⅲ	办公电子设备	67.64	78.69	65.53	37.61	61.04	928	145
837583	百事乐居	建筑地产	浙　江	房地产管理和开发	房地产服务	67.84	70.02	76.62	33.34	60.96	949	146
836864	乐松文化	生活服务	黑龙江	多元化零售	综合货品商店	69.88	66.92	54.56	49.69	60.96	950	147
838570	豫王建能	建筑地产	吉　林	建材Ⅲ	建材	56.14	73.77	70.84	51.53	60.94	956	148
839035	多宾陈列	消费品	江　苏	纸与林木产品	纸制品	59.91	69.68	61.91	55.87	60.93	960	149
832387	大众口腔	医药	湖　北	医疗保健提供商与服务	保健护理服务	68.51	70.14	63.75	40.91	60.91	964	150

B.5
不同规模挂牌公司质量评价榜单

王 师*

摘 要： 为了充分展示不同经营规模的样本挂牌公司的评价得分和排名情况，本报告分别利用2016年年报中（下同）总资产规模、净资产规模、营业收入规模与净利润规模进行分类，列示出各个分类标准下的各部分得分排名前20的样本挂牌公司名单信息。

关键词： 质量评价榜单 规模指标 新三板挂牌公司

一 按照总资产规模分类排名靠前的样本挂牌公司

将全部3157家样本挂牌公司按照总资产规模4亿元以上、2亿~4亿元、1亿~2亿元和1亿元以下4个区间，分别列示出各个区间中得分排名前20的样本挂牌公司（见表1至表4）。

二 按照净资产规模分类排名靠前的样本挂牌公司

将全部3157家样本挂牌公司按照总资产规模2亿元以上、1亿~2亿元、0.5亿~1亿元和0.5亿元以下4个区间，分别列示出各个区间中得分排名前20的样本挂牌公司（见表5至表8）。

* 王师，特华财经研究所研究员，主要研究领域为资本市场、区域产业规划。

表1　总资产4亿元以上的样本挂牌公司得分排名前20

单位：万元，分

代码	简称	设定行业	省份	万得三级行业	资产规模	持续经营能力得分	信息披露质量得分	成长性得分	创新性得分	总分	全样本排名	区间内排名
834206	傲基电商	互联网	广东	互联网与售货目录零售	87733.08	75.01	79.66	83.47	65.91	75.75	2	1
830838	新产业	医药	广东	医疗保健设备与用品	160501.71	76.64	72.23	71.98	73.13	74.08	8	2
430625	联创种业	食品	北京	食品	52073.72	75.94	66.11	78.26	63.23	72.24	13	3
831344	中际联合	机械	北京	机械	41599.32	69.16	75.40	68.90	76.35	71.40	18	4
830858	华图教育	生活服务	北京	综合消费者服务Ⅲ	246004.87	81.57	76.58	70.18	46.96	69.68	38	5
430223	亿童文教	生活服务	湖北	综合消费者服务Ⅲ	66580.82	70.60	72.18	66.11	70.51	69.66	39	6
832498	明源软件	软件信息	广东	软件	43885.35	72.44	75.98	69.19	58.95	69.21	55	7
835637	林华医疗	医药	江苏	医疗保健设备与用品	69124.91	69.34	81.22	72.38	57.00	69.01	62	8
835604	康泰医学	医药	河北	医疗保健设备与用品	49832.75	72.38	75.81	59.90	69.17	68.89	69	9
832559	熊猫乳业	食品	浙江	食品	42866.48	78.13	75.00	61.62	57.60	68.85	72	10
832709	达特照明	建筑地产	广东	建筑与工程Ⅲ	58328.97	64.14	69.13	79.42	64.91	68.58	81	11
834818	蓝海之略	医药	广东	医疗保健设备与用品	121762.36	67.11	73.09	78.78	57.08	68.50	86	12
836713	中天引控	金属矿冶	陕西	金属、非金属与采矿	77776.33	59.91	77.87	74.32	71.99	68.22	95	13
836288	奥特维	机械	江苏	机械	42456.14	63.65	71.33	70.64	72.27	68.17	100	14
832772	银都股份	机械	浙江	机械	94160.24	68.99	70.51	68.50	64.26	68.12	104	15
835185	贝特瑞	电子信息	广东	电子设备、仪器和元件	368906.11	66.24	81.59	55.02	81.52	68.01	110	16
834520	万佳安	消费品	广东	休闲设备与用品	46799.31	65.55	65.91	70.53	70.47	67.79	118	17
834093	妈妈网	文化	广东	媒体Ⅲ	43931.36	76.87	77.24	69.16	46.46	67.74	124	18
837354	威派格	机械	上海	机械	87530.37	62.66	68.54	72.99	70.35	67.52	134	19
833694	新道科技	互联网	海南	互联网软件与服务Ⅲ	59011.28	62.39	76.29	73.11	65.05	67.46	139	20

表 2　总资产 2 亿 ~4 亿元的样本挂牌公司得分排名前 20

单位：万元，分

代码	简称	设定行业	省份	万得三级行业	资产规模	持续经营能力得分	信息披露质量得分	成长性得分	创新性得分	总分	全样本排名	区间内排名
838599	价之链	互联网	广东	互联网与售货目录零售	27879.02	84.43	78.26	82.47	53.03	75.62	3	1
835908	仁创生态	建筑地产	安徽	建材Ⅲ	34776.40	72.06	75.00	80.85	68.23	73.80	11	2
838391	菲鹏生物	医药	广东	生物科技Ⅲ	29477.69	70.48	73.36	74.47	68.21	71.42	17	3
837311	药石科技（退市）	医药	江苏	生物科技Ⅲ	29914.89	77.52	77.05	71.60	53.82	70.58	24	4
834785	云畅游戏	文化	北京	媒体Ⅲ	20617.27	67.49	74.13	72.52	70.55	70.31	26	5
835481	锦浪科技	电气设备	浙江	电气设备	24084.56	75.63	67.17	69.84	62.85	70.18	28	6
835209	固德威	电子信息	江苏	半导体产品与半导体设备	34832.00	73.80	73.26	72.00	58.80	70.01	31	7
831517	凯伦建材	建筑地产	江苏	建材Ⅲ	35544.08	67.88	83.77	72.95	61.73	69.99	32	8
832473	欧泰科	机械	上海	机械	26653.93	66.63	72.45	78.00	65.65	69.97	33	9
835399	中感微	电子信息	江苏	电子设备、仪器和元件	28916.46	71.27	70.32	60.87	79.63	69.91	34	10
838652	博科股份	机械	北京	机械	25729.73	68.83	69.85	82.19	57.72	69.62	40	11
837335	臻迪科技	软件信息	北京	信息技术服务	20415.57	68.49	72.17	79.22	59.22	69.53	42	12
430754	三态股份	互联网	北京	互联网软件与服务Ⅲ	25325.42	75.91	72.23	79.65	47.73	69.50	43	13
831557	中呼科技	互联网	浙江	互联网软件与服务Ⅲ	21348.03	66.03	76.31	67.88	72.94	69.31	48	14
831142	易讯通	互联网	北京	互联网软件与服务Ⅲ	22276.74	70.34	83.97	76.33	51.51	69.27	51	15
833329	利达股份	能源化工	福建	化工	23405.62	66.75	78.52	72.95	63.63	69.27	52	16
834068	蓝氧科技	医药	广东	医疗保健设备与用品	23816.85	69.68	71.57	72.85	61.30	68.96	65	17
831544	北超伺服	机械	北京	机械	36910.34	65.75	75.19	67.44	72.64	68.87	71	18
837156	拓控信息	机械	江苏	机械	30780.56	66.86	73.34	65.21	73.99	68.75	76	19
839976	传智播客	生活服务	江苏	综合消费者服务Ⅲ	35590.83	77.54	69.93	74.79	47.73	68.66	78	20

表 3　总资产 1 亿 ~2 亿元的样本挂牌公司得分排名前 20

单位：万元，分

代码	简称	设定行业	省份	万得三级行业	资产规模	持续经营能力得分	信息披露质量得分	成长性得分	创新性得分	总分	全样本排名	区间内排名
832148	云媒股份	互联网	山　东	互联网软件与服务Ⅲ	11945.64	71.41	70.81	86.76	79.18	76.44	1	1
870077	小狗电器	消费品	北　京	家庭耐用消费品	14606.90	81.08	63.87	86.39	60.65	75.00	5	2
836646	博德维	建筑地产	广　东	建筑产品Ⅲ	15567.17	74.03	78.75	76.91	70.21	74.64	7	3
832365	开勒环境	机械	上　海	机械	12952.51	81.05	71.16	77.13	60.65	74.08	9	4
834729	朗朗教育	文化	山　东	媒体Ⅲ	10996.57	73.38	83.75	72.44	65.03	72.83	12	5
834286	爱得科技	医药	江　苏	医疗保健设备与用品	11535.13	83.76	71.87	73.22	52.17	72.00	14	6
837329	森途教育	互联网	北　京	互联网软件与服务Ⅲ	11124.43	75.78	77.67	76.80	55.58	71.73	15	7
870229	特通电气	电气设备	黑龙江	电气设备	17928.87	70.47	75.41	70.02	70.97	71.17	19	8
839431	顶上智能	建筑地产	浙　江	建筑产品Ⅲ	14127.54	76.30	65.61	74.86	60.44	70.86	20	9
838254	老鹰教育	生活服务	浙　江	综合消费者服务Ⅲ	11395.40	84.06	71.02	63.30	57.06	70.66	21	10
835053	帝尔激光	电子信息	湖　北	电子设备、仪器和元件	16413.55	68.89	72.04	76.04	66.77	70.64	22	11
836576	天戏互娱	文化	上　海	媒体Ⅲ	12101.75	68.26	74.67	80.55	61.45	70.61	23	12
838547	天盛股份	金属矿冶	江　苏	金属、非金属与采矿	18848.21	76.59	59.52	73.86	62.33	70.13	29	13
835086	房米网	建筑地产	福　建	房地产管理和开发	14788.23	70.46	74.13	81.98	54.36	70.01	30	14
832727	景心科技	软件信息	广　东	软件	13817.41	75.51	74.93	71.30	54.79	69.73	37	15
836025	博易创为	软件信息	北　京	信息技术服务	10367.84	75.59	75.58	74.67	49.21	69.16	56	16
832599	皓业彩瓷	金属矿冶	广　东	金属、非金属与采矿	16298.33	72.75	75.90	67.92	59.18	69.06	59	17
835994	咏声动漫	文化	广　东	媒体Ⅲ	19989.43	75.16	70.25	69.38	57.21	69.05	60	18
837500	方金影视	文化	北　京	媒体Ⅲ	16979.91	68.83	74.36	77.22	56.63	68.92	67	19
836901	迈格钠	机械	辽　宁	机械	15528.68	65.54	70.34	73.69	68.93	68.90	68	20

表4　总资产1亿元以下的样本挂牌公司得分排名前20

单位：万元，分

代码	简称	设定行业	省份	万得三级行业	资产规模	持续经营能力得分	信息披露质量得分	成长性得分	创新性得分	总分	全样本排名	区间内排名
833284	灵鸽科技	机械	江苏	机械	8066.71	77.54	83.31	75.67	66.07	75.45	4	1
836672	鑫日科	生活服务	广东	综合消费者服务Ⅲ	5632.04	75.86	72.47	73.99	75.36	74.77	6	2
836011	朋万科技	文化	四川	媒体Ⅲ	6329.81	73.66	81.30	64.43	83.12	74.07	10	3
837395	蓝帽互动	文化	福建	休闲设备与用品	8951.82	67.49	78.06	64.09	86.20	71.51	16	4
430069	天助畅运	医药	北京	医疗保健设备与用品	8743.37	69.11	71.67	71.27	71.17	70.44	25	5
839053	多元世纪	软件信息	广东	信息技术服务	7089.38	78.55	72.45	69.02	56.23	70.27	27	6
836610	铠甲网络	互联网	福建	互联网软件与服务Ⅲ	6636.59	74.26	76.36	74.92	53.13	69.90	35	7
831137	泰和股份	金属矿冶	安徽	金属、非金属与采矿	6529.66	74.76	72.02	78.23	51.65	69.83	36	8
831585	鸿业科技	软件信息	河南	软件	9811.58	66.17	71.96	70.49	73.81	69.58	41	9
838185	西码股份	文化	广东	媒体Ⅲ	9517.07	73.48	67.81	68.26	64.68	69.48	44	10
838468	光华教育	生活服务	北京	综合消费者服务Ⅲ	8005.96	73.64	73.53	75.64	53.20	69.45	45	11
833319	比酷股份	文化	北京	媒体Ⅲ	4272.91	69.48	80.70	70.11	60.90	69.37	46	12
833015	瑞朗净化	建筑地产	北京	建筑与工程Ⅲ	8150.48	71.89	68.96	68.08	66.18	69.32	47	13
832915	汉尧环保	软件信息	河北	软件	8405.20	76.37	75.14	65.48	57.59	69.28	49	14
837701	北方灌装	机械	吉林	机械	7953.52	62.34	69.53	74.31	78.16	69.28	50	15
835834	达伦股份	消费品	江苏	家庭耐用消费品	7027.89	67.02	73.27	70.62	69.14	69.25	53	16
838241	开信精工	机械	江苏	机械	7294.19	71.04	81.62	69.69	57.58	69.22	54	17
834565	特美股份	消费品	浙江	纸与林木产品	8953.22	69.30	70.25	73.87	62.66	69.15	57	18
836261	闻道网络	互联网	江苏	互联网软件与服务Ⅲ	5366.94	72.17	78.83	70.06	56.24	69.06	58	19
833861	麦可思	软件信息	四川	信息技术服务	8669.15	79.05	70.92	67.20	53.36	69.03	61	20

表 5　净资产 2 亿元以上的样本挂牌公司得分排名前 20

单位：万元，%

代码	简称	设定行业	省份	万得三级行业	资产规模	持续经营能力得分	信息披露质量得分	成长性得分	创新性得分	总分	全样本排名	区间内排名
834206	傲基电商	互联网	广东	互联网与信货目录零售	37623. 79	75. 01	79. 66	83. 47	65. 91	75. 75	2	1
830838	新产业	医药	广东	医疗保健设备与用品	141926. 86	76. 64	72. 23	71. 98	73. 13	74. 08	8	2
430625	联创种业	食品	北京	食品	22120. 54	75. 94	66. 11	78. 26	63. 23	72. 24	13	3
838391	菲鹏生物	医药	广东	生物科技Ⅱ	22487. 22	70. 48	73. 36	74. 47	68. 21	71. 42	17	4
831344	中际联合	机械	北京	机械	33424. 08	69. 16	75. 40	68. 90	76. 35	71. 40	18	5
837311	药石科技（退市）	医药	江苏	医疗保健设备与用品	25415. 01	77. 52	77. 05	71. 60	53. 82	70. 58	24	6
830858	华图教育	生活服务	北京	综合消费者服务Ⅲ	164403. 56	81. 57	76. 58	70. 18	46. 96	69. 68	38	7
430223	亿童文教	生活服务	湖北	综合消费者服务Ⅲ	55446. 73	70. 60	72. 18	66. 11	70. 51	69. 66	39	8
430754	三态股份	互联网	北京	互联网软件与服务Ⅲ	20050. 96	75. 91	72. 23	79. 65	47. 73	69. 50	43	9
832498	明源软件	软件信息	广东	软件	29923. 02	72. 44	75. 98	69. 19	58. 95	69. 21	55	10
835637	林华医疗	医药	江苏	医疗保健设备与用品	58297. 10	69. 34	81. 22	72. 38	57. 00	69. 01	62	11
834068	蓝氧科技	医药	广东	医疗保健设备与用品	21119. 80	69. 68	71. 57	72. 85	61. 30	68. 96	65	12
835604	康泰医学	医药	河北	医疗保健设备与用品	37507. 08	72. 38	75. 81	59. 90	69. 17	68. 89	69	13
831544	北超伺服	机械	北京	机械	32761. 12	65. 75	75. 19	67. 44	72. 64	68. 87	71	14
832559	熊猫乳业	食品	浙江	食品	37015. 06	78. 13	75. 00	61. 62	57. 60	68. 85	72	15
832709	达特照明	建筑地产	广东	建筑与工程Ⅲ	38555. 73	64. 14	69. 13	79. 42	64. 91	68. 58	81	16
834818	蓝海之略	医药	广东	医疗保健设备与用品	69751. 23	67. 11	73. 09	78. 78	57. 08	68. 50	86	17
836713	中天引控	金属矿冶	陕西	金属、非金属与采矿	55501. 10	59. 91	77. 87	74. 32	71. 99	68. 22	95	18
832772	银都股份	机械	浙江	机械	64326. 77	68. 99	70. 51	68. 50	64. 26	68. 12	104	19
835185	贝特瑞	电子信息	广东	电子设备、仪器和元件	182252. 52	66. 24	81. 59	55. 02	81. 52	68. 01	110	20

表 6　净资产 1 亿～2 亿元的样本挂牌公司得分排名前 20

单位：万元，分

代码	简称	设定行业	省份	万得三级行业	资产规模	持续经营能力得分	信息披露质量得分	成长性得分	创新性得分	总分	全样本排名	区间内排名
838599	价之链	互联网	广　东	互联网与售货目录零售	18467.31	84.43	78.26	82.47	53.03	75.62	3	1
835908	仁创生态	建筑地产	安　徽	建材Ⅲ	18864.28	72.06	75.00	80.85	68.23	73.80	11	2
870229	特通电气	电气设备	黑龙江	电气设备	13688.10	70.47	75.41	70.02	70.97	71.17	19	3
834785	云畅游戏	文化	北　京	媒体Ⅲ	19341.52	67.49	74.13	72.52	70.55	70.31	26	4
835481	锦浪科技	电气设备	浙　江	电气设备	13516.14	75.63	67.17	69.84	62.85	70.18	28	5
838547	天盛股份	金属矿冶	江　苏	金属、非金属与采矿	13130.29	76.59	59.52	73.86	62.33	70.13	29	6
835086	房米网	建筑地产	福　建	房地产管理和开发	13360.55	70.46	74.13	81.98	54.36	70.01	30	7
835209	固德威	电子信息	江　苏	半导体产品与半导体设备	10235.17	73.80	73.26	72.00	58.80	70.01	31	8
831517	凯伦建材	建筑地产	江　苏	建材Ⅲ	15282.39	67.88	83.77	72.95	61.73	69.99	32	9
832473	欧泰科	机械	上　海	机械	13405.08	66.63	72.45	78.00	65.65	69.97	33	10
835399	中感微	电子信息	江　苏	电子设备、仪器和元件	19903.46	71.27	70.32	60.87	79.63	69.91	34	11
837335	臻迪科技	软件信息	北　京	信息技术服务	14908.68	68.49	72.17	79.22	59.22	69.53	42	12
831557	中呼科技	互联网	浙　江	互联网软件与服务Ⅲ	14380.06	66.03	76.31	67.88	72.94	69.31	48	13
831142	易讯通	互联网	北　京	互联网软件与服务Ⅲ	19938.00	70.34	83.97	76.33	51.51	69.27	51	14
832599	皓业彩瓷	金属矿冶	广　东	金属、非金属与采矿	10085.11	72.75	75.90	67.92	59.18	69.06	59	15
835994	咏声动漫	文化	广　东	媒体Ⅲ	17166.99	75.16	70.25	69.38	57.21	69.05	60	16
836901	迈格钠	机械	辽　宁	机械	13183.79	65.54	70.34	73.69	68.93	68.90	68	17
837156	拓控信息	机械	江　苏	机械	19995.91	66.86	73.34	65.21	73.99	68.75	76	18
839976	传智播客	生活服务	江　苏	综合消费者服务Ⅲ	13980.83	77.54	69.93	74.79	47.73	68.66	78	19
839015	耀宇文化	文化	上　海	媒体Ⅲ	13810.99	73.43	69.39	71.20	56.56	68.58	83	20

表7　净资产0.5亿～1亿元的样本挂牌公司得分排名前20

单位：万元，分

代码	简称	设定行业	省份	万得三级行业	资产规模	持续经营能力得分	信息披露质量得分	成长性得分	创新性得分	总分	全样本排名	区间内排名
832148	云媒股份	互联网	山东	互联网软件与服务Ⅲ	8050.69	71.41	70.81	86.76	79.18	76.44	1	1
833284	灵鸽科技	机械	江苏	机械	6424.83	77.54	83.31	75.67	66.07	75.45	4	2
870077	小狗电器	消费品	北京	家庭耐用消费品	7465.75	81.08	63.87	86.39	60.65	75.00	5	3
836646	博德维	建筑地产	广东	建筑产品Ⅲ	9590.12	74.03	78.75	76.91	70.21	74.64	7	4
832365	开勒环境	机械	上海	机械	7389.23	81.05	71.16	77.13	60.65	74.08	9	5
834729	朗朗教育	文化	山东	媒体Ⅲ	5829.85	73.38	83.75	72.44	65.03	72.83	12	6
834286	爱得科技	医药	江苏	医疗保健设备与用品	7662.17	83.76	71.87	73.22	52.17	72.00	14	7
837329	森途教育	互联网	北京	互联网软件与服务Ⅲ	7776.97	75.78	77.67	76.80	55.58	71.73	15	8
837395	蓝帽互动	文化	福建	休闲设备与用品	5173.99	67.49	78.06	64.09	86.20	71.51	16	9
839431	顶上智能	建筑地产	浙江	建筑产品Ⅲ	7280.35	76.30	65.61	74.86	60.44	70.86	20	10
838254	老鹰教育	生活服务	浙江	综合消费者服务Ⅲ	6462.52	84.06	71.02	63.30	57.06	70.66	21	11
835053	帝尔激光	电子信息	湖北	电子设备、仪器和元件	7164.31	68.89	72.04	76.04	66.77	70.64	22	12
836576	天戏互娱	文化	上海	媒体Ⅲ	8370.45	68.26	74.67	80.55	61.45	70.61	23	13
430069	天助畅运	医药	北京	医疗保健设备与用品	7560.75	69.11	71.67	71.27	71.17	70.44	25	14
836610	铠甲网络	互联网	福建	互联网软件与服务Ⅲ	5814.06	74.26	76.36	74.92	53.13	69.90	35	15
832727	景心科技	软件信息	广东	软件	8592.48	75.51	74.93	71.30	54.79	69.73	37	16
838652	博科股份	机械	北京	机械	7163.09	68.83	69.85	82.19	57.72	69.62	40	17
831585	鸿业科技	软件信息	河南	软件	9047.46	66.17	71.96	70.49	73.81	69.58	41	18
838185	西码股份	文化	广东	媒体Ⅲ	6003.44	73.48	67.81	68.26	64.68	69.48	44	19
838468	光华教育	生活服务	北京	综合消费者服务Ⅲ	5906.42	73.64	73.53	75.64	53.20	69.45	45	20

表 8　净资产 0.5 亿元以下的样本挂牌公司得分排名前 20

单位：万元，分

代码	简称	设定行业	省份	万得三级行业	资产规模	持续经营能力得分	信息披露质量得分	成长性得分	创新性得分	总分	全样本排名	区间内排名
836672	鑫日科	生活服务	广东	综合消费者服务Ⅲ	4077.13	75.86	72.47	73.99	75.36	74.77	6	1
836011	朋万科技	文化	四川	媒体Ⅲ	4758.21	73.66	81.30	64.43	83.12	74.07	10	2
839053	多元世纪	软件信息	广东	信息技术服务	4415.93	78.55	72.45	69.02	56.23	70.27	27	3
831137	泰和股份	金属矿冶	安徽	金属、非金属与采矿	3849.89	74.76	72.02	78.23	51.65	69.83	36	4
833319	比酷股份	文化	北京	媒体Ⅲ	2829.69	69.48	80.70	70.11	60.90	69.37	46	5
833015	瑞朗净化	建筑地产	北京	建筑与工程Ⅲ	4353.18	71.89	68.96	68.08	66.18	69.32	47	6
835834	达伦股份	消费品	江苏	家庭耐用消费品	3968.65	67.02	73.27	70.62	69.14	69.25	53	7
834565	特美股份	消费品	浙江	纸与林木产品	4261.46	69.30	70.25	73.87	62.66	69.15	57	8
836261	闻道网络	互联网	江苏	互联网软件与服务Ⅲ	4749.48	72.17	78.83	70.06	56.24	69.06	58	9
833861	麦可思	软件信息	四川	信息技术服务	3221.08	79.05	70.92	67.20	53.36	69.03	61	10
430425	乐创技术	电气设备	四川	电气设备	4715.97	68.13	71.71	62.77	77.40	69.00	63	11
833234	美创医疗	医药	四川	医疗保健设备与用品	2623.57	76.91	66.22	82.26	45.58	68.88	70	12
833427	同济设计	建筑地产	江西	建筑与工程Ⅲ	4862.49	73.42	68.25	72.58	56.00	68.59	80	13
833452	星辰热能	电气设备	广东	电气设备	4872.00	71.39	63.90	70.10	64.83	68.56	84	14
870240	神之水滴	食品	广东	饮料	1696.27	70.00	70.21	76.84	55.84	68.52	85	15
837297	中晨电商	生产服务	上海	贸易公司与工业品经销商Ⅲ	4890.39	69.83	70.90	71.45	60.49	68.40	88	16
836373	耐维思通	软件信息	江苏	信息技术服务	3973.44	63.49	68.66	73.19	72.69	68.39	89	17
837171	亿道信息	电子信息	广东	电子设备、仪器和元件	2612.58	71.39	78.49	74.67	50.27	68.27	92	18
838275	驱动力	食品	广东	食品	4494.11	72.68	74.51	72.60	52.10	68.23	94	19
837073	喜悦动漫	文化	浙江	媒体Ⅲ	4656.12	68.03	71.04	73.25	60.86	68.21	97	20

三　按照营业收入规模分类排名靠前的样本挂牌公司

将全部3157家样本挂牌公司按照营业收入规模3亿元以上、1.5亿~3亿元、0.8亿~1.5亿元和0.8亿元以下4个区间，分别列示出各个区间中得分排名前20的样本挂牌公司（见表9至表12）。

四　按照净利润规模分类排名靠前的样本挂牌公司

将全部3157家样本挂牌公司按照净利润规模3000万元以上、1500万~3000万元、800万~1500万元和800万元以下4个区间，分别列示出各个区间中得分排名前20的样本挂牌公司（见表13至表16）。

表 9　营业收入 3 亿元以上的样本挂牌公司得分排名前 20

单位：万元，分

代码	简称	设定行业	省份	万得三级行业	营业收入规模	持续经营能力得分	信息披露质量得分	成长性得分	创新性得分	总分	全样本排名	区间内排名
834206	傲基电商	互联网	广东	互联网与售货目录零售	221822.23	75.01	79.66	83.47	65.91	75.75	2	1
838599	价之链	互联网	广东	互联网与售货目录零售	45705.99	84.43	78.26	82.47	53.03	75.62	3	2
870077	小狗电器	消费品	北京	家庭耐用消费品	51568.53	81.08	63.87	86.39	60.65	75.00	5	3
830838	新产业	医药	广东	医疗保健设备与用品	92250.48	76.64	72.23	71.98	73.13	74.08	8	4
430625	联创种业	食品	北京	食品	38068.51	75.94	66.11	78.26	63.23	72.24	13	5
835209	固德威	电子信息	江苏	半导体产品与半导体设备	42467.68	73.80	73.26	72.00	58.80	70.01	31	6
832727	景心科技	软件信息	广东	软件	33081.06	75.51	74.93	71.30	54.79	69.73	37	7
830858	华图教育	生活服务	北京	综合消费者服务Ⅲ	192188.37	81.57	76.58	70.18	46.96	69.68	38	8
430223	亿童文教	生活服务	湖北	综合消费者服务Ⅲ	52854.50	70.60	72.18	66.11	70.51	69.66	39	9
430754	三态股份	互联网	北京	互联网软件与服务Ⅲ	59347.59	75.91	72.23	79.65	47.73	69.50	43	10
832498	明源软件	软件信息	广东	软件	38597.13	72.44	75.98	69.19	58.95	69.21	55	11
835637	林华医疗	医药	江苏	医疗保健设备与用品	50012.77	69.34	81.22	72.38	57.00	69.01	62	12
835604	康泰医学	医药	河北	医疗保健设备与用品	40296.70	72.38	75.81	59.90	69.17	68.89	69	13
832559	熊猫乳业	食品	浙江	食品	40878.61	78.13	75.00	61.62	57.60	68.85	72	14
839976	传智播客	生活服务	江苏	综合消费者服务Ⅲ	53727.46	77.54	69.93	74.79	47.73	68.66	78	15
834818	蓝海之略	医药	广东	医疗保健设备与用品	102498.44	67.11	73.09	78.78	57.08	68.50	86	16
837297	中晨电商	生产服务	上海	贸易公司与工业品经销商Ⅲ	328942.26	69.83	70.90	71.45	60.49	68.40	88	17
836288	奥特维	机械	江苏	机械	43640.29	63.65	71.33	70.64	72.27	68.17	100	18
838942	网创科技	互联网	浙江	互联网软件与服务Ⅲ	51350.95	83.27	64.77	75.23	41.96	68.17	101	19
832772	银都股份	机械	浙江	机械	114830.32	68.99	70.51	68.50	64.26	68.12	104	20

表10　营业收入1.5亿~3亿元的样本挂牌公司得分排名前20

单位：万元，分

代码	简称	设定行业	省份	万得三级行业	营业收入规模	持续经营能力得分	信息披露质量得分	成长性得分	创新性得分	总分	全样本排名	区间内排名
835908	仁创生态	建筑地产	安徽	建材Ⅲ	20558.10	72.06	75.00	80.85	68.23	73.80	11	1
838391	菲鹏生物	医药	广东	生物科技Ⅲ	15337.29	70.48	73.36	74.47	68.21	71.42	17	2
831344	中际联合	机械	北京	机械	22503.04	69.16	75.40	68.90	76.35	71.40	18	3
837311	药石科技（退市）	医药	江苏	#N/A	18837.79	77.52	77.05	71.60	53.82	70.58	24	4
834785	云畅游戏	文化	北京	媒体Ⅲ	15688.32	67.49	74.13	72.52	70.55	70.31	26	5
835481	锦浪科技	电气设备	浙江	电气设备	28576.67	75.63	67.17	69.84	62.85	70.18	28	6
838547	天盛股份	金属矿冶	江苏	金属、非金属与采矿	25776.38	76.59	59.52	73.86	62.33	70.13	29	7
831517	凯伦建材	建筑地产	江苏	建材Ⅲ	26896.94	67.88	83.77	72.95	61.73	69.99	32	8
832473	欧泰科	机械	上海	机械	24134.49	66.63	72.45	78.00	65.65	69.97	33	9
835399	中感微	电子信息	江苏	电子设备、仪器和元件	18073.52	71.27	70.32	60.87	79.63	69.91	34	10
838185	西码股份	文化	广东	媒体Ⅲ	15075.08	73.48	67.81	68.26	64.68	69.48	44	11
831142	易讯通	互联网	北京	互联网软件与服务Ⅲ	16624.90	70.34	83.97	76.33	51.51	69.27	51	12
832599	皓业彩瓷	金属矿冶	广东	金属、非金属与采矿	16892.91	72.75	75.90	67.92	59.18	69.06	59	13
831544	北超伺服	机械	北京	机械	18591.02	65.75	75.19	67.44	72.64	68.87	71	14
837156	拓控信息	机械	江苏	机械	17494.39	66.86	73.34	65.21	73.99	68.75	76	15
832709	达特照明	建筑地产	广东	建筑与工程Ⅲ	22092.98	64.14	69.13	79.42	64.91	68.58	81	16
835553	瑞兴医药	食品	广东	食品与主要用品零售Ⅲ	15640.15	73.10	78.65	71.08	50.85	68.25	93	17
833593	健来福	食品	广东	饮料	20649.87	67.54	75.21	76.02	55.94	68.09	107	18
430394	伯朗特	机械	广东	机械	20795.13	66.31	84.25	74.77	53.08	67.74	123	19
834093	妈妈网	文化	广东	媒体Ⅲ	18533.32	76.87	77.24	69.16	46.46	67.74	124	20

表 11　营业收入 0.8 亿～1.5 亿元的样本挂牌公司得分排名前 20

单位：万元，分

代码	简称	设定行业	省份	万得三级行业	营业收入规模	持续经营能力得分	信息披露质量得分	成长性得分	创新性得分	总分	全样本排名	区间内排名
833284	灵鸽科技	机械	江　苏	机械	8124.43	77.54	83.31	75.67	66.07	75.45	4	1
836646	博德维	建筑地产	广　东	建筑产品Ⅲ	9884.60	74.03	78.75	76.91	70.21	74.64	7	2
832365	开勒环境	机械	上　海	机械	9220.55	81.05	71.16	77.13	60.65	74.08	9	3
834729	朗朗教育	文化	山　东	媒体Ⅲ	12434.57	73.38	83.75	72.44	65.03	72.83	12	4
834286	爱得科技	医药	江　苏	医疗保健设备与用品	8706.79	83.76	71.87	73.22	52.17	72.00	14	5
870229	特通电气	电气设备	黑龙江	电气设备	12236.38	70.47	75.41	70.02	70.97	71.17	19	6
839431	顶上智能	建筑地产	浙　江	建筑产品Ⅲ	14608.13	76.30	65.61	74.86	60.44	70.86	20	7
838254	老鹰教育	生活服务	浙　江	综合消费者服务Ⅲ	12156.34	84.06	71.02	63.30	57.06	70.66	21	8
836576	天戏互娱	文化	上　海	媒体Ⅲ	8289.98	68.26	74.67	80.55	61.45	70.61	23	9
839053	多元世纪	软件信息	广　东	信息技术服务	8375.02	78.55	72.45	69.02	56.23	70.27	27	10
835086	房米网	建筑地产	福　建	房地产管理和开发	8689.23	70.46	74.13	81.98	54.36	70.01	30	11
836610	铠甲网络	互联网	福　建	互联网软件与服务Ⅲ	10586.28	74.26	76.36	74.92	53.13	69.90	35	12
838652	博科股份	机械	北　京	机械	10521.05	68.83	69.85	82.19	57.72	69.62	40	13
837335	臻迪科技	软件信息	北　京	信息技术服务	9402.69	68.49	72.17	79.22	59.22	69.53	42	14
833015	瑞朗净化	建筑地产	北　京	建筑与工程Ⅲ	10171.41	71.89	68.96	68.08	66.18	69.32	47	15
831557	中呼科技	互联网	浙　江	互联网软件与服务Ⅲ	10755.63	66.03	76.31	67.88	72.94	69.31	48	16
833329	利达股份	能源化工	福　建	化工	11089.05	66.75	78.52	72.95	63.63	69.27	52	17
835834	达伦股份	消费品	江　苏	家庭耐用消费品	8037.41	67.02	73.27	70.62	69.14	69.25	53	18
836025	博易创为	软件信息	北　京	信息技术服务	8786.97	75.59	75.58	74.67	49.21	69.16	56	19
834565	特美股份	消费品	浙　江	纸与林木产品	9398.00	69.30	70.25	73.87	62.66	69.15	57	20

表 12　营业收入 0.8 亿元以下的样本挂牌公司得分排名前 20

单位：万元，分

代码	简称	设定行业	省份	万得三级行业	营业收入规模	持续经营能力得分	信息披露质量得分	成长性得分	创新性得分	总分	全样本排名	区间内排名
832148	云媒股份	互联网	山东	互联网软件与服务Ⅲ	6283.10	71.41	70.81	86.76	79.18	76.44	1	1
836672	鑫日科	生活服务	广东	综合消费者服务Ⅲ	2811.40	75.86	72.47	73.99	75.36	74.77	6	2
836011	朋万科技	文化	四川	媒体Ⅲ	3346.74	73.66	81.30	64.43	83.12	74.07	10	3
837329	森途教育	互联网	北京	互联网软件与服务Ⅲ	7626.78	75.78	77.67	76.80	55.58	71.73	15	4
837395	蓝帽互动	文化	福建	休闲设备与用品	6263.28	67.49	78.06	64.09	86.20	71.51	16	5
835053	帝尔激光	电子信息	湖北	电子设备、仪器和元件	7696.37	68.89	72.04	76.04	66.77	70.64	22	6
430069	天助畅运	医药	北京	医疗保健设备与用品	5003.58	69.11	71.67	71.27	71.17	70.44	25	7
831137	泰和股份	金属矿冶	安徽	金属、非金属与采矿	7489.12	74.76	72.02	78.23	51.65	69.83	36	8
831585	鸿业科技	软件信息	河南	软件	6262.21	66.17	71.96	70.49	73.81	69.58	41	9
838468	光华教育	生活服务	北京	综合消费者服务Ⅲ	7263.13	73.64	73.53	75.64	53.20	69.45	45	10
833319	比酷股份	文化	北京	媒体Ⅲ	5562.98	69.48	80.70	70.11	60.90	69.37	46	11
832915	汉尧环保	软件信息	河北	软件	5332.07	76.37	75.14	65.48	57.59	69.28	49	12
837701	北方灌装	机械	吉林	机械	5042.75	62.34	69.53	74.31	78.16	69.28	50	13
838241	开信精工	机械	江苏	机械	4669.15	71.04	81.62	69.69	57.58	69.22	54	14
836261	闻道网络	互联网	江苏	互联网软件与服务Ⅲ	5399.97	72.17	78.83	70.06	56.24	69.06	58	15
833861	麦可思	软件信息	四川	信息技术服务	7102.60	79.05	70.92	67.20	53.36	69.03	61	16
430425	乐创技术	电气设备	四川	电气设备	4509.65	68.13	71.71	62.77	77.40	69.00	63	17
833333	科雷斯普	电气设备	江苏	电气设备	3249.43	64.46	71.52	77.99	65.95	68.98	64	18
834068	蓝氧科技	医药	广东	医疗保健设备与用品	6813.90	69.68	71.57	72.85	61.30	68.96	65	19
832714	思晗科技	电气设备	四川	电气设备	5074.77	62.31	72.14	78.72	69.12	68.94	66	20

表13　净利润3000万元以上的样本挂牌公司得分排名前20

单位：万元，分

代码	简称	设定行业	省份	万得三级行业	利润规模	持续经营能力得分	信息披露质量得分	成长性得分	创新性得分	总分	全样本排名	区间内排名
832148	云媒股份	互联网	山　东	互联网软件与服务Ⅲ	3324.46	71.41	70.81	86.76	79.18	76.44	1	1
834206	傲基电商	互联网	广　东	互联网与售货目录零售	12854.56	75.01	79.66	83.47	65.91	75.75	2	2
838599	价之链	互联网	广　东	互联网与售货目录零售	5908.35	84.43	78.26	82.47	53.03	75.62	3	3
870077	小狗电器	消费品	北　京	家庭耐用消费品	3359.97	81.08	63.87	86.39	60.65	75.00	5	4
830838	新产业	医药	广　东	医疗保健设备与用品	45169.46	76.64	72.23	71.98	73.13	74.08	8	5
835908	仁创生态	建筑地产	安　徽	建材Ⅲ	5012.35	72.06	75.00	80.85	68.23	73.80	11	6
430625	联创种业	食品	北　京	食品	7464.39	75.94	66.11	78.26	63.23	72.24	13	7
838391	菲鹏生物	医药	广　东	生物科技Ⅲ	8249.57	70.48	73.36	74.47	68.21	71.42	17	8
831344	中际联合	机械	北　京	机械	6088.99	69.16	75.40	68.90	76.35	71.40	18	9
870229	特通电气	电气设备	黑龙江	电气设备	5349.54	70.47	75.41	70.02	70.97	71.17	19	10
838254	老鹰教育	生活服务	浙　江	综合消费者服务Ⅲ	3038.96	84.06	71.02	63.30	57.06	70.66	21	11
835053	帝尔激光	电子信息	湖　北	电子设备、仪器和元件	3020.35	68.89	72.04	76.04	66.77	70.64	22	12
836576	天戏互娱	文化	上　海	媒体Ⅲ	3008.33	68.26	74.67	80.55	61.45	70.61	23	13
837311	药石科技（退市）	医药	江　苏	医药	3504.35	77.52	77.05	71.60	53.82	70.58	24	14
838547	天盛股份	金属矿冶	江　苏	金属、非金属与采矿	4971.79	76.59	59.52	73.86	62.33	70.13	29	15
835209	固德威	电子信息	江　苏	半导体产品与半导体设备	5114.46	73.80	73.26	72.00	58.80	70.01	31	16
831517	凯伦建材	建筑地产	江　苏	建材Ⅲ	4023.70	67.88	83.77	72.95	61.73	69.99	32	17
832473	欧泰科	机械	上　海	机械	6720.06	66.63	72.45	78.00	65.65	69.97	33	18
835399	中感微	电子信息	江　苏	电子设备、仪器和元件	7667.64	71.27	70.32	60.87	79.63	69.91	34	19
830858	华图教育	生活服务	北　京	综合消费者服务Ⅲ	35649.50	81.57	76.58	70.18	46.96	69.68	38	20

表 14　净利润 1500 万 ~ 3000 万元的样本挂牌公司得分排名前 20

单位：万元，分

代码	简称	设定行业	省份	万得三级行业	利润规模	持续经营能力得分	信息披露质量得分	成长性得分	创新性得分	总分	全样本排名	区间内排名
833284	灵鸽科技	机械	江苏	机械	2177.45	77.54	83.31	75.67	66.07	75.45	4	1
836646	博德维	建筑地产	广东	建筑产品Ⅱ	1656.47	74.03	78.75	76.91	70.21	74.64	7	2
832365	开勒环境	机械	上海	机械	2683.11	81.05	71.16	77.13	60.65	74.08	9	3
836011	朋万科技	文化	四川	媒体Ⅲ	1747.20	73.66	81.30	64.43	83.12	74.07	10	4
834286	爱得科技	医药	江苏	医疗保健设备与用品	2509.44	83.76	71.87	73.22	52.17	72.00	14	5
837329	森途教育	互联网	北京	互联网软件与服务Ⅲ	2198.99	75.78	77.67	76.80	55.58	71.73	15	6
837395	蓝帽互动	文化	福建	休闲设备与用品	1850.05	67.49	78.06	64.09	86.20	71.51	16	7
839431	顶上智能	建筑地产	浙江	建筑产品Ⅱ	2734.06	76.30	65.61	74.86	60.44	70.86	20	8
430069	天助畅运	医药	北京	医疗保健设备与用品	1634.75	69.11	71.67	71.27	71.17	70.44	25	9
834785	云畅游戏	文化	北京	媒体Ⅲ	2029.06	67.49	74.13	72.52	70.55	70.31	26	10
835481	锦浪科技	电气设备	浙江	电气设备	2982.95	75.63	67.17	69.84	62.85	70.18	28	11
835086	房米网	建筑地产	福建	房地产管理和开发	1964.03	70.46	74.13	81.98	54.36	70.01	30	12
836610	铠甲网络	互联网	福建	互联网软件与服务Ⅲ	1880.00	74.26	76.36	74.92	53.13	69.90	35	13
831137	泰和股份	金属矿冶	安徽	金属、非金属与采矿	1630.43	74.76	72.02	78.23	51.65	69.83	36	14
832727	景心科技	软件信息	广东	软件	2337.77	75.51	74.93	71.30	54.79	69.73	37	15
838652	博科股份	机械	北京	机械	2478.41	68.83	69.85	82.19	57.72	69.62	40	16
838185	西码股份	文化	广东	媒体Ⅲ	2094.30	73.48	67.81	68.26	64.68	69.48	44	17
832915	汉尧环保	软件信息	河北	软件	1728.17	76.37	75.14	65.48	57.59	69.28	49	18
835834	达伦股份	消费品	江苏	家庭耐用消费品	1552.96	67.02	73.27	70.62	69.14	69.25	53	19
838241	开信精工	机械	江苏	机械	1627.72	71.04	81.62	69.69	57.58	69.22	54	20

表 15　净利润 800 万～1500 万元的样本挂牌公司得分排名前 20

单位：万元，分

代码	简称	设定行业	省份	万得三级行业	利润规模	持续经营能力得分	信息披露质量得分	成长性得分	创新性得分	总分	全样本排名	区间内排名
836672	鑫日科	生活服务	广东	综合消费者服务Ⅲ	1196. 49	75. 86	72. 47	73. 99	75. 36	74. 77	6	1
834729	朗朗教育	文化	山东	媒体Ⅲ	1039. 98	73. 38	83. 75	72. 44	65. 03	72. 83	12	2
839053	多元世纪	软件信息	广东	信息技术服务	1407. 62	78. 55	72. 45	69. 02	56. 23	70. 27	27	3
831585	鸿业科技	软件信息	河南	软件	1127. 38	66. 17	71. 96	70. 49	73. 81	69. 58	41	4
838468	光华教育	生活服务	北京	综合消费者服务Ⅲ	1221. 16	73. 64	73. 53	75. 64	53. 20	69. 45	45	5
833319	比酷股份	文化	北京	媒体Ⅲ	1019. 13	69. 48	80. 70	70. 11	60. 90	69. 37	46	6
833015	瑞朗净化	建筑地产	北京	建筑与工程Ⅲ	1239. 99	71. 89	68. 96	68. 08	66. 18	69. 32	47	7
837701	北方灌装	机械	吉林	机械	1345. 80	62. 34	69. 53	74. 31	78. 16	69. 28	50	8
834565	特美股份	消费品	浙江	纸与林木产品	1423. 19	69. 30	70. 25	73. 87	62. 66	69. 15	57	9
836261	闻道网络	互联网	江苏	互联网软件与服务Ⅲ	1163. 30	72. 17	78. 83	70. 06	56. 24	69. 06	58	10
833333	科雷斯普	电气设备	江苏	电气设备	1346. 13	64. 46	71. 52	77. 99	65. 95	68. 98	64	11
832714	思晗科技	电气设备	四川	电气设备	1130. 51	62. 31	72. 14	78. 72	69. 12	68. 94	66	12
833234	美创医疗	医药	四川	医疗保健设备与用品	929. 48	76. 91	66. 22	82. 26	45. 58	68. 88	70	13
833427	同济设计	建筑地产	江西	建筑与工程Ⅲ	1215. 17	73. 42	68. 25	72. 58	56. 00	68. 59	80	14
833452	星辰热能	电气设备	广东	电气设备	1350. 59	71. 39	63. 90	70. 10	64. 83	68. 56	84	15
870240	神之水滴	食品	广东	饮料	858. 55	70. 00	70. 21	76. 84	55. 84	68. 52	85	16
837297	中晨电商	生产服务	上海	贸易公司与工业品经销商Ⅲ	1413. 88	69. 83	70. 90	71. 45	60. 49	68. 40	88	17
836373	耐维思通	软件信息	江苏	信息技术服务	1175. 35	63. 49	68. 66	73. 19	72. 69	68. 39	89	18
835982	联盛科技	文化	湖南	媒体Ⅲ	1113. 21	68. 93	69. 91	72. 96	60. 91	68. 35	90	19
837171	亿道信息	电子信息	广东	电子设备、仪器和元件	1063. 73	71. 39	78. 49	74. 67	50. 27	68. 27	92	20

表 16　净利润 800 万元以下的样本挂牌公司得分排名前 20

单位：万元，分

代码	简称	设定行业	省份	万得三级行业	利润规模	持续经营能力得分	信息披露质量得分	成长性得分	创新性得分	总分	全样本排名	区间内排名
430425	乐创技术	电气设备	四川	电气设备	186. 66	68. 13	71. 71	62. 77	77. 40	69. 00	63	1
833448	灵动微电	电子信息	上海	电子设备、仪器和元件	743. 69	67. 43	76. 42	65. 79	65. 23	67. 83	116	2
834914	峰华卓立	机械	广东	机械	692. 20	68. 44	73. 28	78. 97	50. 05	67. 31	150	3
831527	约顿气膜	建筑地产	北京	建筑与工程Ⅲ	601. 41	66. 99	74. 78	68. 55	59. 65	66. 93	165	4
835940	瑞济生物	医药	江西	医疗保健设备与用品	770. 75	65. 36	73. 74	86. 30	44. 70	66. 12	223	5
838821	福凯股份	消费品	广东	家庭耐用消费品	694. 06	69. 43	68. 96	65. 67	58. 34	66. 06	233	6
837951	华映传媒	文化	上海	媒体Ⅲ	520. 78	67. 50	77. 27	62. 76	59. 33	65. 92	242	7
833796	骅锋科技	软件信息	广东	信息技术服务	708. 59	67. 11	73. 29	68. 15	55. 99	65. 83	249	8
834902	网映文化	文化	上海	媒体Ⅲ	623. 26	63. 84	70. 15	67. 70	63. 34	65. 60	268	9
834162	江平生物	能源化工	福建	化工	762. 53	67. 59	69. 21	70. 06	54. 46	65. 55	271	10
430620	益善生物	医药	广东	医疗保健设备与用品	77. 59	58. 11	71. 52	62. 29	83. 04	65. 51	275	11
831940	网高科技	互联网	北京	多元电信服务	796. 47	67. 33	72. 62	67. 11	54. 86	65. 31	292	12
836987	联泰科技	机械	上海	机械	696. 11	66. 60	71. 88	70. 29	52. 90	65. 21	304	13
832463	月旭科技	机械	上海	机械	699. 39	67. 55	74. 12	69. 93	50. 47	65. 18	308	14
838341	南商农科	机械	河南	机械	727. 10	64. 22	72. 22	75. 85	49. 77	64. 75	356	15
834617	飞博共创	文化	福建	媒体Ⅲ	679. 43	62. 03	70. 86	69. 96	59. 83	64. 74	357	16
839117	联领智能	机械	江苏	机械	540. 32	64. 40	68. 30	67. 96	57. 86	64. 46	400	17
837014	塔人网络	互联网	上海	互联网软件与服务Ⅲ	637. 96	60. 30	63. 76	81. 52	55. 28	64. 44	402	18
832394	佳龙科技	机械	福建	机械	700. 03	59. 52	76. 80	66. 47	62. 62	64. 22	425	19
833057	新世傲	生产服务	上海	专业服务	731. 15	64. 59	76. 75	59. 22	60. 68	64. 06	447	20

后　记

本书写作分工如下：王力、刘坤、王子松负责撰写总报告；刘坤、王子松负责收集数据；王师、王子松承担数据整理、计算与附表的制作等工作，并撰写建筑地产行业质量评价报告；朱元甲撰写食品、文化行业的质量评价报告；郭哲宇撰写电子信息、医药行业的质量评价报告；胡啸兵撰写生活服务、机械行业的质量评价报告；吴迪撰写互联网、软件信息、消费品行业的质量评价报告；夏陆然撰写金属矿冶、能源化工、生产服务行业的质量评价报告；孙舒宁撰写电气设备行业的质量评价报告；杨利峰撰写主要省份挂牌公司的质量评价报告。

皮书起源

“皮书”起源于十七、十八世纪的英国，主要指官方或社会组织正式发表的重要文件或报告，多以“白皮书”命名。在中国，“皮书”这一概念被社会广泛接受，并被成功运作、发展成为一种全新的出版形态，则源于中国社会科学院社会科学文献出版社。

皮书定义

皮书是对中国与世界发展状况和热点问题进行年度监测，以专业的角度、专家的视野和实证研究方法，针对某一领域或区域现状与发展态势展开分析和预测，具备原创性、实证性、专业性、连续性、前沿性、时效性等特点的公开出版物，由一系列权威研究报告组成。

皮书作者

皮书系列的作者以中国社会科学院、著名高校、地方社会科学院的研究人员为主，多为国内一流研究机构的权威专家学者，他们的看法和观点代表了学界对中国与世界的现实和未来最高水平的解读与分析。

皮书荣誉

皮书系列已成为社会科学文献出版社的著名图书品牌和中国社会科学院的知名学术品牌。2016 年，皮书系列正式列入“十三五”国家重点出版规划项目；2013~2018 年，重点皮书列入中国社会科学院承担的国家哲学社会科学创新工程项目；2018 年，59 种院外皮书使用“中国社会科学院创新工程学术出版项目”标识。

中国皮书网

（网址：www.pishu.cn）

发布皮书研创资讯，传播皮书精彩内容
引领皮书出版潮流，打造皮书服务平台

栏目设置

关于皮书：何谓皮书、皮书分类、皮书大事记、皮书荣誉、皮书出版第一人、皮书编辑部

最新资讯：通知公告、新闻动态、媒体聚焦、网站专题、视频直播、下载专区

皮书研创：皮书规范、皮书选题、皮书出版、皮书研究、研创团队

皮书评奖评价：指标体系、皮书评价、皮书评奖

互动专区：皮书说、社科数托邦、皮书微博、留言板

所获荣誉

2008 年、2011 年，中国皮书网均在全国新闻出版业网站荣誉评选中获得“最具商业价值网站”称号；

2012 年，获得“出版业网站百强”称号。

网库合一

2014 年，中国皮书网与皮书数据库端口合一，实现资源共享。

S 基本子库
SUB DATABASE

中国社会发展数据库（下设 12 个子库）

全面整合国内外中国社会发展研究成果，汇聚独家统计数据、深度分析报告，涉及社会、人口、政治、教育、法律等 12 个领域，为了解中国社会发展动态、跟踪社会核心热点、分析社会发展趋势提供一站式资源搜索和数据分析与挖掘服务。

中国经济发展数据库（下设 12 个子库）

基于“皮书系列”中涉及中国经济发展的研究资料构建，内容涵盖宏观经济、农业经济、工业经济、产业经济等 12 个重点经济领域，为实时掌控经济运行态势、把握经济发展规律、洞察经济形势、进行经济决策提供参考和依据。

中国行业发展数据库（下设 17 个子库）

以中国国民经济行业分类为依据，覆盖金融业、旅游、医疗卫生、交通运输、能源矿产等 100 多个行业，跟踪分析国民经济相关行业市场运行状况和政策导向，汇集行业发展前沿资讯，为投资、从业及各种经济决策提供理论基础和实践指导。

中国区域发展数据库（下设 6 个子库）

对中国特定区域内的经济、社会、文化等领域现状与发展情况进行深度分析和预测，研究层级至县及县以下行政区，涉及地区、区域经济体、城市、农村等不同维度。为地方经济社会宏观态势研究、发展经验研究、案例分析提供数据服务。

中国文化传媒数据库（下设 18 个子库）

汇聚文化传媒领域专家观点、热点资讯，梳理国内外中国文化发展相关学术研究成果、一手统计数据，涵盖文化产业、新闻传播、电影娱乐、文学艺术、群众文化等 18 个重点研究领域。为文化传媒研究提供相关数据、研究报告和综合分析服务。

世界经济与国际关系数据库（下设 6 个子库）

立足“皮书系列”世界经济、国际关系相关学术资源，整合世界经济、国际政治、世界文化与科技、全球性问题、国际组织与国际法、区域研究 6 大领域研究成果，为世界经济与国际关系研究提供全方位数据分析，为决策和形势研判提供参考。

法律声明